地域に生きるミュージアム

一〇〇人で語るミュージアムの未来Ⅱ

福原義春 編

はじめに——7
福原義春（かながわ国際交流財団理事長）

第一部
いま、ミュージアムに求められること——二つの基調講演
【基調講演Ⅰ】過去は未来である——ミュージアムの魔法——15
池澤夏樹（作家）
【基調講演Ⅱ】民主主義社会における文化の価値——37
ジョン・ホールデン（シティー大学客員教授）
〈解説〉なぜ、創造力か？——66
菅野幸子（国際交流基金情報センタープログラム・コーディネーター）

第二部
ミュージアムの「価値」の実現をめぐって——四つの分科会と全体討論
分科会の構成について——75

テーマA　ミュージアム・マネジメント「営む知恵」

分科会概要 78

話題提供 82

山西良平（大阪市立自然史博物館長）

グループワークまとめ 89

グループ長報告 91

佐々木秀彦（東京都美術館交流係長）

テーマB　ミュージアム・リテラシー「高めあう市民とミュージアム」

分科会概要 104

話題提供 108

西田由紀子（よこはま市民メセナ協会会長）／小野範子（茅ヶ崎市立小和田小学校教頭）／端山聡子（平塚市社会教育課学芸員）

グループワークまとめ 115

グループ長報告 117

小川義和（国立科学博物館学習・企画調整課長）

テーマC　ミュージアム×アーカイブズ「選ぶ、残す／遺す、伝える、使う」

分科会概要　128
話題提供　132
水谷長志（東京国立近代美術館情報資料室長）／丹治雄一（神奈川県立歴史博物館主任学芸員）／稲葉洋子（神戸大学附属図書館情報管理課長）／鎌田篤慎（ヤフー株式会社R&D統括本部）／福島幸宏（京都府立総合資料館歴史資料課主任）
グループワークまとめ　149
グループ長報告　151
岡本真（アカデミック・リソース・ガイド株式会社代表取締役・プロデューサー）

テーマD　ミュージアムの企画とパブリック・リレーション
「人が集まるミュージアムのつくり方」
分科会概要　160
話題提供　164
田口公則（神奈川県立生命の星・地球博物館主任学芸員）／蓑豊（兵庫県立美術館長）／相澤麻希子（花王株式会社社会貢献部）／長倉かすみ（横浜市立野毛山動物園）／村尾知子・久代明子（東京都写真美術館）
グループワークまとめ　176
グループ長報告　178
並木美砂子（千葉市動物公園飼育課主査）

全体討論 189
発言者　高階秀爾（大原美術館長）／建畠晢（埼玉県立近代美術館長）／水沢勉（神奈川県立近代美術館長）／蓑豊（兵庫県立美術館長）／佐々木秀彦／小川義和／岡本真／並木美砂子／福原義春　司会　栗原祐司（文化庁美術学芸課長）

総括にかえて

アド・パルナッソス再び――ミュージアムの、内と外の多くの人たちのために 205
水沢勉

記録編

第5回21世紀ミュージアム・サミット 217

おわりに 225
武藤誠（かながわ国際交流財団常務理事）

第5回21世紀ミュージアム・サミット講師等一覧 231

はじめに

福原義春（かながわ国際交流財団理事長）

二万人近い人々の命を奪った東日本大震災から、二年がたとうとしています。私は、被災した東北をはじめとする地域文化の復興がなくしては、完全な日本の復興はあり得ないと考えています。大陸の縁にある日本列島は、縄文以来、さまざまな文化を取り入れ、風土にあわせて仕立て直し、独自の文化を築いてきました。恵みを与えてくれる一方で恐ろしい顔を持つ自然というものとどう折り合いをつけていくか。それが私たちの生活の基本であったと思います。そして、経済成長ばかりを追い求めていく暮らし方というのは、ごく最近のことではなかったかと思います。

フランスの経済学者ダニエル・コーエンは、「経済成長は人間社会にとって自然なことではない。より多くの財を手にできても、より幸福にはならない」と言っています。私たちは、四〇万人以上もの被災者を出した後で、日本人の本来の暮らし方とは、どのようなものだったのかということに改めて思い至っています。つい江戸時代までの人々は、幸せは経済力より生き方と文化の豊かさにあるということを知り抜いて、実践してきたのではないでしょうか。

現在、あらゆる国で、人々の価値観が分散し、多様化して、求心力を失ってきています。共通基盤を求めるのであれば文化しかないのではないでしょうか。それなのに日本では、具体的な文化の担い手である美術館あるいは博物館については、ほとんど、考えられていない、あるいは論じられていないと長年感じてきました。

「21世紀ミュージアム・サミット」は、そのような背景から二〇〇四年にはじまりました。当時は多くの美術館・博物館が予算や人員を削減され、大きな制度改革の波にもまれ、ミュージアムは冬の時代に突入したと言われていました。その中で私どもは、先人たちが創造してきた歴史を学ぶ糧としてのミュージアムが、国の文化力となっていくにはどうすればよいのか、議論を深めてきました。サミットは開始以来隔年で開催してきましたが、「文化の継承と創造」をテーマとした第一回にはじまり、第三回までは、欧米やアジアの代表的なミュージアムの館長の方々においでいただき、ミュージアムが従来の収集・保存・展示する機能を残しながら、いかに未来社会への創造を触発する機能へ革新していくか、そういった問題に対する見識あるいは活動状況などを述べていただいて、日本の美術館関係者の方々とともに討議してまいりました。その成果は、『ミュージアム・パワー』（慶應義塾大学出版会、二〇〇六年）、『ミュージアム新時代』（同、二〇〇九年）という二冊の書籍にまとめられています。

一方、海外の先進的な事例を聞くと大変触発されるわけですが、あまりに社会状況、政治状況が違うこともあり、私たち自身の実践につながらない面もあると考えるようになりました。そこで前回、二〇一〇年二月に開催した第四回は、美術館側だけでなく、利用者側の視点から、「あなたにとっての美術館とは」というテーマを考えてみることにしました。一般の来館者や美術愛好家、あるいは教育関係者などにお集まりいただき、美術館長や専門家らと一緒のテーブルについて、約一〇〇人で現代の市民社会で美術館が持つべき機能とは何かということを討論しました。この時の議論は、背景が異なる八名の参加者の方のインタビューを加え、『100人で語る美術館の未来』（同、二〇一一年）という書籍にまとめられています。

こうした土台を基に、日本の美術館の近未来のあるべき姿を探ろうと、今回の企画を考え出したころに東日本大震災が起こりました。それに伴う福島の原発事故もあり、いまだに多くの方々が、家や仕事を失い、困難に直面しています。長引く財政危機と不安定な政治状況の中、日本全体がいま転換期にぶつかっていることは間違いありません。地域の経済あるいは教育と密接な関わりを持つべきミュージアムは、こうした転換期の社会の中で何を残し、あるいは何を伝えていくべきなのかということが大きな課題です。それが地域文化の創造につながるのではないかと考えています。

東日本大震災で多くの有形無形の文化財が壊れ、流出しました。文化を失うということは心のよりどころを失うことです。これまでのミュージアム・サミットは、美術館を主な対象に考えてきましたが、本来ミュージアムは美術館ばかりではありません。こうした時代にぶつかってみると博物館も資料館も、およそ公共の文化施設というのは、共通の問題を持ち、共通の価値を持つということに思い至りました。公共性に関して、官民に共通する課題を話しあってみれば、逆に個々の問題の新たな側面についても目が開くのではないかというふうに考えました。ミュージアムという名のつく施設、そして図書館など同様の文化施設の関係者の皆さんにも、幅広く呼びかけをいたしました。本書は、そのようにして、二〇一二年二月に行われた「第5回21世紀ミュージアム・サミット —— 100人で語るミュージアムの未来Ⅱ」の記録です。

第五回ミュージアム・サミットでは、課題として、マネジメント、リテラシー、アーカイブズ、企画とパブリック・リレーションの四つが挙がりました。一〇〇人が一堂に会しては、話しあいが難しい面もあり、四つの分科会を設けました。また、さまざまな意見を自由に出していただくために、ワールド・カフェの形式なども一部残しながら、実り多い会にするための工夫をさまざまにこらしました。

その第一として、ミュージアムに大変造詣の深い作家の池澤夏樹さん、それから、英国の政策シンクタンクDEMOSの文化部長を長く務めて、ミュージアムと市民と行政当局のあるべき関係を考察してきた、シティー大学のジョン・ホールデンさんに基調講演をお願いしました。それぞれ豊かなご経験から、皆で討議するための、さまざまな視点やヒントを与えていただいたことを、ここで改めて感謝申し上げたいと思います。

二つ目の工夫は、このサミットに備えて、各分科会に企画グループを設けたことです。ミュージアムの現場で活躍する方々、あるいはミュージアムと関わる教員や市民、文化団体の方々などにグループに加わっていただくようお願いし、開催までの数ヶ月間に準備会議を開いて議論を重ねていただきました。それぞれの分野について、各分科会の委員長とご相談しながら、問題点の整理をしてきてくださっています。グループ長をはじめメンバーの皆さまは、全員が現在第一線で活躍されている方々でございますが、忙しい日程をぬって準備をしていただき、討論の方向性を示していただいたことに心から感謝しております。

三つ目は、具体性を持たせるために、私ども財団の所在している神奈川の関係者や実践者の関与、これを私どもは「かながわ度」と呼んでいますが、それを高めていることです。各分科会の企画グループの中に必ず一人は、神奈川県内で実践活動をされている方に参加していただいています。そこで討議した結果は、おそらく、それぞれ所属する館に戻って、あるいは周辺の神奈川県内のミュージアムに生かされるだろうと思います。ちなみに神奈川県の教育委員会は、二〇一一年度から神奈川県立社会教育施設等活性化宣言を出し、ミュージアムなどの活性化に本格的に取り組んでおられます。

これだけの催しは、私どもの力だけではとても開催にこぎ着けることはできませんでした。共催の神奈川県、日本経済新聞社、後援していただいた文化庁、全国美術館会議、日本博物館協会、企業メセナ協議会、国際交流基金、神奈川県教育委員会、神奈川県博物館協会など、大勢の方のご支援とご協力に感謝を申し上げる次第です。とりわけ、ミュージアム・サミット開始当初から監修者を務めていただいている高階秀爾さん、建畠晢さん、蓑豊さん、そして今回から神奈川県立近代美術館の水沢勉さんにそれぞれの分科会の委員長をお引き受けいただきました。この場をお借りして厚く御礼申し上げます。

このように館種を超え、市民も専門家も交えて意見を戦わせるという大変ユニークな企画であり、どれだけの方が関心を寄せていただけるか、心配もありましたが、美術館、博物館のほか、動物園や図書館など多様な館種から、学芸員や管理者など幅広い職種、あるいは大学の研究者や企業の方々など、定員をはるかに超える方々にお集まりいただき、監修者の先生や企画グループの方々を加えると、ざっと一五〇人を超える方々が一堂に会しました。そして、このような話題について語りあう機会を得たことに満足されたと思っています。

前にも述べましたが、世界の中でも、とりわけ日本は今、大きな転換期に来ました。考えようによっては日本を経済大国から文化大国へ転換するいい機会であります。そのためにも、日本人が古来から持つ文化を育む力をミュージアムにどう生かしていけるかという点が鍵になります。未来へ向けて課題を解決するためには、美術館、博物館関係者や専門家だけでなく、現在のミュージアムに飽き足りない方、また、未来のミュージアムを切り開きたいと考えている方々皆が対話して協働して答えを書き上げるしかないと思っています。ミュージアムに関わる一人ひとりが主役であり、それぞれの知恵を積極的に出しあうことで何らかの成果が生まれるはずです。

今後一〇〇人で語るミュージアムの未来から、一〇〇人で作る未来のミュージアムへ転換することになります。そして、東北をはじめとする日本の各地域に私たちのミュージアムが次々と誕生するということになれば、心のよりどころも戻り、絆も深まり、文化大国日本への道が開けるのではないかというふうに考えております。今後も、このサミットをより充実した形で継続し、議論を深めていきたいと考えています。一人でも多くの方に、この実験に加わっていっていただければ幸いです。

第一部　いま、ミュージアムに求められること——二つの基調講演

IKEZAW

基調講演Ⅰ

過去は未来である――ミュージアムの魔法

池澤夏樹（作家）

「今とここ」の文化と消費の津波

今日はミュージアムにさまざまな立場からかかわる人たち、専門家の方がたくさんいらしていると思います。ぼくは素人の側だから、話がだんだん雑談になっていってしまうのはわかっているので、まず最初に、一番原理的、基本的なお話しをしたいと思います。

ここ何十年か、日本の文化全体と世界の文化の相当部分が変質してきて、「今とここ」にかかわるものばかりが前へ前へと出てきている。今、ここで自分が何をしているか、何をしようとしているか、それればかりが強調され、それをデジタルの技術が後押しして、若い人たちはひたすらそちらへ走っている。

しかし、人間とは、遠い過去に始まって、延々と履歴を重ねて現在に至って、さらに未来へ伸びていこうとする、そういう時間軸に沿って世代を重ねて生きてきた存在です。過去から未来へのその太い軸のほうをあえて強調しなければ、われわれはこの「今とここ」の文化に流されてしまう。

たとえば、初音ミクというバーチャルアイドルがいます。いるというか、あるというか。面白い現象だと思います。みんなが参加して、自分たちの一種の表現手段として使っている。しかし、初音ミクが一〇〇年後に残っているか。「たまごっち」というゲームがかつて流行しましたが、一〇年後の今はほとんどないも同然です。そうやって次から次へと新しいものを送り出して、それを消費する。消費というのは消えてしまうわけです。それで新しいものが後から後から押し寄せる。ほとんど津波状態です。津波というのは、水があって、後ろへ次の水が来て、次から次へ押し寄せて、最先端の水は追いまくられて陸地をさかのぼる。そういうことをわれわれはさんざん目にしたわけですが、それに似たような消費の津波が世を覆っています。

そういう津波のなかで、過去の価値、現在もある過去、未来につながる過去の価値を、あえて力を注いで強めていくことが大事だと思うんです。それがおそらく、ミュージアムの一番大きな役割ではないか。ミュージアムにかかわる皆さんにとっては当たり前すぎることかもしれませんが、ぼくはこのところ、そういうことを考えています。

ぼくはミュージアムを、美術館、博物館、公文書館、それから遺跡、そういうものをすべて含むものとして捉えています。ご存じのとおり、ミューズというのは国と文化によってそれぞれですから、ミューズを総括して考える視点が大事で、それがミュージアムだと思うんです。ところが日本では、明治の初めに美術館と博物館を訳し分けてしまったので、ぼくなんかも文章を書いていて非常に具合が悪い。この場合はどっちであるかと迷う。仕方がないからカタカナで書くけど、どうも収まりが悪いんですね。皆さんも日々感じていらっしゃることだと思いますが、このミュージアム・サミットでは、本来のミューズたち、女神たちに立ちもどってお互いの交流を考えてください。

個人編集の「世界文学全集」

ぼくは昔からミュージアムが好きで、旅行先では必ず遺跡とミュージアムに行き、あっちこっちのものをたくさん見てきました。何度も何度も通ったところもあります。しかしそれとは別に、自分の仕事としてミュージアムをつくる、あるいは運営するのに一番近いことをしたのは何かと考えると、いささか意外かもしれませんが、世界文学全集の編集なんです。この五、六年かけてぼくは、世界文学全集をひとりで編集して、全三〇巻にまとめて河出書房新社という出版社から世に送りだしました。

世界文学全集をひとりでつくるというのはわがままの極みなんですが、自分なりに、今読んで意味がある作品で構成するという方針を立てました。それで、第二次世界大戦が終わってから九・一一に至るまでの世界を文学はどう説明してきたか、どう記述してきたか、どう解釈してきたかが分かるような作品を集めました。これは、先ほど申しあげた、過去は現在であるという原理のひとつの実演です。過去の作品はもう過去のものではなく、現在もビンビン響いてくる力を持っている。

世界文学全集というと普通は、たとえばホメロスから始まる、あるいはギルガメッシュや聖書から始まる、そういう大古典をずらりと並べたものになりますが、それならば、ほかにいくらでも例があります。わざわざぼくがそれをなぞることはない。それに世界文学全集と銘うって売り出したところで、大抵のものは文庫本になっています。そういう作品を並べても、今の言い方だと「リストマニア」の仕事でしかない。そうではなくて、すぐに、本当に役に立つ、そういう全集をつくりたいと思ったので、時代を第二次世界大戦後——つまり多くの植民地が独立して、それらの場所から文学が出てくる、あるいは冷戦という緊張の中から出てくる、欧米の文学のパラダイムが崩れて一種の混乱の中から力の強いものが出てくる――そういう時代に絞りました。

しかし、それでも過去は過去です。それが今読んで意味がある、あるいはこの先一〇年、三〇年、一〇〇年たっても意味があるとぼくが信じるものを選び、並べて世に送りだす。ミュージアムにとてもよく似た原理であると思いました。

「壺の碑」と実物の力

ただし文字は、それ自体がデジタルです。つまり、活字あるいは文字とは、コピーが可能である。コピーしてもオリジナリティーが保てる。そういう意味では、一番最初のデジタル技術が文字であったと思います。それに対して、ここで論じるミュージアムは、具体物、実物によるものです。この違いは非常に大きい。そこに、その具体物がなければ、ミュージアムは成立しない。具体物には、それ自体の中に履歴がすべて入っています。履歴全部をコピーすることは絶対にできない。それがオリジナルということの意味で、オリジナルであることが人を動かす。オリジナルであると知って、そのものと対峙することが人を動かす。具体物にはそういう力があると思います。

少し具体的な話をしますと、芭蕉が東北の旅の途上で、今の仙台の少し北東にある多賀城で「壺の碑《いしぶみ》」という大きな石碑に出会うくだりが『奥の細道』にあります。芭蕉の旅は、古来の日本の和歌の伝統をなぞって歩きながら、それを俳句という新しい形で更新していく、そういう方法だったと思うのですが、そこで彼は歌枕を訪ねるというひとつの原理を実行しています。歌枕とは、和歌の中で用いられる詩的な意味を込められた地名です。そのひとつが「壺の碑」と呼ばれる石碑で、その実物が多賀城まで行けばあると聞いて、彼は足を延ばしてやってくる。実際このときは、そのほかにも松島とか末の松山とか、いくつもの歌枕を芭蕉は見ていますが、「壷の碑」に出会ったときに、本当に心から感動しています。

芭蕉の言葉を少し引用すると、「今眼前に古人の心を閲す。行脚の一徳、存命の悦び、羈旅の労をわすれて、泪も落ちるばかり也」と感動している。たいへん興味深いことに、ここで芭蕉は「世の中は移り行くはかないものである」と言っています。中国であれば「国破れて山河あり」、国は崩れても山と河は変わらないと言うのですが、この天変地異の多い日本列島の人びとはそうは思わない。「山も変わるし河も変わる」と芭蕉は言うんですね。しかし、この碑は一〇〇〇年前の人の心を捉えて、そのままここにある。こんなにうれしいことがあるか。一〇〇〇年前の人に出会うことができる。なんと喜ばしいことかと、彼は涙を落とす。

実際の「壷の碑」とはどういうものかというと、多賀城という古代の行政の中心になった砦、つまり役所の一角にあります。碑には、ここに多賀城があった、誰それがつくって、このように運営されたという、ある意味では散文的、行政的な内容の文字が刻んであります。しかし、それでも一〇〇〇年という歳月は芭蕉を感動させる。実物ということが感動させる。

ぼくは、二〇一一年の一一月に東北に行きました。じつを言うと震災後の三月下旬から何度となく行っていて、取りつかれて、なんとか逃れたいと思いながら、いまだに心がそれ以外のことに向かないようなことになっているのですが、ともかく一一月に東北を縦断したときに、この「壷の碑」の実物を見てきました。東北歴史博物館のすぐ近くです。野外に建っていますが、一応屋根を掛けて覆ってある。ともかく碑として、そこに建っているわけです。それは確かに一種の感動を呼ぶものでした。

今のぼくたちは、たくさんの博物館や遺跡のおかげでさまざまな昔のものを見ているので、さほどの感動ではないかもしれない。しかし、もう芭蕉の時代からはまた時代が過ぎていますから、やはり感動を覚えた。それが実物の力です。

保存と公開のジレンマ

実物という点では、最近の実験考古学は、本当にすごいことをしていますね。たとえば黒曜石でできた刃物があります。何を切ったのか、どのように使われていたのか。肉を切ったのか、あるいは別な使い方をしたのか。それを実験的に調べる。石器をつくること自体は、しばらく前からいろいろなところがやっていますが、そうやってつくった石器で、実際に肉を用意して五〇〇〇回切ってみる。そうすると刃物に傷が残ります。何を切ったかで傷が違ってくるのを顕微鏡で調べる。そういうことまでやっています。そうして遺跡から出てきた本物の黒曜石の刃物と比較するわけです。そうやって使い方まで同定して、古代人の生活を再現する。これは、実物でなければ絶対にできないことです。だから、実物を保存すること、本来の形を保って質が落ちないように永久に保存するという、ミュージアムのひとつの大事な使命が生じます。

その一方で、公開もしなければいけない。芭蕉の感動を万人に分け与えなければいけない。この保存することと公開することの矛盾は、すべてのミュージアムが抱えている重荷ではないかと思います。二〇一二年二月一日の毎日新聞朝刊に、京都のお寺の障壁画をデジタルの複製品に置き換えることの是非を論じた記事がありました。現在のデジタル技術を使えば、非常に精緻な本物そっくりのものが作れる。そこで複製品をお寺に掲げて、実物の障壁画は収蔵庫に入れる。それが合理的なやり方であるという意見があるとのことです。確かにそれはそうかもしれませんが、そこには一定の留保がありきます。実物は専門家しか見ることができないということで本当にいいのか。それでお寺によっては、年に何回か日を限って実物を見せる方法をとっているところもあると書いてありました。

こういうことを具体的に論じるのが、今回のミュージアム・サミットの目的のひとつなんだろうと思いますが、ぼくは何しろ素人なので、これ以上は踏みこまないようにしておきます。自分が見てきたなかで感想を言うなら、佐倉市の国立歴史民俗博物館には感心しました。あの博物館は、複製品の使い方が早い段階からとても上手でした。ガラスケースの中に実物を置いて麗々しく見せるのではなくて、コピーであるから、どのようにもディスプレイができる。縄文式土器をいくつもずらりと並べて比較できるように、とても見やすく展示してありました。たとえば稲荷山古墳出土の鉄剣、今は金錯銘鉄剣と言うそうですが、あれの複製品を見たこともあります。それは、つくられたときの状態を再現してあるわけです。だから、鉄剣に金で象眼して文字が入っている。非常に美しく、生々しい。そうか、こんなふうであったのか、この鉄剣ができた当初、これを手にした為政者の感動はいかばかりだったかを、しみじみ感じました。しかし同時に、やはりこれはコピーだとも思った。欲張りなものですね。保存することも大事だけど、実物にも接したい。それから見やすくて細部まで分かること、つまり謎めいていない、見ていてイライラしないことも望ましい。このときは、自分の中で幾つもの欲望がうごめくのを感じておりました。

もうひとつ、コピーとオリジナルの問題に関連して、ぼくはたいへん気に入っているミュージアムがひとつあります。たいへん気に入っていると言いながら、じつは一回しか行ったことがないのですが、南太平洋のタヒチ、言わずとしれたゴーギャンの島にあるミュゼ・ゴーギャンです。海辺に建つ、とても風通しがよくて気持ちのいい平屋の建物で、そこにゴーギャンの絵がずらっと並んでいます。だけど、それらは全部コピーです。絵はすべてコピーですが、場所はオリジナルです。こういう組み合わせもある。世界中の美術館を回ってゴーギャンを見るのもいい。実際、ぼくはそれにかなり近いことをしてきましたけれども、それはそれとして、タヒチにあるあのミュゼもやはりいい。また行ってみたいなあと思っております。

アンドレ・マルローと『人類の美術』

今回、自分の講演のタイトルを「過去は未来である」としたのは、つまり、今お話ししたような次第で、過去は現在であり、その現在から未来が生み出される、そういう時間軸に沿った人間の営みを考えたいと思って、この言葉を選びました。じつは、これはオリジナルではありません。白状しますと、一九六〇年代にフランスで、画期的な美術全集が作られました。フランスで、と言うよりも、フランスが主導した、あの頃はまだ走りであった国際共同出版でした。日本では、『人類の美術』というタイトルで新潮社から出ました。フランス語のタイトルは、“L'univers des formes” 形の宇宙、形象の宇宙というものです。

非常に立派な、当時の古代美術研究の粋を集めた先端を行く美術全集でした。しかも印刷技術がたいへんにレベルが高かった。あの頃、初めて金属光沢がそのまま印刷できるようになったんです。ですから、たとえばミケーネから出たアガメムノンの黄金の仮面がありますね。あれなどが本当に生々しく金の光沢を持って見られる。今なら珍しくはないですが、当時は驚嘆すべきものでありました。そのときフランスの文化大臣だった作家のアンドレ・マルローが音頭取りをしまして、「過去は現在である、という逆説をお目にかける」と見得を切ったんです。この言葉はとても印象的で、そうか、ミュージアムとはそういうところなんだと、ぼくは初めてしっかりと理解した。

アンドレ・マルローは、ご存じのとおりたいへんな美術好きでした。若い頃、ベトナムで美術品を盗み国外に持ち出そうとして逮捕されています。それは試みてもいい犯罪だと思う、とこの集まりで言ってしまってはまずいのでしょうが、しかし、そういうマルローを、ぼくは好感を持って見ておりました。

『パレオマニア』の旅

これから話はだんだん雑談のようになっていきます。一〇数年前、一九九八年ぐらいからですが、ぼくはひとつの企画をつくり、自分の博物館好き、遺跡好き、考古学好きと、それからもうひとつ、文明論を、全部まとめて仕事にしてみようと思いました。具体的には、まずロンドンを訪れ、大英博物館に行く。ここを時間をかけてぶらぶらと展示品を見る。全体を見た上で地域を定める。たとえば、大英博物館で一番膨大なコレクションはエジプトです。正面から入り、左にずっと回って一番奥のウイングに行けば、一階も二階も、はじからはじまですべてエジプトです。あそこをずっと散策して、ひとつひとつ、あたかもコレクターとなって買うがごとき目でていねいに見ていき、好きなものを決める。

それだけなら誰でもすることですが、次に、その決めたものがつくられた場所、つまりエジプトに行く。エジプトでは遺跡を見て、何よりも、その土地の風土、雰囲気、光、ナイル川の水を見る。実際には、ひとつの地域からふたつのものを選び、ふたつのテーマを考えることにしました。エジプトの場合は、ひとつは全長五〇センチほどの船の模型です。昔、ナイル川の東側に町があり、西側は砂漠で、砂漠の側に墓地があった。ピラミッドも西岸にありますね。人が亡くなると、遺骸を船に乗せてナイル川を渡って墓地へ運ぶのですが、その遺骸を運ぶための専用の船がありました。エジプトは死の文化が非常に強いところですから、死者の扱いについては、今でもたくさんのことが分かっているのですが、その棺を運ぶ船の模型を大英博物館で見つけたんですね。もうひとつは、これまた死にかかわりますが、死者が復活したときのために本人の肖像の彫刻を用意しておく風習がある。王様や貴族ではなくて、ぼくが選んだのはある職人の肖像でした。このふたつがつくられた場所を見ることを目的としてエジプトに行って、アスワンからナイルまで船で下りました。エジプトに行ったのは、それが三度目でしたね。好きだから、ついつい通ってしまうんです。

それがワンセットで、こうして大英博物館を出発点にひとつの文明を見る旅を、飽きもせずに一三回繰り返しました。この紀行をまとめたのが『パレオマニア』（集英社インターナショナル、二〇〇四年／集英社文庫、二〇〇八年）という本です。古代に対して妄想を抱くという意味で、「古代妄想狂」と訳せばよいでしょうか。

この『パレオマニア』の仕事では、一番最後はオーストラリアに行きアボリジニのロックペインティングを見ました。アボリジニの遺跡というものは、ほとんどありません。岩に描いたロックペインティングはあるけれど、そのほかには焼き物も、石で造った建造物も何にもありません。彼らはそういう形の文明をつくらなかった人なんです。それでは、アボリジニのものが大英博物館にあるか。表には出ていません。確かなかったと思います。しかし収蔵庫の中に、チューリンガという模様を刻んだ石、一種の聖なる遺物ですが、それがあるとブルース・チャトウィンというぼくの好きな作家が書いています。彼は確かに見た、と。だけど大英博物館に聞いても、「さあ、どこにあるか分からない」とのことでした。向こうからすれば、ぼくは見物人のひとりに過ぎませんから、どうしてもそれ以上の答えは出てこなくて、大英博物館で探すのは諦めました。しかし、形になるものをほとんどつくらず、それでいて立派な神話体系と精神文化を営々と築いて生きてきた人たちとは何か、われわれにとって教えとなるものがあるのではないかと考えて、最後はオーストラリアへ行きました。

美術品は誰のものか?——イラクで出会った現実

一三回の旅の過程で、これまた非常に生々しい博物館的現実にかかわる体験をしました。イラクに行ったんです。イラクといえばメソポタミアで、遺跡が無数にあります。バクダッドの博物館には素晴らしいものがぎっしりあります。前から行ってみたくて、この『パレオマニア』の企画を立てたとき以来、何とかならないかと考えていたんですが、イラクはずっと外国人の入国を拒んでいました。ですから、無理だろうなあ、サダム・フセインは入れてくれないだろうなあと思っていたら、二〇〇二年の五月ぐらいになって、「今なら行けるらしい」といううわさを聞いたんです。本当かなと思ってビザを申し込んだら、国中どこへ行ってもいいというとても緩やかなビザが下りたんです。それで、二〇〇二年一〇月の下旬に行きました。

そのときはもう、ジョージ・ブッシュがイラクを攻撃すると言っていて、それをフランスなどが懸命に、査察を待とうと言って足にしがみついて止めていた時期で、いつ戦争が始まるか分からない。「始まったら、しょうがないから国境目がけて突っ走ろうや」と言いながら行ったんですが、たいへん楽しい旅でありました。それまではイラクというと、ともかくサダム・フセインの悪口以外は何にもメディアに出てこなかったのですが、行ってみると、人々は明るくて、食べるものはおいしい。もう遺跡が見放題ですから、国中を走り回って、その途中でいろいろな人々と接しました。みんな勤勉で知的好奇心があって、しかも旅人に親切な素晴らしい人たちで、ぼくはアラブのいろいろな国を見ていますが、イラクが一番好きになりました。だから、ここが戦争になると思うと嫌でした。

イラクの北方、モスルに近いところで、発掘中の現場に行くこともできたんです。そこで「これは先週出てきた」と、幅三〇センチ、高さ一メートルぐらいの人面有翼牡牛像を見せてもらいました。アッシリアの美術品にたくさんある、牛の形で翼があって顔が人間、ラマッスーという守護神ですね、あれの小さなかわいい顔のものです。それを見ると、本当にこういうものが地面に埋まっているのだと、やはり感動します。

そのとき現場で出会ったのが、ドニー・ジョージという、欧米人みたいな名前だけどイラク人の考古学者で、バクダッドにあるイラク国立博物館の館長でした。この人と親しくなって、「こういうものが、まだ埋まっているの?」と訊ねたら、「もう、どれだけあるのかわからない。だけど、急いで発掘しないんだ。埋めといたほうが安全だから」なんて言ってニヤッと笑っていました。「いつでも掘り出せるから。今回これを見つけたのは、じつは三か月前に別のものがあっちから出てきたから、対になっているはずだと思って反対側を掘って見つけたんだよ。見てもいいけど、まだ公式に発表してないから写真は撮らないでね」。それから彼は、「バグダッドへいずれ戻るんだったら、博物館に遊びに来なさい」と言ってくれたので、バグダッドへ戻ったときに博物館に行って収蔵品を見せてもらい、「戦争になったら困るね」「うん。でもまあ、収蔵品は地下に運んで疎開してあるから」といったおしゃべりをしました。

それから日本に戻り、三か月ぐらいぼくはひとりで走り回って、反戦キャンペーンをしました。やはり、あのイラクが戦争になるのは嫌だ、あの人たちの上に爆弾が降るのは本当に嫌だと思って。しかし、翌年の三月下旬に戦争が始まってしまった。そして三週間で終わった。その後で伝えられたのが、イラク国立博物館にバグダッドの市民が乱入して収蔵品を運び出し、大量に失われてしまったというニュースです。その前から、ぼくは新聞などを見てずっと気をつけていたのですが、二〇〇三年一月、アメリカの大規模コレクターの団体、アメリカ文化政策評議会が国防総省の高官に会い、イラクの古物輸出規制法を緩和するよう働きかけた、というニュースがありました。つまり、最初から文化財を略奪するつもりがあったんじゃないか。運び出した後の準備も何もなしに、普通の市民が博物館に乱入するだろうか。運び出して、お金に換えるシステムが全部できていたのではないかと、ぼくは疑いました。

その後、さすがにさまざまな反対運動が起こり、収蔵品はだいぶ戻ったんです。しかし、まだ失われたものはたくさんある。その後ドニー・ジョージは、日本まで来て「日本に来ている収蔵品があったら返してくれ」と訴えましたが、そのときは、残念ながらぼくは彼に会えませんでした。この問題については、二〇〇九年に、国士舘大学のイラク古代文化研究所が「Catastrophe!　イラク文化遺産の破壊と略奪」展という、何がどう失われたかを示す展覧会を開いています。

ここで、公共のミュージアムと個人コレクションの関係をもういっぺん考えなくてはいけない。美しいもの、古いもの、珍しいものが好きであるという人の思いは、ぼくもよくわかります。それを所蔵したいという人もいれば、所蔵しなければ本当に見たことにはならないという意見があるのも知っています。一方で、個人コレクションに入ってしまったら、そのものはもう見られなくなる。手が届かなくなる。それは、やはり悔しいというか、腹立たしい気がする。もちろん、すべてのものを収めるほど大きな公共の博物館、美術館を造ることできないでしょう。しかし、一定の価値があるものについては、それがどこにあるかわかるようにしてくれたら、ありがたいなと思います。だけどそれは、経済の原理で動いていることであるから、おそらく無理なんでしょう。ただ、具体物を一点も所有することなく、しかし美術品が好きで、見たいと思っている九九・九九パーセントのうちのひとりとして、ぼくはそういう願望をあえて述べておきます。

アフガニスタンの戦争のときには、日本に来た美術品もかなりあるらしい。そういううわさは聞きますが、ぼく自身は、あまり落ち着きのない引っ越しの多い暮らしをしているので、なるべくトランクひとつで移動できるように具体物は何も持っていません。本当に、本当に何も持っていません。それでいいんです。ぜんぶ、皆さんのところへ預けておきますから。

ものの本来あるべき場所とは？

こんなふうに『パレオマニア』の旅をして、その途中でいろいろなものを見て考えました。そこで出会った問題のひとつが、これも皆さんの討議のテーマになるかもしれませんが、リパトリエーションです。本来あった場所から運び出されて、違う場所に展示されているものを本来の場所へ戻すかどうかという問題。

もっとも有名なのはエルギン・マーブル。アテネのアクロポリス、パルテノン神殿の屋根や柱の上のほうを飾っていたペディメント、メトープ、その他の浮き彫りですね。これらは今、大英博物館のエルギン・マーブル特別室に展示されています。これについては、ぼくは一九七五年から三年近く、ギリシャにいて旅行ガイドをしていましたから、とても詳しいんです。日本から来る観光客を連れて毎日のようにアクロポリスへ行き、そこで、若かったもので少ししつこく学術的過ぎる解説をして煙たがられていました。

あの頃は「農協ツアー」なんて悪口もありましたが、南回りの飛行機で延々と飛んできて、ヨーロッパを五か国も回るというようなツアーです。最初に降りるのがアテネで、朝の四時頃着いて、空港のカフェの椅子で二時間休憩とかひどいことをさせて、もう皆さん時差でもうろうとしていますよ。途中、インドでもパキスタンでもカレーしか出なかったなんて言いながらね。その方たちを連れて午前中アクロポリスへ行き、ひと通りお見せして解説をします。そこで、やはりギリシャにいたときは、「あそこを飾っていた大理石の彫刻は、今みんなイギリスにあります。運び出されてしまいました」という言い方をしていました。

しかし、確かにそれはそうなんですが、一方では、アテネにあるよりもロンドンにあることで、たくさんの人がエルギン・マーブルを見ることができるという利点もある、とも思うんです。なんといっても大英博物館がなければ、あるいはルーヴルのような世界規模のミュージアムがなければ、『パレオマニア』という企画は成立のしようがなかった。これはぼくのわがままな思いですが、誰にとっても、少なくともロンドンまで行けばあれだけのものが一堂に会している場に立ち会い、見ることができる。これは、教養主義から見たら一種の福音です。どこかにサンプルをひと揃い置いておいてほしい、その館内だけで世界一周ができるようにしておいてほしいという気持ちが一方にあり、もう一方では、アテネにあったものはアテネにあるべきだという思いもある。先ほどの保存と公開の場合と同じように、矛盾するものがあります。

一時期、ギリシャ政府はアテネの国立博物館にあるものを、それぞれ現地の博物館へ戻そうとしていました。その後、この動きがどうなったかちゃんと追いかけていないのですが、そうすれば観光客がギリシャ全土を回って、その分だけ観光収入が増えるという魂胆だったようです。そんなに古代に熱心な人がいるかどうか、怪しいものだとぼくは思いましたが、たとえばクレタのものはクレタに返す。クレタの場合はイラクリオンが大きな街で、ミノア文明のものはだいたいイラクリオンにあったのですが、そういう地方の小さな博物館に収蔵品を戻していくという方針をとったことがあります。そのときギリシャ政府はイギリスに対して、「エルギン・マーブルは、おまえたちが勝手に持ち出したんだから返してくれ」という運動をして、それを声高にやって国民の人気を得たのが、女優で文化大臣だったメリナ・メルクーリです。今、地下鉄のアクロポリス駅の前に彼女の彫像が建っています。これは、愛国的にがんばったことへの報償なんでしょうね。

エルギン・マーブルの場合は、盗んだのか保護したのか、微妙なんです。当時のギリシャはオスマントルコの植民地というか、遠方の領土のひとつで、荒れ果てていた。アテネは街ですらなく、アクロポリスは放置されて傷むに任せられていました。しかもトルコ軍は、アクロポリスを弾薬置き場にしていたので、砲弾が飛び込んで壊れたこともあった。だからエルギン卿は「緊急避難のため」と言って運び出して、ロンドンに送った。それも、財政的な支援は後から得ることができましたが、実際にはかかった費用の半分以上は自分の持ち出しでした。運び出しには三年もかかって、そうやってエルギン卿がアテネで頑張って働いているあいだに、奥さんはほかの男の人と逃げちゃったという、哀れといえば哀れな人生なのですが、そのおかげで、今でもエルギン・マーブルという名前は残っているし、大英博物館に行けば見ることができる。

ありがたいのは、目の前にあることです。本来高い位置にあったものなので、下から見上げるようにつくってはあるのですが、それにしても非常に精緻で、たとえば走っている馬の筋肉の躍動感など見事なものです。それが間近に見られるというのは、それはそれでひとつの福音だと思います。もちろんギリシャでも保存と公開の問題は気にしていて、たとえばアテネのアクロポリスにあるエレクテイオンという小さな建物に、柱の形をした乙女象が六体あります。カリアティードというのですが、これらの実物はアクロポリス博物館の中へ移して、現場には複製品を入れてあります。風雨にさらされると、特に最近では車の排気ガスで傷むからです。大理石なので、酸性雨などで傷んでいく。それで博物館の中に移しているのですが、いずれにしてもミュージアムにはさまざまな矛盾する欲求が付きまとっていることを感じます。

美術館の新しい動き

だんだん話が雑然としてきましたが、博物館、美術館の使い方として、いかにダイナミックに使うか、昔のものが並んでいるだけではなくて、もっと今に関わる、今と切り結ぶものを持ってきて、能動的に市民を集めるという動きもまた議論のひとつになってくると思います。その一例として、今、パリのギメ東洋美術館に頼まれてぼくが書いている文章があります。ギメ美術館はぼくの大好きな場所で、フランスで五年ほど暮らしていたあいだに何度となく通いました。あそこに収められた、それこそアンドレ・マルローが盗みだそうとしたようなクメールの仏像、あれは本当に美しいもので何度見に行ってもほれぼれとします。

そんな美術館で、なんと、東北大震災に絡む展示をしようという動きがあります。二〇一一年三月一一日からです。ご存じかと思いますが、震災のとき石巻日日《ひび》新聞という地元の小さな新聞社が被災して、建物の一階が水浸しになって輪転機が動かなくなった。それでなくても電気も止まっていて、新聞が出せない。一〇〇年ものあいだ、欠号なく出してきたのにそれができなくなった。どうしようか。社長、編集長、スタッフで話しているうちに、壁新聞をつくろうと決めました。「どんな場合でも情報は大事で、こんなときこそみんながもとめているんだから」と。五、六人の記者たちが津波の水をジャブジャブ渡って町を歩き回り情報を集めてくる。それを社に持ち帰って整理して、社長自ら、印刷用の紙で濡れないで残っていたのを切り出して、マジックインキで書いて一枚つくる。それを社員が手分けして五枚のコピーをつくる。全部手書きです。それをどうしたかというと、六個所の避難所に持っていって貼り出すんです。そうやって新聞を出し続けた。

考えてみれば何でもないこと、新聞社として当たり前の行動かもしれませんが、非常に評判になりました。それで現物をアメリカの新聞博物館に収めるとか、いろいろ話題になって、彼らはあまりの評判に困惑しているのですが、「その壁新聞をギメ美術館で展示するので、それについてのパンフレットを作る。何か書け」と美術館が言ってきまして、今日中にも書かなくてはいけないんです。こういう美術館の使い方もあります。

それから、これはもうどこでもなさっていることかもしれませんが、昨年の九月に用事があってドイツに行ったついでに、スイスに足を延ばしてベルンのパウル・クレー・センターに行きました。クレーが好きなので、何日か通ってしみじみ見たのですが、そのとき、地域の子どもたちの美術教育の場として、クレーの美術館がとてもうまく使われているのを知りました。みんな集まってきて、床に散らばって、床に広げた大きな紙にガンガン描いている。いいなあと思いました。つまり、そうでないと収蔵して展示するだけになってしまう。そこを超えてアクティブに、言うなれば子どもたちがクレーと対決していました。別にクレーの絵を見て描くわけではないのです。ぜんぜん知らん顔して描いているのだけど、ともかくパウル・クレーがあんなにたくさんあるところの横で、自分たちも何かをつくっていく、そこが素晴らしいと思いました。

ミュージアムの未来

だから、人を集めるための工夫をしなければいけない。「待っていれば来てくれる」ではなくて、外へ出て呼び込みもしなければいけない。じつは今朝、このシンポジウム会場の配置を見て、「ああ、これはいいなあ」と思いました。いつもですと、皆さんがずらっと並び、こっちをじっと見ていて、何となくしゃべるほうは居心地が悪い。そんなときはなるべく堅い雰囲気を崩して、少しは笑ってもらえるように話すことを心がけています。だけど、これは人から聞いた話ですが、あるとき、いろいろ工夫をして話したのに聴衆がニコリともしないことがあった。それで後になって主催者に、「皆さん、生真面目でいらっしゃいますね」と皮肉で言ったら、「いやあ、それはもう偉い先生のお話ですから、きちんと聴くようにと申しつけておきました」と返されたとのことです。これでは、どうやったって崩しようがないんですよね。

そんなふうにして義務として博物館、美術館に行く。義務として誰かの話を聴く。そういうことではもう通用しません。というのは、教養主義というものがすでに地に落ちているからです。昔は、人は勉強をして知識を身につけて哲学書などを読めば、自分がワンクラス上の人間になって、その分だけ幸福になれると信じていました。だから勉強したんです。かつて、一九八〇年代までは、世界文学全集は教養主義のおかげでそれこそパンケーキのように売れました。でもそれ以降、人はそれぞれが自分勝手に楽しく暮らせばいいんだという風潮が出てきて、それが消費主義となり次々に消えていくものを買うようになりました。その場その時が楽しければ、それで終わっていい、次の楽しみはまた準備してあるから、というわけです。少し我慢をして、硬いものに取り組んでみようという姿勢がなくなってしまった。

そうやって文学全集が死に絶えて久しくなったときに、ぼくが個人編集の世界文学全集を仕掛けたものですから、最初はみんな、そんなもの当たるわけないと思っていたのですが、結構な売れ行きでした。まだ教養主義は残っているということです。しかし、それでも、ミュージアムに人を呼ぶためにはひと工夫もふた工夫もいるという気がしていて、それはこういう講演会の形式にだって同じことが言えると考えました。

人間というものは、確かに変わっていきます。ぼくの世代、子どもたち、孫の世代、あるいはぼくの父、祖父、その前の世代、ずいぶんな変化がありました。ずいぶん変わったけれど、一方では、連綿として変わらないものも確かにある。だから、たとえば縄文式土器を見て「よくもまあ、こんなすごいものをつくったものだ。どういう思いがこんな風にモクモクと湧き出たんだろう」という感動を覚える。一〇〇〇年、二〇〇〇年、何百世代ものあいだを通じて変わらない、人間の本性というものがある。その感動を未来に向かって送り出すのも現在の世代の義務のひとつであると思いながら、その具体物の前に立ってみる。たとえばエジプトのルクソールの大きな壁面に、ヒエログリフ、象形文字が彫ってあります。ただ書いてあるのではなく、刻んである。一〇〇〇年、二〇〇〇年ではびくともしないようにしてある。そこに、実際にそれを掘った石工の鑿の動きが見えるような気がする。その書かれた文章をつくった書記の気持ち、つくらせた王様の意図、そういうものが読み取れる。それは、余計なことをすべて心から捨てて、静かな気持ちで対峙したときに、やっぱり伝わってくる。

だけど、みんなが「伝わってくる」と感じるためには、人びとをうまく呼び寄せて、そこに立たしめて、心を静かにしてやらなくてはいけない。おそらく、そのための知恵と技術と惹きつけるやり方を考え、生みだすことが、これからのわれわれ、とくにミュージアムにかかわる皆さんの仕事なのだろうと思います。

HOLDEN

基調講演Ⅱ

民主主義社会における文化の価値

ジョン・ホールデン（シティー大学客員教授）

はじめに――文化とは何か

私は文化政策・経営学を専門としています。ＤＥＭＯＳという英国に基盤を置く国際的な政策シンクタンクのアソシエイトで、以前はそこで文化部長を務めていました。ＤＥＭＯＳは非営利の教育機関でもあり、いかなる政党にも属しませんが、政府の政策決定に深く関わっています。学術機関、第三セクター、メディア、企業、専門家、政治家そして市民を相互に結び付け、すべてのアクターにとってよりよい道を探るべく、研究や議論を重ねています。

今日は、文化の問題を広範かつ多角的な方法で考えてみたいと思っています。ここ二、三〇年の間に文化がどのように変容してきたのか、文化をどのように評価すべきなのか、そして文化と政治との関係といったことについて考えていきましょう。

まずはじめに、文化をめぐる議論には長く複雑な歴史があることを認識する必要があります。西洋の伝統で言えば、少なくともプラトンの時代にまでさかのぼります。また、文化（culture）という言葉自体も難解で扱いが難しい単語と言えるでしょう。『文化と社会』などの著作で知られる英国の批評家レイモンド・ウィリアムズは、文化を「英語の中で二番目か三番目に難しい単語の一つである」と言っています。

「文化」という言葉は、あるときは「人為的なものすべて」という意味で、自然の対義語として用いられます。またあるときは、「国民文化」「日本文化」「英国文化」「企業文化」のように、「ある集団が身につけている習慣」という意味にもなります。しかしここでは、私たちにより親しみ深く、なおかつより限定された意味で文化をとらえてみたいと思っています。以下、私が「文化」という単語を使うときは、「何らかの意味を生み出し、人間のありように対する理解を助ける創造的な行為」を指します。

では、ここで少し時代をさかのぼり、私も含めて、いま会場にいらっしゃる皆さんの大半が育ってきた時代について考えてみましょう。おおよそ一九四五年から一九九五年ぐらいでしょうか。その時期の文化で前提とされてきた事柄と現在の文化的状況を見ながら、どれだけのことが変化したか見てみましょう。

文化の三つの類型

○芸術

当時、「文化」には三つの類型がありました。まず一つは「芸術」です。演劇、バレエ、オペラ、絵画、彫刻など、確立された形式がある「芸術」ですね。これらはそれぞれ独自に作品に対する規準と施設を持ちあわせています。施設にはミュージアムも含まれます。教養が高く裕福な、比較的小さな社会集団によって享受され、実際、「芸術」を愛好し支援することが、彼らの社会的地位を規定することにもつながっていました。対象が限定されていたことから、「芸術」はほかのさまざまな文化と比べて、ただ異なるだけではなく、本質的に優れているとみなされました。そして、本質的に優れている文化を享受する人は本質的に優れているという、論理の飛躍が生まれたのです。

さらには、本質的に優れている人々が愛好する文化は、ほかの文化形式より優れているに違いないということになりました。このような、文化を通じて階層の分割を循環的に強化することと、それが社会に対して与える影響については、同志社大学教授の河島伸子さんが巧みな表現をしています。「ミュージアムや劇場は貧困の直接的な原因ではないものの、文化的に排他的であることによって、社会的な疎外の制度化に加担している」。これは日本ではなく、英国についての論評です。

このように、「芸術」は上層階級のものとみなされ、いわゆる「市場の失敗」を避けて存続するためには、篤志家や国家からの資金調達が不可欠となります。しかし、市場経済の中では、「芸術」を支援できるだけの十分な資金を持つ人々は多くはありません。いずれにせよ、お金を払って「芸術」を享受できるような余裕がない社会的階層の人々のもとに「芸術」を届けるためには、何らかの支援が必要とされました。

○商業文化

対照的に、「商業文化」は競争の激しい市場を勝ち抜き、一般の人々が進んでお金を払うようなものです。たとえばテレビや娯楽小説、映画、ロックミュージックなどを指します。商業文化が繁栄するのは人間の本能に訴え、人々がまさに望んでいるものを提供するからだというのが従来の見解です。

この見解から、「芸術」と「商業文化」の対立関係が見えてきます。「芸術」の大衆市場化は論理的に不可能であるし、「芸術」に関わる人々にとって受け入れがたいものです。そこで生まれる誤った理屈の最たるものは、a：「商業文化」は最悪だが、ますます隆盛を誇っている。そこで、b：「芸術」がより多くの人々を引きつけるためには、「商業文化」の水準までレベルを下げるしかない。ゆえに、c：三〇〇人ではなく三〇〇〇人が来館したとしたら、その展覧会は何かがおかしい、レベルを下げたに違いない、というものです。

「芸術」というのは、顧客が多いほど質が悪いとされる数少ない領域の一つのようです。レクサスやメルセデス・ベンツの重役たちが「わが社の製品を多くの人が買っているようだが、一体何が悪かったのだろう？」「最悪の車を作ってしまったに違いないよ」と話している場面は想像できません。

誤った論理をもう一つご紹介します。a：芸術は質の高いものである。b：大衆にはその価値がわからない。c：よって、大衆が好むものは芸術ではない。この論理によれば、「芸術」とは大衆的ではなく、大衆からは支持されない文化のことなのです。

以上が、私たちが「芸術」と「商業文化」を、いかに異なる分野としてとらえてきたかの説明です。すなわち、一方は価値が高く、一方は低い。一方は洗練されていて、一方は質が悪い。一方は公的機関や助成団体からの資金提供を必要とし、一方は市場を通じて成長する、といった具合です。

しかし、どれだけ対極の存在であろうとも、「芸術」と「商業文化」には、一つだけ共通項があります。いずれの文化の場合も、アーティストあるいは作品と、それを享受する人々との間には、誰かしらが介在しています。つまり、どちらも「ゲートキーパー」の決定により発生する文化だということです。

助成によって成りたつ文化の場合、アーティストや団体に助成金を出すかどうかを決めるのは、官僚や篤志家です。ですから、誰が何のために資金を得て、社会がどのように資金提供の決定権を配分するかというのは、かなり政治的な問題になってきます。また、その決定をしたのが個人なのか、企業の役員会なのか、選挙民の信託を得た国や自治体の議員なのか、はたまた独立した専門家集団なのかも重要です。

日本でもアメリカでもフランスでも、どこでも「助成による文化」は、先験的に考えられた理論によってではなく、助成が決定された結果として存在します。つまり助成による文化は、結果として実現される利益を重視し、拡大可能ということです。助成による文化に、今や伝統的な芸術形式だけでなく人形劇やストリートシアターなども含まれ、ミュージアムにデザイナー家具やファッションが展示されるのはそのためです。

「商業文化」にも、同じように功利主義的な特徴があります。ある楽曲や番組が流行するのは、流行させようと考える何者かがいるからです。成功や失敗は市場に左右されますが、誰かがこっそり市場に忍び込み、ブルース・スプリングスティーンが「ロザリータ」の中で歌っていたように「大金を積んでレコード契約を結ぶ」ことが大きな意味を持ちます。それが、あるアーティストにとって初の舞台や初の小説であっても同様です。これらは、「助成による文化」の助成決定者と同等の影響力を持つエリートによってコントロールされています。とにかく重要なのは、どちらの文化でもゲートキーパーが自らの決定をもって文化の意味を規定していることです。アーティストは人々に作品を届けるために、まずはゲートキーパーによる試練を乗り越えなくてはなりません。

○ホームメイド文化

しかし、「助成による文化」および「商業文化」に加えて、三つ目の文化も存在していました。それは「ホームメイド文化」です。そこではレコーディングスタジオや印刷会社に払うお金を誰かに提供してもらう必要がありません。自分自身で行うからです。「ホームメイド文化」にはゲートキーパーが存在せず、たとえば個人で音楽や工芸品を作ったり合唱団に参加して歌ったりする場合のように、創造するためのコストはほとんどかかりません。そもそもはるか古代から、人間はすべてを自分自身で行ってきました。現代でもそれが続いているということです。

「ホームメイド文化」は、より公式な文化の類型とは認められないこともあります。英国工芸協会は一九八〇年代に、国内の家庭の五〇％で工芸品を手づくりすることを目標とするキャンペーンに着手しました。しかし調査の結果、調査対象者の九七％が、自分たちはすでに何らかの工芸品を手づくりし、所有していると考えていることがわかりました。ここに、「ホームメイド文化」の空白があったと言うことができます。つまり、創作活動は至るところで行われ、人々の間に普及しているのに、それらの創作は公式な文化として認識されたり、定義されたりすることはなかったのです。それは一つには、「ホームメイド文化」には質の高さが求められなかったからだと言えるでしょう。

しかし、たとえばオペラを頂点として素人演劇を底辺とするような、大きく整然とした文化の階層構造の崩壊は、当時はあまり目立たなかったものの、ずいぶん昔からはじまっていました。一例を挙げれば、ベトナム戦争に対する唯一かつ最良の文化的応答は、メトロポリタン劇場でも画家のアトリエでも文学の中でさえもなく、一九六九年、ウッドストック・フェスティバルのステージにジミ・ヘンドリックスが立ったときに起こりました。ここで私が言う「最良」とは、それが歴史の重みに耐えうる最高の表現であった、という意味です。

ベトナム戦争に関して言えば、ロックはクラシック音楽を、ジャーナリズムは文学を、映像は美術を凌いでいました。しかし当時、エレキギターは交響楽団より劣り、ミュージアムにある歴史的遺物は工業製品のデザインよりも本質的に優れていると主張する人が多かったのです。今もそのような考えを固持する人はいるでしょうが、今日では、文化の価値を適切に議論することが求められています。「シェークスピアの『オセロ』は、米国のTVドラマ『ザ・ホワイトハウス』よりも優れているか？」と問うのではなく、「それはよい作品か？」「それは素晴らしいものか？」「その絵画は私にあっているか？」と問うことが求められるでしょう。

これは、文化の受け手の姿勢が大きく変化したことを示す例の一つです。今や人々は、自分たちの文化的生活全般にわたって質の良し悪しを判断しています。特筆すべきは、専門家の意見に左右されず、自分自身の基準で判断していることです。公式な文化や「芸術」が「優れている」「よい」と何の疑問もなく考える人は少なくなっています。専門家の意見を参考にはするものの、学芸員や評論家から、どう考えたらよいか教えられることは嫌います。

三つの文化の関係性

○ホームメイド文化の現状

このように、文化について三つの領域で考えてはいかがでしょうか。「助成による文化」、「商業文化」、そして「ホームメイド文化」です。これらは人間の現実の生活を反映しており、互いに密接な関わりを持っていると思います。

非常に短期間のうちに、これらの三つの領域の関係が根本的に変化してきているのは興味深いことです。私たちは、一〇年前とはまったく異なる文化的世界に生きています。この変化は、科学技術がもたらした二つのことに由来します。まず、文化的作品を創るための道具が多くの人の手にわたったことです。楽器もカメラもより安く高性能になり、新しいソフトウェアを使えば自分の部屋でプロ級の音楽編集ができます。

さらに重要なのは、インターネットの登場により、仕事の連絡や他人との共同作業、歌や詩など創作物の収益化が誰でも簡単にできるようになったことです。この状況を革命的と表現するのは少しも大げさではありません。先程お話しした文化の三つの領域の力関係を完全に変えてしまったのですから。特に、ミュージアムにとってはたいへん大きな影響があり、単に訪れるだけでなく、学びたい、人と関わりたい、参加したいという動機で利用する市民が増えています。DEMOSの同僚であるチャーリー・リードビーターの言葉を借りれば、今や人々は、楽しみ、話し、活動することを望んでいるのです。

もう一つの変化は、商業文化の領域におけるビジネスモデルに関するものです。レコード産業や出版産業などはすでに崩壊しつつあります。ビートルズが世に出たころ、彼らはレコード会社と契約を結ばなければなりませんでした。レコード会社が提供するスタジオで、専門的な訓練を受けた技術者が、高価な機器を駆使して録音したのです。それらは工場でレコード盤にプレスされ、梱包され、大型トラックでレコード店に運ばれたのでした。

昔は音楽ディスクがほしければ、レコード店に買いに行かなければなりませんでした。しかし今では、インターネット上に作品がアップされていれば、無料にしろ有料にしろ、ワンクリックで瞬時にダウンロードできます。このようなことは、ここ一〇年でできるようなったばかりです。アップル社が運営するiTunesで楽曲がはじめてダウンロードされたのは二〇〇一年、米国最大のレコード小売店タワーレコードの倒産は二〇〇六年でした。

今後、音楽ディスクに関しては、地域に細分化されたレコード店が生まれ、膨大なディスクから特定のニーズにあわせて選別された作品を展示・販売するようになるのではないでしょうか。ほかにも、有形の作品を持つ助成を受けたミュージアムと並び、非物質的な作品を扱う商業的ミュージアムが出てくるでしょう。変化していくミュージアムの再定義を考えてみてもよいかもしれません。

また、アーティストやアーティスト予備軍がファンと直接つながりを持つことで、商業界とは別のところで物事が進むようになりました。たとえば、著名なアーティスト同士がコラボレーションし、新しい作品を生み出せるようになったのです。もっとも大きな変化は、「ホームメイド文化」の活動範囲が爆発的に広がったことでしょう。私の知っている二五歳以下の若者は、誰もがバンド活動やDJ、ダンス、あるいは映像制作をしています。

このような活動をする際、「公式」あるいは「上質」な文化を参考にする人はほとんどいません。最近、英国における文化的な活動への参加に関するあるレポートを読んで驚いたことがあります。そこには「アートに関わる市場調査で、『正統』な文化を利用していないと分類された調査対象者の多くが、実際にはかなり活発に芸術や文化的行為に関わっている」という解説がありました。文化的な活動の多くが個人的なものであり、制度的な本流から離れているため、可視化されにくいのです。

たとえばマリアは、地方のスーパーマーケットでパートタイムで働いていますが、同時に精力的な画家でもあります。彼女はクラシックやオペラ音楽も好きですが、コンサートに行くことはなく、関係する本を読んだり、ドキュメンタリーを見たり、CDを聞くことで満たされています。ミュージアムに置き換えて言えば、非常に多数の潜在的な観客が、美術館・博物館まで足を運ぶことはせずに、ほかの方法で需要を満たしているのではないか、ということです。

そのレポートには若い男性のインタビューも載っていて、「週に三、四回は絵を描くが、美術館にはまったく行かない」と言っています。「ホームメイド文化」を活発に実践する一方で、「助成による文化」にはまったく関わりをもたない層のもう一つの例です。このような状況は、じつはミュージアムにとってきわめて大きなチャンスだと思いませんか?

○市民のニーズの変化とミュージアム

考えてみると私たちは、市民が文化に対して受動的であるという考え方に囚われています。市民は展覧会に来て入場券を買い、鑑賞して、家に帰ると思っています。しかし、この状況はとても急速に変化しています。楽しむこと、話すこと、自ら行うこと、この中でどれがもっとも素晴らしいかという話ではありません。これからも、入場券を買って展覧会を鑑賞し、家に帰る人々もいるでしょう。しかし、市民は自分の体験をもっと人に話したい、もっと学び、その体験を基に人と交流したいと思うようになっています。何かをしたい、参加したい、結果に影響を与えたいと考える傾向があります。

このような変化は、自分たちの領域を侵されると感じる文化の専門家にとって、大きな脅威かもしれません。しかし、こうしたことは、文化の領域に限らず実際に起きていることです。たとえば朝のコーヒーも、昔は一種類のコーヒーしかありませんでしたが、今ではコロンビアの豆で豆乳入り、砂糖は三個と細かい注文をして飲むこともできるようになりました。また、以前は自動車のショールームに行っても選べるのは車の色だけでしたが、今では新型フィアット500を五〇万種類のバリエーションから選ぶことができます。つまり、自分で体験的に参加することで、人々はメーカーと共同開発者になっているのです。文化の専門施設はこの状況を受け入れる必要があります。これこそが未来の姿です。

世界中を見れば、この状況を受け入れている施設は多くみられます。私がよく知っている例は、ロンドンのロイヤル・フェスティバル・ホールです。ここでは以前、観劇の入場券を買わなければ建物に入ることもできませんでしたが、一九八四年に建物は開放され、一般の人が交流できるカフェがオープンしました。今では昼夜を問わずいつ訪れても、絵を描く人やダンスをする人、自作の映画を見せる人など、あらゆる種類の活動が行われています。まさにこれが楽しむこと、話すこと、行動することの生きた例です。

こうした状況の中で、私は、文化施設には二つのことが求められていると思います。一つは変化を受け入れることです。専門的知識を自分たちだけで大切に守るのではなく、市民に対してもっと貢献する必要があります。もう一つは、実務的な部分です。建物の配置をどうするか、開館時間をどう設定するか、人々への対応のためにスタッフの研修をどのようにするか、教育プログラムなどの策定に際して市民といかに協力するか、などです。つまり取り組むべき課題は、姿勢と行動における一連の課題、そして施設や組織の構造上の課題ということになります。

○文化の選択とアイデンティティー

たとえ自分で文化を創り出さなくとも、年齢を問わずすべての人が、今や自らの文化的嗜好に対するキュレーターなのです。選び取る文化のタイプによって自分を規定するようになってきています。何を聴いて、読んで、着て、書いて、歌うかで自分自身や他人を定義づけます。

文化的選択は、単に楽しい夜を過ごすためということだけではなくなっています。何を選ぶかは、アイデンティティーの中核に関わる重要な問題です。何が好きで何が嫌いかという文化的嗜好を通して、私たちは自分自身を理解し表現しているのです。

文化は個々人にとって欠かせないものになっているので、必然的に、社会や経済といったより大きなレベルでも重要性が増してきています。「助成による文化」と「商業文化」、「ホームメイド文化」を、別個の活動ではなく統合されたものとして人々が享受していることからも、その重要性を知ることができるでしょう。文化の三つの領域を個別に分離した異なるものと考えてしまうと、それぞれは重要とはみなされません。「芸術」はエリート主義、「大衆文化」はくだらない見せもの、そして「ホームメイド文化」はどうしようもなく素人レベルだというように。

しかし、それらを全部あわせてみると、じつは文化がとてつもなく大きな意味を持っていることに気づくでしょう。UCLG（都市・自治体連合）の文化委員長でバルセロナ市文化顧問を務めるジョルディ・マルティの言葉を借りれば、「文化は人類の次なる生態系だ。私たちは常に文化を生き、文化を呼吸しているのだから」と言うことができます。文化の重要性についての主張は、個人にとっても社会全体にとっても大きな意味を持っていることを忘れてはいけません。

文化の三つの価値

以前、単純な図を使って、異なる社会集団には異なる文化の価値があることを説明しようと試みました〈図1〉。それをここで簡単にご説明します。それぞれに異なる用語と尺度で文化の三つの価値を見てみましょう。これら三つの視点は互いに排他的ではなく補完的でありますが、あなたがどのような立場にあるかによって、それぞれの重要性は変わってきます。

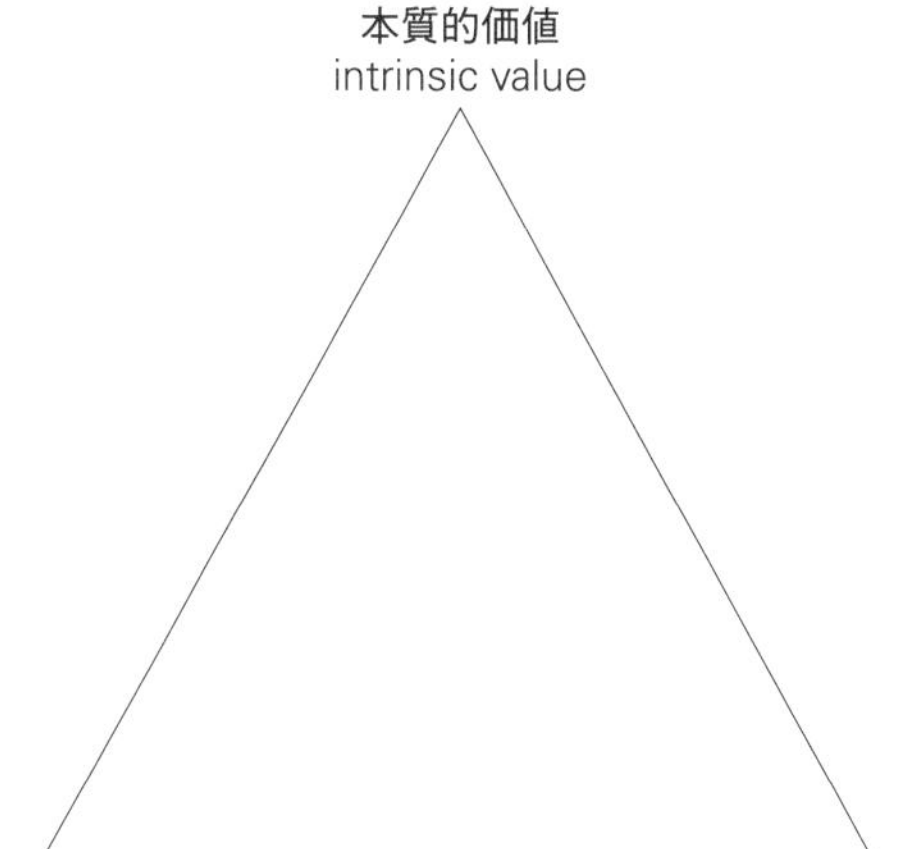

図1

○本質的価値

三角形の頂点は「本質的価値 =intrinsic value」です。不可欠な価値、と言い換えることもできるかもしれません。ミュージアムやダンス、演劇などはそれ自体が価値を持っているということになります。芸術形式には表現の手段として固有の性質があるので、それぞれに目を向けて、評価しなければなりません。踊りを歌うことや、詩を建築することはできません。それぞれの芸術形式は個性を持っており、その個性をほかと共有することはできないのです。

これは単純ですが、政治家や助成決定者も注目すべき重要なポイントです。私たちの文化の生態系は、気をつけなければ失われてしまう脆さを持っています。私たちは脆い部分に気を配り、受け継いだ文化的環境をより豊かにして次世代にわたさなければなりません。自然環境と同じように、適用されるべき原則があります。一つは予防原則で、有形な文化か無形な文化か、存続が危ぶまれる文化かそうではないかを、特に注意する必要があります。それを実行できるミュージアムや文化遺産関連施設、文化財保護活動家、教育者、学者、実践者らのネットワークを支援しなければなりません。もう一つの適用すべき原則は、ケアの倫理です。これは文化の領域を超えて、コミュニティー、経済、自然環境などの領域を包含するものです。

「本質的価値」は別の意味でも使われます。さまざまな芸術が個々人にどのように個人的、あるいは主観的な影響を与えているか説明するときです。たとえば人々が「踊ることが大好き」「あの絵は全然よくない」「詩を書いて自分を表現したい」と言うとき、それは「本質的価値」について語っているのです。

このように「本質的価値」は、説明するのがとても難しい言葉です。楽しさ、美しさ、崇高さといった抽象概念に関連し、計測もできないため、合理的な計量経済学を重んじる行政関係者は扱いに困っています。「本質的価値」は、私たちの感情に個別かつ多様に作用し、質を判断する基準の一つとなっています。ビジネス、政治、スポーツ、メディアといった分野で支配的な、頭の固い男性優位主義とは相容れないものがあります。

しかし個々人にとっては、文化に対する主観的、個人的な反応こそが重要なのです。仮に私が音楽ホールの片隅でベンジャミン・ブリテンの音楽を聴いているとします。私の感情は呼び覚まされ、「これは見事だ、すごい、素晴らしい！」と思うでしょう。「この公演は商業的に成功で、観光の呼び水になるからうれしい」とは思わないのです。

「本質的価値」は、目に見えない個人的な反応です。この価値について議論するときは、常に比較し、判断しなければなりません。質的要素を考慮した上で、作品の良し悪しについて論じる必要があるでしょう。素晴らしいとはどういうことか、ミュージアムで展示するに値するものは何か、鑑賞者によりよい体験をしてもらうにはどうしたらよいか、といった議論についても同じです。

「本質的価値 =intrinsic value」について論じるとき、value という言葉を動作動詞としてとらえることが重要となります。私が、あなたが、そして彼らが価値づけるのです。価値づけのプロセスは主観的なものです。あなたはある絵を素晴らしいと言い、理由を私に説明することができます。また、ダンスには健康の促進や幸福感を与えるなどあらゆるメリットがあるという統計を示すこともできます。しかし、私にとってのその絵やダンスの価値づけは、私にしかできません。本質的価値の評価の問題を考えたとき、測定という用語を使うのはためらわれます。そうではなく、人々がどう思っているかを個別に聞くべきなのです。

これまで数多くの研究プロジェクトがありましたが、このような個別的アプローチをとったものは多くありません。米国のコンサルタント会社ウォルフブラウンが、興味深い調査結果を出しています。芸術や文化に対する個人の主観的反応がいかに多岐にわたるかだけでなく、よりよい文化体験をするためには準備が必要であることを明らかにしました。つまり、ミュージアムに入る前に予備知識をつければつけるほど、より豊かなミュージアム体験ができる可能性が高くなるということです。

仮想評価法と呼ばれる方法を用いて、「本質的価値」を計ることができると論じる経済学者もいます。あるサービスの対価としていくら払うか、あるいは、サービスを受けない代わりにいくら受け取るか、といったことが問われます。たとえば、私の地元ボルトンでは、現在無料で開館しているミュージアムに対し、いくらだったら喜んで入場料を支払うかという調査が行われました。喜ばしいことに、地方自治体が実際に支出している額よりも高い評価を受けました。

仮想評価法は確かに有効ですが、この手法はあまりに還元的で「本質的価値」の全体像を隠してしまうと個人的には感じています。それよりも、オーストラリアの文化経済学者デヴィッド・スロスビー教授の、精神や感情といった価格のつけられない価値に言及している学説に私は注目しています。教授はその学説の中で、無形ではあっても市場価値を超えたものが存在していること、また、個人の文化的体験の本質的な主観性についても認めています。スロスビー教授の本は、日本語にも翻訳されています（『文化経済学入門：創造性の探求から都市再生まで』日本経済新聞社、二〇〇二年）。

○手段的価値

対照的に、二つ目の「手段的価値 =instrumental value」は客観的な概念を扱うもので、本質的価値とは異なる考え方が必要となります。そこでは文化は、たとえば経済再生や成績の向上、患者の回復時間の短縮など、別の目的を達成するための手段としてとらえられます。これらは文化の波及効果であり、実際にはほかの方法でも同じような結果が得られることがあります。

文化が経済的、社会的な意味で社会にとって役立つことは皆さんご存知かと思います。たとえば、ミュージアムやギャラリーの新設により、周辺地域の経済活動が活性化されるといった経済再生が起こりえます。また、観光産業への影響もあります。英国の観光名所トップテンの内、実に九ヶ所が文化に関連するものです。病院に絵画を飾ったり、美術クラスを設定したり、アーティストや学芸員が学校や刑務所、老人ホームなどを訪れることによっても、それぞれの場所で効果が得られるでしょう。

「手段的価値」を測るには客観的な利益をとらえる必要があります。一定の期間内の観測可能な変化について問うのです。子どもたちの態度は改善されたか、再犯率は減少したか、画廊ができたことで新たなビジネスが参入してきたか、といった具合です。価値の計測は個々のプロジェクトレベルで行われることもあれば、特定の文化施設に関してということもあります。もしくは、町や地域、芸術形式などのようにいくらか集合的なレベルを対象とする場合もあります。

これらはすべて、多くの落とし穴や実務上の難しさをはらんでいます。一つは相関関係と因果関係の区別が難しいという問題です。ある子どもがよい行いをするようになったとして、それがミュージアムに行ったからなのか、コンピューターゲームをしたからなのか、誰にわかるでしょう？　二つ目は、文化体験の主観的性質に関連します。ある子どもたちにとってはよかった体験も、別の子どもたちにも同じ影響を与えるとはかぎりません。三つ目の問題は客観性があるかどうかです。研究の多くは文化施設が自らを正当化するために行われています。

ただ、このような難しい側面がありながら、この一〇年の間に文化に関わるあらゆる分野で、この「手段的価値」を証明するためのおびただしい数の研究がなされてきました。すでに多くの事例が知られていると思いますが、ご存知ない方は、英国の博物館協会やアーツカウンシル、または米国の主要な助成団体のウェブサイトをご覧になるといいでしょう。

○共同体的価値

ここで私が「共同体的価値 =institutional value」と呼んでいる、三つ目の価値を見てみましょう。文化施設の活動全般に関わる、ミュージアムにとって重要な価値です。文化施設は公共領域の一部であり、それらの施設が何を行うか、どのように行うかによって価値が生み出されます。文化施設は市民との相互作用の中で、人々が相互に信頼することや、公正で平等な社会に生きているという感覚をもつこと、親しみと礼節を持って交流することなど、公共的なあらゆる「財」を、増していくことも、減らしてしまうこともできる立場にあるのです。

ですから、それぞれの施設がどのように仕事に取り組んでいるかは重要です。開館時間や来館者の迎え方、教育普及の機会提供などは、商業界での顧客サービスと同様には考えられません。集団で助けあう社会の意識を強め、地域やコミュニティーへの愛着を深めるという重要な意味を持つのです。

結局のところ文化は、市民が自発的に公共領域と関わる主要な場と言うことができます。子どもを学校に通わせることや法廷への召喚に応じることは義務ですが、劇場やミュージアム、図書館へは自分が行きたいから行くのです。これは興味深い論点で、政治はここにもっと注目すべきでしょう。このように「共同体的価値」は、民主的で正しく機能する社会をつくる文化に貢献していると考えられます。一例ですが、グラスゴーやニューキャッスル、ニューヨークのブルックリンにあるミュージアムの中には、地域における自らの役割を強く意識し、コミュニティーにおける「共同体的価値」の創出に成功しているところがあります。

問題は、いかにして「共同体的価値」を測定するかです。「手段的価値」が客観的で測定可能な効果を明らかにしようとするのに対し、ここで知りたいのは人々が共通して文化に置いている価値についてです。これは、確立された手法がないので、「本質的価値」と「手段的価値」より若干難しいと思います。市民へのサービスの姿勢や水準、寄せられた苦情の数、コミュニティーに対する調査結果などが尺度として利用可能です。私は、文化施設が施設を利用するコミュニティーのために「共同体的価値」を創出しているかどうかを知ることは、それぞれの施設の義務だと考えています。サービスを供与している対象から尊敬され、支えられているかどうかです。周囲のコミュニティーがその文化施設についてどう感じているか、それを知る方法を必ず見つける必要があると思います。

一つの例として、イースト・アングリア生活博物館で行われた、地域社会におけるミュージアムの共同体的価値に関わる試みを見てみましょう。このミュージアムは社会的企業により運営されており、歴史的建造物や収蔵品の管理を行うほか、敷地内で野菜を育てて売ったりもしています。地域の学校と協働したり、服役者の社会復帰訓練に協力することもあります。最近では「ハッピー・ミュージアム・プロジェクト」と呼ばれる事業を立ち上げ、ニューエコノミクス・ファンデーションというシンクタンクとともに、ミュージアムが人々の健康・幸福に与える影響の測定に取り組んでいます。まだ研究結果は出ていませんが、たいへん興味深いアイデアで、文化の価値を考える上での新たな視点を提供してくれることを期待しています。

また、私はごく最近、「共同体的価値」が息づく素晴らしい例に出会いました。詩人のワーズワースの出身地に近い英国湖水地方の小さな町、コニストンを訪問したときのことです。郊外の森に前衛芸術家たちのための山荘があります。この芸術家の山荘は、片田舎の非常に保守的な農村社会と共存しています。そして、「共同体的価値」の創出に見事に成功しています。彼らはコミュニティーに対するアプローチについて、自分たちは電話帳に載っているサービス業者みたいなものだと説明しました。しかし、彼らは電気技師でも配管工でもパン職人でもなく、アーティストです。そのため、彼らはそのスキルと才能を、コミュニティーが求めているときにサービスとして提供しています。

彼らが行っていることを二つ挙げましょう。一つは、ボランティアと一緒に村のホールを修復したこと。もう一つは、村の小学校がミュージカルをやることになったとき、有名なポップスター、キンクスのレイ・デイヴィスを彼らが呼んできて、子どもたちのために曲を書いてもらったことです。

アーティストたちは町に具体的なサービスを提供していました。私が訪れたある夜、私たちは村のお年寄りと夕食を共にしました。そのとき、お年寄りの一人が立ち上がって、村にこの前衛芸術家たちの山荘ができてどれほど喜んでいるかを、とても感情のこもった言葉で説明しました。実際にアーティストの存在が、自分たちのためになっていたからです。

○価値の測定について

「本質的価値」「手段的価値」「共同体的価値」を測定するとき、まず考えなければいけないのは、なぜ、そして誰が測定するかということです。測定は、概念として存在する抽象的なものではありません。ミュージアムも含めたあらゆる組織は、自分たちの成果を評価する方法を求めていると思います。彼らは自らが定義したことを実行しようと考えており、自分たちのミッション、ビジョン、目標が何かを明確にできれば、今度はその目標が達成に近づいているのかどうかを追跡する方法が必要になるからです。

文化の三つの価値の枠組みは、そのような人々が自分たちの目標に近づいているかどうかを確認するための方法になりうると思います。同時に、それとは別に活動を外部に伝えていく必要があります。出資者、政府、政策立案者に、自分たちが何をしているかを示すための手段が必要です。成果について自ら測定する場合と、外部に対して示すために測定する場合には、異なる側面があります。自分自身で成果を測定するときは、冷徹なほどに公正でなければなりません。活動を外部に伝えたり、政策提言を行うときとは目的が違います。もちろん後者とて公正でなければなりませんが、政策提言書は別の手法、別の言い回しで作成されることが多いうえ、資金拠出者の意向に沿って、必ずしも自分たち自身が重要とは考えない尺度を使う場合もあります。

誰が測定についての問いを立てるのか？　その測定の目的は何か？　これらは重要な問題です。文化的価値については、私は短い論文を数点作成しており、そこで測定に関する考え方を述べました。一つは、『文化の価値の捕捉（*Capturing Cultural Value*）』です。もう一つは、『文化の価値と正統性の危機（*Cultural Value and the Crisis of Legitimacy*）』です。これらの出版物には二つの大きな利点があります。一つは、とても短いこと。もう一つは、無料だということです。よろしければ、ぜひお読みください（www.johnholden.info または www.demos.co.uk から無料でダウンロード可能）。

三つの文化価値のバランス

○企業と文化

ここで、文化における企業の役割について簡単に触れておきましょう。英国では従来、企業は文化的活動の方法として、スポンサーになるか、社会的責任活動を行うかのいずれかを選択してきました。しかし、こうした活動については効果の測定がますます可能になってきて、実績志向も強まっているため、企業は彼らが投下したものに対してどのようなリターンがあるかという点に、よりいっそう注目するようになっています。

しかしこの一〇年間に、企業と文化施設との関係にもう一つ興味深い現象が生じています。一部の企業が芸術機関との連携を大幅に強化しているのです。たとえば、多国籍企業のユニリーバは「カタリスト」と呼ばれるプログラムを導入し、社員のためのアートプログラムに全面的に出資、運営しています。絵の描き方を学ぶ人、ギャラリーに行く人、演劇のワークショップに参加する人、あらゆる種類の芸術活動が対象となっています。同社がこのプログラムをはじめたのは、社員の創造性を掘り起こすためでした。それは、創造性を会社の重要な強みの一つと考えているからです。そして、このような芸術との連携が、常に創造性の最前線に自分たちを立たせることができると考えているのです。企業の世界と芸術の世界のパートナーシップが変化しているのは興味深い点です。

○政治と文化

先に述べたように、文化の価値については本質的、手段的、共同体的という三つの考え方が存在します。これらは互いにはっきりとは区別されず、それぞれに異なる文化体験や芸術形式をあてはめるものでないことを強調しておきます。コンテンポラリーダンスの価値は本質的価値に限定されませんし、劇場の価値は共同体的価値だけではありません。

私が言いたいのは、これら三つの価値はそれぞれが文化を見ていくための視点であり、それぞれが等価で、常に三つを総合的に考える必要があるということです。例を挙げましょう。ある生徒が学校訪問でミュージアムへ行ったとします。もしそこで感情を揺さぶられる体験をすれば、生徒はそれを本質的価値に関わる言葉で語るでしょう。そしてアーティストについて学んだことを試験で答えられたら、それは測定可能な手段的利益ととらえられます。また、もし地域のミュージアムを訪問したことによって市民としての誇りを持ったり、自らを地域社会の一員であると感じ、さらにミュージアムをほかの人々とともに分かちあう権利がある公共の場だと考えることができたとしたら、それは共同体的価値以外の何物でもありません。

これら三つの価値すべてを文化の不可欠な側面として、また優劣のない視点としてとらえることができれば、どれか一つが優位に立つことを回避できます。もし本質的価値に重きを置きすぎれば、芸術は希少なものとしてエリートに独占され、ミュージアムの責任者は来館者が多すぎると愚痴をこぼし、専門家は質の低下を嘆くことになります。また、手段的価値に偏重すれば、アーティストと専門家は疎外され、自分たちが社会の欠陥を正すための手段として利用されていると感じることでしょう。

さらに、共同体的価値に過度な重点が置かれれば、芸術を見失うことになります。しかし、三つすべてをまとめて考えれば、三本足の椅子のようにしっかりとした議論で文化の有効性を示すことができるでしょう。それはちょうど、政府、自治体、企業、寄付といったそれぞれの資金は、文化と芸術を支えるものでありながら、どれか一つに依存すると財政状況が悪化してしまうという状況によく似ています。

これら三つの価値のうち、手段的価値は、ここ三〇年ほど政治家や助成決定者の高い関心を集めていると言えるでしょう。手段的価値が圧倒的に重要視されるようになったため、ほかの価値は忘れられています。

このような事態になったのには、無理からぬ理由があると思います。個人としての私にとって重要なのは、本質的価値です。しかし、政治家は私の個人的な楽しみには関心がありません。彼らにとっては、文化的体験が、数多くの人々に何らかの計測可能な影響を与えるかどうかが重要なのです。

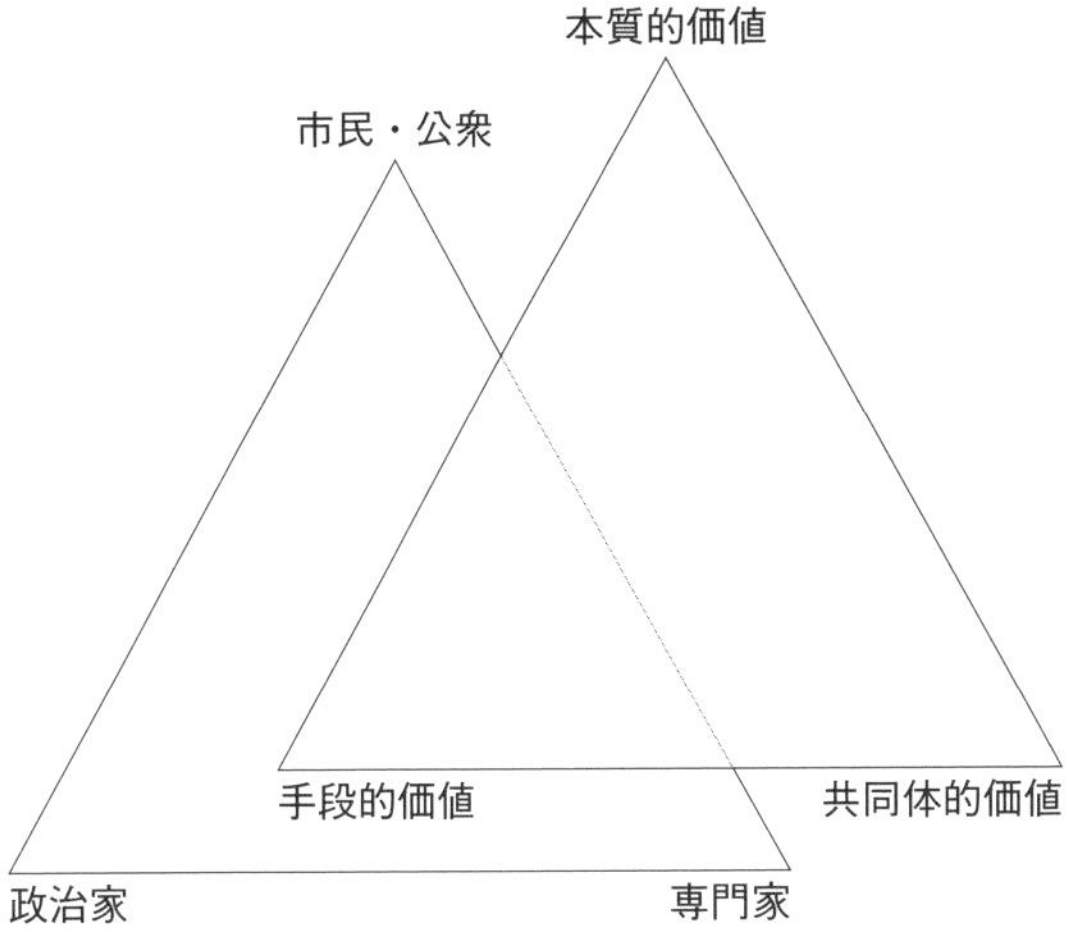

図2

米国現代文学を代表する作家であるフィリップ・ロスは、こんなふうに言っています。「政治は大いなる一般論者、文学は大いなる個別論者だ。これらは互いに反比例するだけでなく対立関係にある。ニュアンスを否定してアーティストたり得るか？」一方で、「ニュアンスを許容して、政治家でいられるのか？」と。

作曲家のストラヴィンスキーも著書の中で同じような指摘をしています。「重要なのは個人であり、大衆ではない。芸術との関連で言えば『大衆』は量に関わる用語であり、考えに入れたこともない」。政治家の観点からは、レーニンが別の言い方をしています。「私はベートーベンの音楽を聴くのが嫌いだ。なぜなら民衆を強行にまとめ上げるべきときに彼らの頭をなでたくなってしまうからだ」と。

ここで重要なのは、政治が目指すものは大衆にとっての社会的効果だということです。ですから、効果を生み出すために何ができるのかという観点で文化の価値が判断されます。病院での回復が早くなったか、囚人の再犯率が減ったか、難民が社会に溶け込めたかどうかといった効果です。当然のことながら、これらはすべて素晴らしく実用的な目的です。

政治は常にこのように文化をとらえようとしますが、それはある意味で道理にかなっています。政治と文化との間には、二つの方向に同時に相反する関わりがあるからです。一方では、政治家は文化から距離を置きたがります。芸術は反抗的で厄介だから、自由な社会で芸術に国のイデオロギーを反映されたくないから、芸術的な実験を保護する義務を負いたくないから、といった多くの理由で文化を敬遠します。

しかしもう一方では、政治家は芸術に干渉したいとも思っています。独裁政権下では、政治家は芸術を抑圧しようとします。芸術がしばしば民主的な討論の場となりうるからです。民主主義社会では、芸術が社会のためにより大きな目的を達成しようとしているか、または公的資金が適切に使われているかを確認しようとします。

○文化と政策決定

政治が手段的価値を過度に強調するとほかの価値がぼやけてしまい、文化部門の専門家を失望させることになります。また、個人の生活における新しい重要な文化の役割にも十分に対応できていません。実際のところ政治は、文化の新しい経済的価値にさえ追いついていないと思うのです。文化活動が大きな盛り上がりを見せているということは、その文化がすでに経済的にも非常に重要となっていることを意味します。

たとえば英国では、創造産業および文化産業は粗付加価値の六%を占め、二〇〇万人の雇用を生み出しています。二〇年前には考えられなかったことです。しかし、政府の対応はまったくもって不十分で、この現象を正しく認識できていません。教育、企画立案、業務支援、その他すべての政策領域において、結果として変化が求められていることを理解できていないのです。文化政策は環境などの分野と同様、従来の政府の組織の中では有効に機能していません。文化を考えるときには、教育から保健、交通などに至るあらゆることを話しあう必要があるからです。

実際、文化担当者に会うために地方自治体に行くと、とても面白い経験ができます。そもそもどの部局に行けば担当者に会えるのかがわからないのです。レジャー・娯楽と書かれた部局だったり、経済開発部だったり、教育部だったりすることもあります。気の毒に、交通部に所属する文化担当者もいました。どうしてそうなったかはわかりませんが、文化と文化政策がどこに所属するかについて混乱があることがわかります。

文化に関わる者として、私たちは著作権、資金集め、企画、対外関係などについて多くのことを知る必要があります。しかし、政府への対応について言えば、すべての分野を網羅する一貫性のある枠組みを作るよう政府に働きかけることが必要だと考えています。政府内での担当は細分化されているのが一般的ですが、全体を巻き込んだ議論をする必要があります。私たちは専門家として、政府のアプローチに一定の継続性と一貫性を求めたいのです。これは、過度な政治的議論の対象にはならないと思います。私たちには文化があり、これまでもずっと文化がありました。そして今後も、文化にどの程度資金を投じるべきかといった、とりわけ具体的な問題を議論していくことになるでしょう。

一般に、文化政策については大きなコンセンサスが存在しています。しかし、そこに政治家が出てきて、前政権から改革を図りたいという理由だけで何かを廃止したり、何かを変えたりするから話がややこしくなるのです。英国でも最近、非常に悪い例がありました。私たちは一〇年をかけて映画に関わる政策を策定していました。映画評議会を立ち上げ、この評議会の支援による映画が最新のアカデミー賞最優秀映画賞三作品のうちの二作品に選ばれました。つまり、この試みは大きな成果を上げたということです。ところが、政権交代によってこの映画評議会は廃止されました。新政権はその役割をフィルム・アーカイブズに移し、その後、映画政策を検討するための審議会を立ち上げることにしました。何もかも、まったくおかしな順番で物事が進んでいます。

政策の策定では、資金の問題だけでなく、こうしたことをもっと広く考える必要があります。継続性と一貫性をもたせることが重要です。望ましいのは、政策提言をしようとするときは、誰もが同意するような説得力ある発言をすることです。私がＤＥＭＯＳで文化外交に関する小論文を書いたとき、私の主張は英国の上下両院で取り上げられましたが、三つの政党の誰もが立ち上がり、きわめて説得力があるので支援すると言ってくれました。政策発案者である私にとっては理想的な状況でしたが、いつもそうなるとはかぎりません。

○文化における政府の役割

しかし、政治が文化に関して立ち遅れているとしたら、追いつくとは何を意味するのでしょうか。文化領域における適切な政治的リーダーシップとは、どのようなものでしょうか。このことについての私の見解の概要をお話しして、今日の講演の締めくくりにしようと思います。何よりもまず、創造的表現を生得的な権利として扱う必要があるでしょう。民主主義社会では、ミュージアムを含むすべての種類の文化施設は、その分野を職業とする一部の人たちだけでなく、誰もが自分たちの持つ創造的な潜在力に気づくことができるよう努力しなければなりません。

ここで、二つの政治的な結論が導きだされると思います。一つは、文化的な社会基盤を不可欠なものとしてとらえる必要があるということです。すべての地域社会にとって、ミュージアム、図書館、劇場、そしてダンスや歌のための場が必要です。もう一つは、社会にとっての文化的な成功の尺度を新しく開発することです。私が論じてきたように、私たちのアイデンティティーの意識と社会機能の意識、その両方の構築に文化的生活が関与するとすれば、文化的生活は、私たちの幸福全般を最大限に高めることができる可能性があると言えるでしょう。大なり小なりの経済的成功によって生き延びるだけではなく、人々がよりよい人生を送るために文化が果たしうる役割を見通せるような基準を、多くの政府が必要としています。

最後にもっとも重要なことをお話ししますと、文化における政府の役割は、非常に重要であると同時に限定されてもいるという事実を、政府は認識する必要があるでしょう。これはたいへん重要なポイントです。ある意味で政府は、文化が機能するための条件を設定し、場を創造するからです。著作権や検閲といった制度のあり方を決める法案を作成し、文化に関連して学校が何をすべきか、外務大臣が文化にどのように関与すべきかといったことも決定しています。何よりも、文化的活動の背景の重要な部分に資金提供をしています。

しかしここで考えてみると、じつは文化が、政治が機能する空間を作っているとも言えます。文化は、自発的には動かない公衆に対して、政府や文化施設によって与えられるものではありません。むしろ、皆が一緒に創造するものです。文化活動が創りだす言説や、行動規範や、期待が、政治的に何が可能かという限界を設定するのです。

文化と政治の融合に対する評価には、長い歴史があります。私が思いつくもっとも優れた表現の一つは、一三三八年にアンブロージョ・ロレンツェッティが現在のシエナ市役所の壁に描いたフレスコ画です。悪政がどのように見えるかを、火と暗闇、飢饉と暴力をモチーフに表わしました。対照的に、善政は農業、商業、そして洗練された建築物や路上での歌や踊りといった文化によって表現されました。善政と豊かな文化は、手に手を取って互いによい影響を与えあうのです。

政治と文化の関係をもう一度見直すこと。これは目標とするに値し、私たちを勇気づけてくれる事柄です。政治は、文化を注目に値しないもの、もっと悪く言えば、声高に金銭を要求する厄介な圧力団体のようなものとしてとらえるのではなく、国民の文化的生活について考えるべきだからです。そして、文化施設をどう建設するかを考えるのではなく、どうすれば人々の文化的なニーズを最良のかたちで満たすことができるかに、焦点を当てるべきなのです。

作家のビル・アイヴィは米国の国立芸術基金の代表を務めていた人物ですが、*Arts, Inc.* という著書の中で、人々は文化と関わる権利を持つべきであると主張しています。アイヴィが言うように、これらの権利は法律上の課題であると同時に道徳上の問題でもあります。

そういった権利の一つに、文化的な遺産を受け継ぐ権利があります。そして、公的な生活の中にアーティストが存在する権利、芸術的かつ表現のできる生を生きる権利、文化的な意味で真摯に表象される権利、世界の文化や過去の文化について知る権利、さらには、これらの権利を現実化できる健全な芸術のための施設が存在する権利が必要なのです。

このような文化的権利に対する見方は、過度に個人主義的でアングロサクソン的な世界観に感じられるかもしれませんが、個人、地域社会、文化施設、そして国家の関係を論じる上で、興味深い視点を提供してくれます。このような議論においては、これらの文化的権利がどのように実現され、実行に移されたかを評価する方法が必要となります。また、文化が私たち個々人とすべての人のために、そして私たちの集合的な生のために生み出すさまざまな種類の価値について、議論の助けになる概念的な枠組みも求められます。

ですから、自らの考え方だけでなく、他者の見方や考え方も理解できるような文化の価値についてのモデルをつくる必要があるでしょう。今日お話しした本質的、手段的、共同体的といった価値が、この議論をはじめるきっかけとなれば幸いです。ご清聴ありがとうございました。

〔翻訳監修：熊倉純子（東京藝術大学教授）〕

解説

なぜ、創造力か？

菅野幸子（国際交流基金情報センタープログラム・コーディネーター）

今日は「なぜ、創造力か」というタイトルで、ホールデンさんが講演された、「文化の価値」の背景について、多少なりともお話しできればと思います。

Ⅰ　イギリスの文化政策が与える影響——「アーツカウンシル」に関わる動き

まず、第一点ですが、最近、英国の文化政策の影響や、文化に関して世界的な動向と絡めた議論が、大きく起きているように思います。日本においても文化庁や自治体などで、「アーツカウンシル（芸術評議会）」を設立しようという動きが生まれてきています。

「アーツカウンシル」とは、文化政策推進の主体となる機関です。英国では、一九九七年に文化省が創設される以前は、アーツカウンシルが文化政策を担っていました。アーツカウンシルは、政府から補助金が拠出されて活動している団体ですが、資金の大部分を助成金として多様な文化団体やプロジェクトに配分しています。配分の責任は、無報酬の評議委員たちから成る統治機構としての評議会（カウンシル）で決定されます。実務は、専門職であるスタッフが担います。政府とアーツカウンシルの間には、芸術の自由と独立を重んじ、政治・行政が芸術を過度に統制することを避ける「アームズ・レングスの原則」が存在しています。政府は芸術に対し資金提供を行いますが、その使途や助成を受ける芸術の内容についての判断は専門家に任せ、意思決定からは一定の距離を置くという原則を遵守し、アーツカウンシルは助成決定に関し独立性を保っています。

こういった考え方が日本でも議論されるようになってきている、ということです。アーツカウンシルには文化政策や芸術の各分野の専門家が集まってきて政策を決定、あるいは方針を考えていく役割があります。もちろん、このアーツカウンシルのスタッフは、専門家——たとえば美術館についてであれば、館長やキュレーターなどさまざまな現場のスタッフとも議論しあいます。職能集団としてプログラムディレクター、あるいはプログラムオフィサーがおり、文化団体の活動への助言も行いながら、事業の質を高めた上で助成を決定し、評価も実施しています。

Ⅱ　創造都市論

文化政策に関して最近日本の中で議論になっている二点目として、創造都市（Creative City）論があります。「都市」がどのような方向に発展していったらよいかを考える際に、文化や創造力（Creativity）が非常に大切になってきていると言われています。国内では金沢市、神戸市、名古屋市などがユネスコから創造都市として認定され、横浜市なども創造都市としてのあり方をさまざまな政策に取り入れています。海外では、グッゲンハイム・ビルバオを造ったビルバオ（スペイン）、グラスゴー（英国）、ナント（フランス）や、香港、上海、台北、ソウルなど世界各地で、特にアジアの各都市で創造都市の発想を取り入れた動きが顕著に見られます。その中で、美術館は創造の源となることから大きな役割を果たしています。

創造都市とは、生活の質（QOL）を高め、多様性を認めあい――日本でも多文化共生という言葉を最近よく聞きますが、欧米でも多様な文化背景を持つ人たちが一つの地域で暮らしています――、創造的な活動を通じて個人や地域の個性や魅力を引き出し、多様な人々が共存している都市、と定義されています。日本でも各地域に多彩な伝統工芸や伝統芸能などが伝わっていますが、おのおの独自の文化と、それに加えて革新的な経済基盤を持っている都市のことでもあります。そのためには創造経済（Creative Economy）や、先程ホールデンさんも言及されていましたけれども、創造産業（Creative Industry）の持続可能な循環を目指すことが非常に重要になっています。

現在、日本の中で多くの自治体で、創造都市論をその政策の中に取り入れるような動きが見られます。このミュージアム・サミット初日（二〇一二年二月四日）にも、時を同じくして文化庁の主催で「創造都市ネットワーク会議」が行われ、英国でコメディアという著名なシンクタンクを主宰されているチャールズ・ランドリー氏が基調講演をされました。またユネスコは創造都市ネットワーク（Creative Cities Network）を創設しています。ユネスコは世界遺産の認定機関として有名ですが、現在は「創造都市」というブランディングを世界のさまざまな都市につけていこうとしています。

創造都市論は、一九七〇年代以降、英国などで都市衰退の危機感から生まれてきた発想です。中心市街地の空洞化、少子高齢化、高失業率（特に若年層）、教育の質の低下、多民族社会、産業構造の変化（重厚長大からサービス産業へ）などさまざまな要因がありました。じつは、現在の日本も直面している課題ではないかと思います。

Ⅲ　クール・ジャパン
――ポップカルチャー・コンテンツ産業の推進

三点目は、「クール・ジャパン（Cool Japan）」という言葉を聞かれたことがあるかと思いますが、政策としてポップカルチャーやコンテンツ産業を推進していることです。東京をもっとクリエイティブな都市に変えていこうと、経産省がクール・ジャパン戦略推進事業を推進していくことが、最近、発表されました。「クール・ジャパン」という表現は、これもともとは英国で言われた「クール・ブリタニア」、つまり英国をアフタヌーンティーや女王様の国というイメージではなく、活気に溢れた若々しいイメージを打ち出していこうという戦略を象徴した言葉で、それを日本のポップカルチャー文化に当てはめて「クール・ジャパン」と表現されたのです。

Ⅳ　文化外交

また、文化外交という言葉も、しばしば聞かれるようになっていますが、パブリック・ディプロマシーの一環でもあります。パブリックというのは一般の人々、私たち国民のことです。つまり、外交というと従来は、国が担うものというイメージだったのですが、軍事力で他国を従わせることではなく、文化・政治的な価値観や外交政策を源泉とするソフトパワーを使って国の魅力をアピールすることが、その国の外交力でもあるという考え方も浸透してきています。

Ⅴ　定住自立圏構想

さらに、総務省からはつい最近、「定住自立圏構想」が打ち出されました。これは、今後の地域のあり方について、高い知的付加価値を生み出す人材を引きつける地域づくりが重要になるとして提唱されたものです。八戸市や金沢市など、地域に新たなつながりをもたらした先進的な文化芸術活動に着目した結果、芸術家など創造活動に携わる人材が、地方都市にアーティスト・イン・レジデンスのような形で短期間滞在でき、地元の方々と交流できるための条件を調査する事業を開始したそうです。

この構想の背景には、一つは「大地の芸術祭　越後妻有アートトリエンナーレ」の成功があります。これは山間過疎地で現代アートを展開したことで、地域に活気が生まれ、さらに地域が抱えている高齢化や過疎化などの社会的解決に対する効果があったと言われています。先程ホールデンさんがおっしゃっていた共同体的価値のようなものが現れているかもしれません。日本の中でも、地域活性化にアートが非常に有効であるという考え方が定着しつつあるのではないかと思います。

もう一つは瀬戸内国際芸術祭です。瀬戸内海の島々をアートで結ぶという発想から生まれた国際フェスティバルですが、これもやはり、離島という、これまで経済的にも地域的にも恵まれていなかった地域が、価値観を転換すればじつは非常に美しい日本的な風景、伝統と文化を持っていることを再発見する試みでもあります。先程の越後妻有も棚田の風景が注目されていますが、非常に美しい場所です。越後妻有や瀬戸内の例は、じつは発想を変えれば、日本は大変美しい景観資源や環境を持っているのだということを、あらためて私たちに教えてくれたのではないかと思います。

Ⅵ　英国の文化政策からの示唆

ここで、あらためて現在の状況を考えてみますと、グローバル化と民主主義の拡大（イデオロギー対立からのパラダイム転換）、情報技術の飛躍的な発展・世界規模での情報交換により市民メディアなどの発言が大きくなってきたこと、そして国の魅力や文化力・創造力が国際競争力ともなってきたこと、先進国における地方分権や文化の多様性に対する関心が高まってきたことが特徴として挙げられると思います。国の文化力・創造力については、先程アジアの中で創造都市という発想が広がっていると申しましたが、すでに都市間競争にもなっています。韓国やシンガポールは国を挙げてＩＴ産業とクリエイティブ産業を推進しています。

こういった発想の起源を、英国の文化政策にたどることができるのです。創造産業論も創造都市論も一九九七年、当時の新労働党政権により大きく打ち出されました。首相に就任したトニー・ブレアは当時四〇代前半と若く、英国のイメージを変えていこう、創造産業を推進し社会改革を実現しようという気概から創造産業タスクフォースを立ち上げました。「創造産業」を「個人の創造性や技術、才能を活用し、知的財産の創出と市場の開発を通して知財と雇用を生み出す可能性を有する産業群」と定義して、英国の経済を牽引する産業として位置づけたのです。英国が経済的に衰退していた時代、日本は高度経済成長期にあたっており、日本と英国は反対の立場にあったのですが、現在の日本は当時の英国のような経験をしていると言えるかもしれません。

英国の経験をそのまま真似るということではありませんが、そこに日本がこれからどのような将来を考えていくかというヒントがあるのではないか、と私自身は考えています。ただ、日本の中には、先程申しましたように、多様な文化資源がありますので、そういったものを本当に活用して、日本ならではの創造産業を考えていく必要があると思います。

Ⅶ 「文化」の定義の変化

このように創造産業や創造力が大きく語られるようになってきていますが、その中で、「文化」の定義が変化してきていると思います。英国に文化・メディア・スポーツ省という省庁ができたのは一九九七年で、それほど古い話ではありません。その初代大臣だったクリス・スミスは、「目指すべき公共政策とは、より多くの人々に対し、あらゆる分野においてアクセスを広げ、人間が生涯を通じて知的好奇心を持ち続けることができること。文化が創造力を育み、社会の再生につながる」と言っています。ホールデンさんが、文化の価値について分析されましたが、そのように文化に対する考え方を、より多角的に、より分析的に考えていかなければならない時代に私たちはいるのだと思います。

Ⅷ ホールデン氏講演の中の「文化の価値」

先程、ホールデンさんから「文化の価値」について、ご説明いただきましたので、私はそこをあえて説明はいたしませんが、「本質的価値」というのは、個人のレベルで主観的に反応すること、個人的体験、それから感性的、精神的、知的な言葉を使ってその体験を説明しようとすること、このようなこともおっしゃっておりました。

「手段的価値」についてですが、文化が社会や経済の政策にどのように影響を与えるか、そして効果の測定が可能だということです。文化は特別であり、効果の測定はできないという説明は今やできません。文化政策が社会的にインパクトを持ち、公共政策の一つとして考えられるのであれば、やはり、その評価は問われることになります。経済活性、国際関係にも影響を与えます。そのような面での文化の価値が「手段的価値」であると理解できると思います。

「共同体的価値」とは、美術館や博物館、文化資産、芸術団体などは共通の財産であり、「公共的」な役割を持っていることから、組織的な価値がある。また、美術館は、人々が共同体の一員として一つの社会に存在しているという意識を強化する機会を提供しているとホールデンさんは以前語っておられました。すなわち、人類共同の、あるいは共通の財産として存在することに価値があることを意味していると思います。

先程ホールデンさんが示した図ですが、三つの価値は相反するものではなく補完しあうものであり、文化も二項対立で見るのではないということだと思います。先程おっしゃっていましたようにハイカルチャーと、ローカルチャーあるいはポピュラーカルチャーという分け方では、もう文化は語れなくなっている、ということでしょう。このような経緯から文化の価値をあらためて見直す必要があるということで、ホールデンさんは今日の講演をしてくださったと思います。

Ⅸ　文化の新しい役割と人々の参加

これまで政治では文化を狭義な意味で解釈し限定してきたために、政策における文化の優先度は低くなっていました。しかし今では、文化は経済との関連、個人のアイデンティティーとの関連、それから外国との関係構築上、新しい役割を得て、より重要なものとして再定義され、これから私たちの生活により大きな意味を持ってくることが認識されてきていると思います。

繰り返しになりますが、経済との関連で言えば、いわゆる創造産業の一つとして、カルチュラル・ツーリズムやアート・ツーリズムなど、先程ご紹介したような地域活性化の事例は、観光とも非常に密接に関わってきます。また、ホールデンさんが何度も強調されていましたが、現在私たちは、経済活動においても、実際に体験し、味わわなければ得られないことに価値を見いだすようになっていると思います。これが非常に重要です。文化を消費するのではなく、自ら文化活動に関わることに価値を見いだすようになっているのです。日本ではすでにお稽古事などで文化活動に関わることは一般的ですが、ただ習慣的に関わるのではなく、能動的に関わり、そのことで自分をどう変えていくか、人間としての成長にも深く関わってくるかと思います。アイデンティティーとの関連でも、職業で自分を定義するより、何を観て、聴き、演じるかによって個人を定義づけるようになってきていると思います。

また、外国との関係構築に関してですが、現在インターネットの普及などにより、さまざまな壁が取り払われ、国と国との壁、文化と文化との壁も非常に変化していると思います。市民ジャーナリズムやソーシャルメディアなどにより、一般の人々が得られる情報量と影響力が非常に大きくなっています。世界各地で市民革命が起こっているのも、その一つの現れかと思います。

文化の価値がどのような要素から構成されているか、先程ホールデンさんも講演の中で触れておられた文化経済学者のデヴィッド・スロスビーは、六つに分けています。すなわち、美学的な価値、精神的価値、社会的価値、歴史的価値、象徴的価値、そして、本物としての価値です。このように、文化というのがこれまで以上に多元的に、広義に語られるようになっています。そして文化セクター全体を今後どのように考えていくかが課題になってくると思います。

X カルチュラル・リーダーシップ

これと関連して英国でもう一つ議論されてきた課題として、「カルチュラル・リーダーシップ」が挙げられます。クロア・ダッフィールド財団が運営する「クロア・リーダーシップ・プログラム」は、ホールデンさんも運営委員をされていますが、英国で文化セクター全体の人的底上げの必要性から立ち上げられたプログラムです。文化セクター対象のMBAとも言える内容で、英国の文化セクターを牽引するリーダーたちを輩出しています。

現在、日本でもそうですが、英国政府の助成金は縮小され、ミュージアムを含む芸術・文化セクターも政府の助成金に依存せず、企業とのパートナーシップを通じて持続可能なビジネスモデルをつくっていくことが求められています。このようにビジネスモデルをつくる、また文化セクター全体を引っ張っていくリーダーが必要とされているのだと思います。リーダーとなりうる人材の不足は、どの分野でも大きく問われているところですが、今、こういった分野での人材育成が、将来文化セクターの持続可能性を左右するのではないでしょうか。

このように、ここ最近の動きを追っただけでも英国の文化政策が、日本の文化政策にも大きく影響しているということが、ご理解いただければと思います。

第二部　ミュージアムの「価値」の実現をめぐって――四つの分科会と全体討論

第5回ミュージアム・サミット「100人で語るミュージアムの未来Ⅱ」
プログラム

第1日｜2012年2月4日

基調講演Ⅰ

10:30-12:30

「過去は未来である」池澤夏樹

ワールド・カフェ方式による参加者間シェア

ファシリテーター　岩渕潤子

分科会初日

前半（A・B）15:00-16:30　後半（C・D）16:30-18:00

テーマA A ミュージアム・マネジメント	テーマB B ミュージアム・リテラシー
テーマC C ミュージアム×アーカイブズ	テーマD D ミュージアムの企画とパブリック・リレーション

※各約1時間半。A・Bの分科会進行中、C・Dの参加者はA・Bを見学。C・Dの進行中はA・Bが見学。

第2日｜2012年2月5日

基調講演Ⅱ

10:30-12:30

「民主主義社会における文化の価値」ジョン・ホールデン

解説「なぜ創造力か？」菅野幸子

分科会2日目

13:00-16:00

テーマA	テーマB	テーマC	テーマD
A	B	C	D

16:30-18:00

成果報告・全体討論・参加者によるコメント・振り返り

分科会の構成について

「100人で語るミュージアムの未来Ⅱ」は、かながわ国際交流財団が二〇〇四年から実施している「ミュージアム・サミット」の第五回目にあたる。第三回までは世界各国の一流美術館から館長を招くシンポジウム形式で行われた。第四回では講演者と聴講者の垣根をとりはらう「ワールド・カフェ」方式を取りいれ、多様な立場の参加者全員で未来の美術館のあるべき姿について話しあった。今回の「ミュージアム・サミット」では、これまでの経験からそれぞれの方式の長所を取りいれ、参加者がじっくりと話しあい、ミュージアムが抱える具体的な課題解決のための提案を得ることができるように、二つの基調講演と分科会を組み合わせ、少人数でのグループ討論を中心とする方式をとった。

下の図は、分科会の構成を検討する際に用いたものである。一つのミュージアムを山にたとえ、周りを利用者、人々、地域とという社会が取り囲んでいる。マネジメント（経営）がミュージア

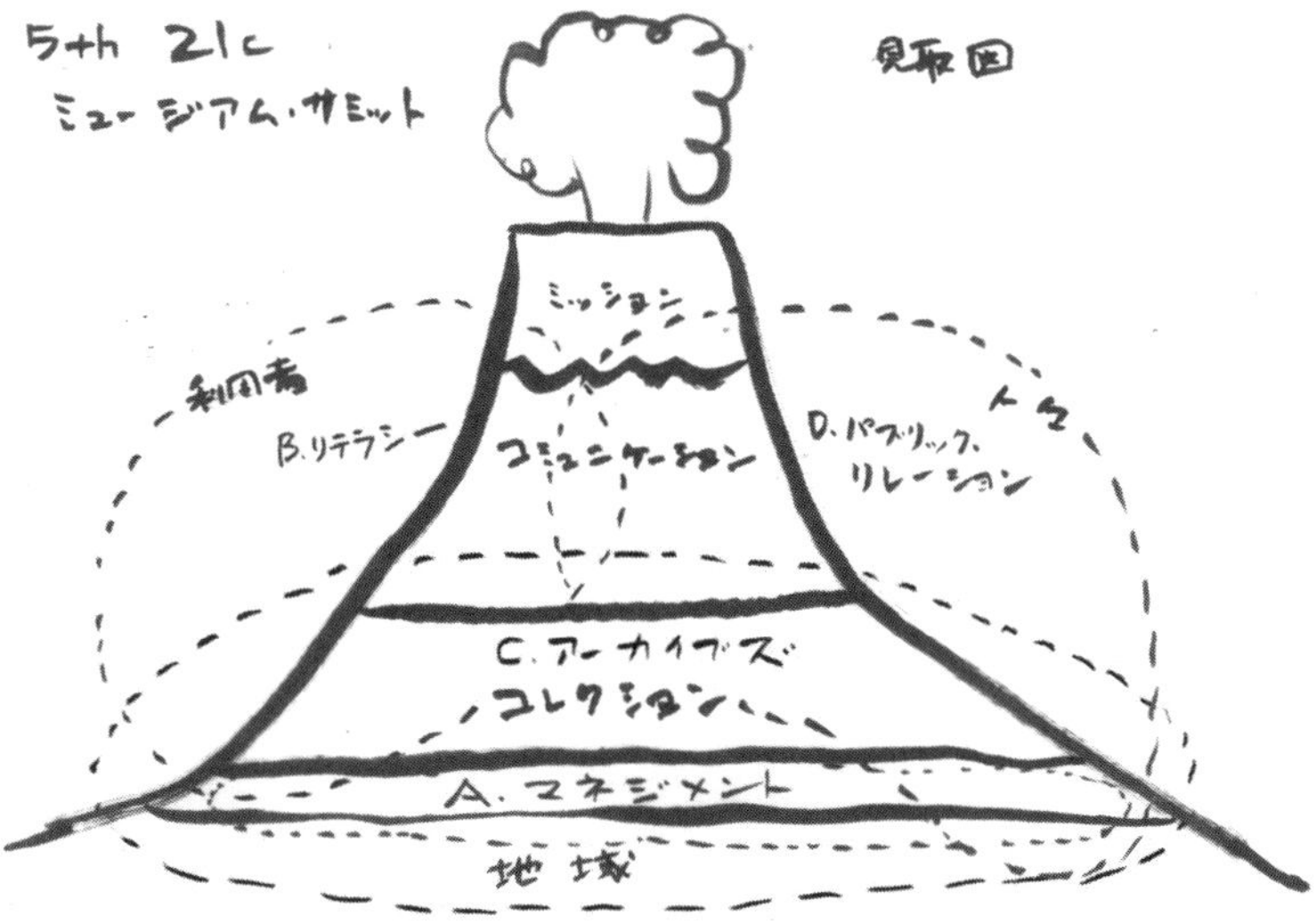

© 佐々木秀彦

ムが成り立つ基盤となり、コレクション（収蔵品）を活動の基本とした上で、社会とのコミュニケーションを図る。コレクションの展示が第一のコミュニケーションであり、近年ではさまざまなワークショップやアウトリーチのプログラムといった教育普及活動が、コミュニケーションにおいて重要な位置を占めている。こうした活動はそれぞれのミュージアムが持つミッションをまっとうするために行われるもので、それらがうまくいくと何らかの社会的な影響を及ぼす。それを図では山の噴火で表している。

分科会Aは、ミュージアムの基盤となるマネジメントを扱う。資金、土地、建物、人材といった要素をマネジメントし、ミュージアムそのものを成り立たせ、支えていくための「営む知恵」について考える。

分科会Cのアーカイブズは、コレクションと重なるが、より広がりを持つテーマである。地域に存在する文化資源や「プレ文化資源」をいかに記録し保存していくか。一方でミュージアム自身の活動を記録化するという課題も含まれている。

これまでの「ミュージアム・サミット」は美術館を主な対象としていたが、今回から博物館、動物園や水族館などさまざまな館種に対象を広げた。特にアーカイブズでは図書館、文書館など広い意味で文化資源を扱う機関との連携が重要となる。ミュージアム、ライブラリー、アーカイブズの「MLA連携」、さらにユニバーシティとインダストリーを加えた「MALUI」連携といった視点や、データ共有に向けたデジタル化の議論も不可欠だ。

分科会Bと分科会Dでは、社会とのコミュニケーションについて考える。分科会Bはリテラシーの切り口から、市民が受け身でなく、自らの社会に必要な場としてミュージアムの価値を主体的に読み解き、働きかけて、ミュージアムと相互に作用するあり方を「ミュージアム・リテラシー」ととらえ、このような側面から社会とミュージアムの関わりを考える。

分科会Dはパブリック・リレーションをテーマに、「人が集まるミュージアム」をつくるための企画を検討する。ここではパブリック・リレーションを、ミュージアムからの広報や宣伝という狭義のものだけでなく、人々からミュージアムへの働きかけやミュージアムを起点にはじまる人と人の関係も含む、幅広い視点でとらえる。

BとDの分科会では、ミュージアムを成り立たせる公共性をどうとらえるか、公共性のためにどんなコミュニケーションが求められるかについて、共通して議論することとなる。

〈分科会〉テーマA

ミュージアム・マネジメント

営む知恵

ミュージアムは予算や人員の削減に加え、事業仕分け、指定管理者制度の導入や市町村合併に伴う統廃合、新公益法人制度への移行など大きな制度改革の波に直面している。

しかし「ミュージアム冬の時代」と嘆いていても状況は変わらない。この分科会が目指すのは、未来に向けてミュージアムを営む知恵を見いだすことである。まず、市民参加型の活動で知られる大阪市立自然史博物館における実践と経験の報告からマネジメントの課題を浮かびあがらせ、グループに分かれて問題点と解決策を徹底的に議論した。

キーワードは「当事者」。職員、ボランティア、利用者、研究者など立場の違いを越え、現場が元気になる、明日からでも役立つ、心の支えになる、そんなアイデアを共有することを目標とした。

委員長
高階秀爾（大原美術館長）

企画グループ
佐々木秀彦（グループ長／東京都美術館交流係長・学芸員）
島田圭（神奈川県教育委員会生涯学習課グループリーダー）
森亜津子（横浜都市発展記念館・横浜ユーラシア文化館）
柳沢秀行（大原美術館学芸課長）

進行協力
半田昌之（たばこと塩の博物館学芸部長）

話題提供
山西良平（大阪市立自然史博物館長）

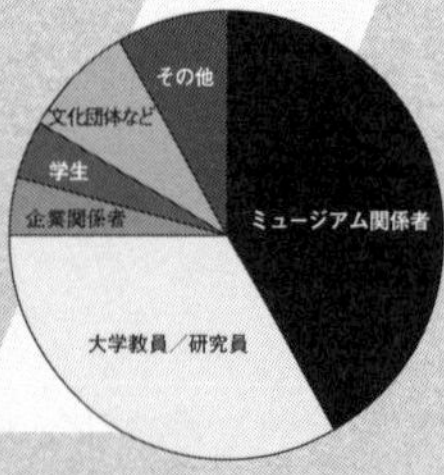

分科会参加者24名
〔内訳〕 ミュージアム関係者（館長、学芸員など）：10名、大学教員／研究員：8名、企業関係者：1名、学生（大学、大学院）：1名、文化団体など：2名、その他（ボランティアなど）：2名

テーマA

分科会概要

この分科会の目指したこと

未来に向けて、ミュージアムを営む具体的な知恵を見いだす

さまざまな「当事者」の立場と関心から、切実な課題を抽出する

三つの視点、三つの期間（81頁参照）に整理して、明日からでも役に立つ具体的な解決策を提案する

1日目

分科会Aの目標に掲げられたのは、「未来に向けてミュージアムを営む知恵を見いだすこと」です。

すべての参加者が対等に参加すること。具体的なアイデアの創出を目指すこと。一定の時間で暫定的でもグループとしての結論を出すこと。この三点が最初に留意点として参加者に伝えられました。

分科会の最初のプログラムは、大阪市立自然史博物館長・山西良平氏による話題提供・問題提起です。市民参加によるユニークな活動で名高い同博物館での経験から、ミュージアム・マネジメントの最前線における実践的なアイデアや具体的課題が豊富に紹介されました（山西氏の発表内容は82頁より掲載）。

続いて、企画グループと分科会参加メンバー全員の自己紹介。所属や日常の業務に加えて、事前の宿題として考えてきた「ミュージアム・マネジメントについてもっとも関心があること、切実に思うことは?」をそれぞれ一分以内で発表していきます。

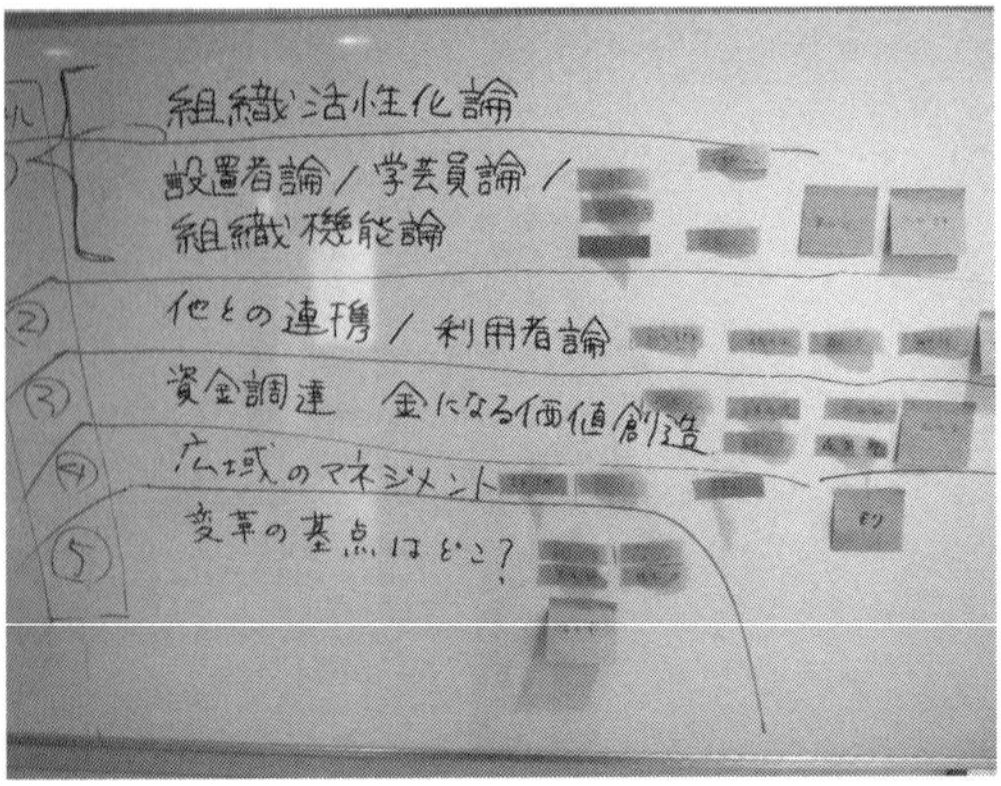

話題提供と自己紹介をもとに、ミュージアム・マネジメントの課題を分類し、討論の柱となるテーマとグループ分けを検討します。ホワイトボードに書き出されたグループの、どこに参加したいかをそれぞれ投票し、一日目の討論を終了しました。

1日目

一日目の討論の結果、①組織活性化論、設置者論、学芸員論、組織機能論　②他の組織などとの連携、利用者論　③資金調達、金になる価値創造　④広域のマネジメント　⑤変革の起点はどこ？　の五つのテーマが抽出されました。テーマごとにテーブルに分かれ、グループ討論をスタートします。

まず、何が、どうして問題なのか、課題の分析から話しあいました。

次に、どうやって、何から実行していくか、課題の具体的な解決案とそれに伴う問題点を出しあいます。それらのアイデアは、統治機構、経営者、現場担当者の三つの視点を短・中・長期に区分したワークシート（81頁参照）上にまとめ、解決案相互の関係がわかるように整理されました。それぞれ異

なる立場からミュージアムに関わる参加者たちが一つのテーブルを囲み、時間内に具体的な提案を出すため、各グループで密度の高い議論が展開されました。

続いて、各テーブルで話しあったことを発表し、討論テーマごとの解決策を共有しました（各テーマのまとめは89頁以下参照）。

分類した五つのテーマは相互に関連の深いものなので、別グループの発表に対する質疑応答も熱のこもったものとなります。発表後、一人四票をもって「よい」と思ったアイデアに投票し、各テーマの成果を全員でふりかえる時間をもちました。

	短期（1年）	中期（3～5年）	長期（5年以上）
統治機構 （ガヴァナンス）			
経営者 （マネジメント）			
現場 （オペレーション）			

グループワークで使用したワークシート。
議論を散漫にせず、短時間で「具体的かつ効果的な」解決策を探るための枠組み。

テーマA
話題提供

大阪市立自然史博物館

山西良平（大阪市立自然史博物館長）

マネジメントの課題と経営形態

博物館のマネジメントに関わる管理職は、現在いろいろな課題を抱えています。人員や予算の確保に展示更新、それに高度成長期に建てられた施設の老朽化などが、多くの施設で共通する深刻な問題となっています。

事業についても調査研究、収集、教育、保管の四つを着実に進めていけばよい落ち着いた時代もありましたが、昨今は、それぞれの事業の拡大にも目に見える形で取り組まなくてはなりません。さらに、点検評価、情報公開、災害などのリスクマネジメント、あるいは、学芸員の研修も含めた職員の資質向上など課題が山積しています。

そのほか、経営形態の見直しということでの指定管理者制度導入、財団においては公益法人制度への移行の問題があります。当館でも、大阪市直営のころは、現場の私たちが市の財政担当者に直に説明して予算を要求していました。しかし当館も指定管理になり六年目、一定額の予算をポンとあてがわれるだけとなり、個々の予算要求の機会も少なくなりました。行政管理が間接的なものになっています。

大阪市立自然史博物館：一九五〇年に前身となる自然科学博物館が設立されて以来、六〇余年の歴史を有する公立自然史系博物館。博物館友の会と連携したユニークな研究・普及活動に加えて、西日本を中心とする博物館ネットワークの拠点として名高い。
所在地：大阪市東住吉区長居公園一—二三
www.mus-nh.city.osaka.jp

博物館外観

指定管理になれば、成果としての経費節減が求められますが、人件費の大幅削減が中心となります。それまで市から派遣されていた事務職員を財団直接雇用の臨時的職員に切り替えるといったことで、経費削減が図られています。

指定管理の最大の問題は、事業の継続性が担保されていないことです。資料寄贈者・寄託者からの信頼の問題もありますが、学芸員を継続して雇用することが難しくなっている点が致命的です。さらに、指定管理者選定の基準が不明確で、選定委員会の構成やスタンスによって規準が変わるというリスクもあります。

新公益法人への移行については、各自治体の審査委員会の判断によって異なるようですが、指定管理者として博物館を運営している法人は、新たな制度で公益認定を受けるのが難しいという見解を聞いたことがあります。指定管理は民間が参入できる制度だから、あるいは指定管理は仕様書に基づく事業を実施するだけなので、財団としての自主性が担保されていないから、といった理由のようです。幸い私たちが帰属している財団は、昨年のうちに新公益法人に移行できましたが、これも継続性の面で心配されている点です。

大阪市はかなり以前から指定管理の弊害から脱却する方法を模索していて、地方独立行政法人による博物館運営を提案して国に特区申請をしましたが、二回にわたり却下されています。計画(plan)、実行(do)、評価(check)、改善(act)のＰＤＣＡサイクルが明確になるのが地方独立行政法人の利点です。複数の博物館を抱える規模の大きな自治体でないとなじまない制度だと思いますが、一つの選択肢として認められるように、二〇一一年の全国博物館大会の決議でも引き続き要望として挙げられています。

大阪市では、二〇一一年に当選した現市長の与党が、博物館・美術館・図書館・体育館までを統合し、とてつもなく大規模な独立行政法人を作ることをマニフェストに掲げています。それが現実的に可能かわかりませんが、現場としては以前から追求してきた独立行政法人による博物館運営がこの機会にうまく実現すれば、という期待を持ちながら様子を見ている状況です。

数年前、ポリシー、リテラシー、デリカシーの三つの「シー」が博物館設置者には必要だという拙文を書きました。設置者の問題については、そちらも参照していただければと思います（山西良平「公立博物館の在り方をめぐって」『博物館研究』四三（一二）、日本博物館協会、二〇〇八年、二一―二五頁）。

博物館コミュニティーをつなぐインターミディアリー

当館は、一九五〇年に設置されました。当初のよちよち歩きの時代は、市民や研究者の集団が後援会という形でバックアップし、館を支えてくれました。後援会はその後、「大阪自然科学研究会」に発展します。そして、一九七四年に現在地に移転したのを機に、研究会から友の会という博物館ユーザーによる学習組織に脱皮し、活動の幅を広げました。同時に、博物館とつながりの深い、より専門的な研究サークル、同好会といったヘビーユーザーの集団も多数活動していました。そういった人たち、特に友の会の役員を中心に、「大阪自然史センター」というNPO法人が二〇〇一年に設立されます。このNPOは、定款に大阪市立自然史博物館との連携を行うことが目的と明記した、博物館をとりまく協力者による事業体です。それまでの友の会事業を引き継ぐのに加え、ミュージアムショップやボランティア事業など、博物館が直接運営することがなかなかむずかしい事業も、この大阪自然史センターが担ってくれています。さらに、今まで学芸員だけではこなしきれなかった子ども向けワークショップなどのプログラム開発や大規模なフェスティバルを、博物館と共催するといった形で博物館とタッグを組んでいます。このNPO法人は、自ら各種の補助金や委託料を獲得し、デザイナーやファシリテーターなど、学芸員にはないスキルを持つ職員もきちんと雇用しながら事業を営んでいます。

博物館のコアとなる学芸員やスタッフの周りにヘビーユーザーとして協力する人たち、その周りに、博物館を利用しながら学習する友の会、さらに一般の行事参加者、来館者、利用者、地域の市民といった人々に対して、大阪自然史センターは、「博物館コミュニティー」をつなぐインターミディアリー（中間支援組織）ともいうべき、非常に重要な存在になっています。

私が就職した当時、先輩から言われたことがあります。「博物館は市民に開かれた大学である。誰でも来て、勉強し、研究者にだってなれる、そういうところにしなくてはいけない。自分の分野で研究サークルを作って、人を育てなさい。ファンクラブを作ってはいけない。誰でもが参加できる公平な運営をしなければならない」と、ヘビーユーザーとの関わりを教わりました。

少し前に、外来研究員という制度を作りました。博物館の資料を使って研究をしたい方に、この制度を使って公平に便宜を図るというシステムです。

現在の財政難、人員難の中で、博物館の予算とスタッフだけでできることは限られています。そういう中でさらに事業の輪を広げようとすれば、ＮＰＯ法人のようなインターミディアリー的な存在を博物館の側が意識的に組織し育成することが効果的ではないかと感じています。

ミュージアム・ネットワークの威力

同一館種の連携の例として、二〇〇〇年前後に活動がはじまった「西日本自然史系博物館ネットワーク」という団体が当館に事務局を置いています。学芸員同士の研修などを活発に行っていますが、この団体の特徴は草の根のネットワークにあります。ＮＰＯ法人化していますが、ＮＰＯ法人とは個人によって構成される組織であることが必要条件です。つまり、博物館が団体として加入するのではなく、学芸員の個人参加に基づいて作られているネットワークです。現在は一〇〇人以上の学芸員が登録しています。全国科学博物館協議会や日本博物館協会などの、博物館が団体として

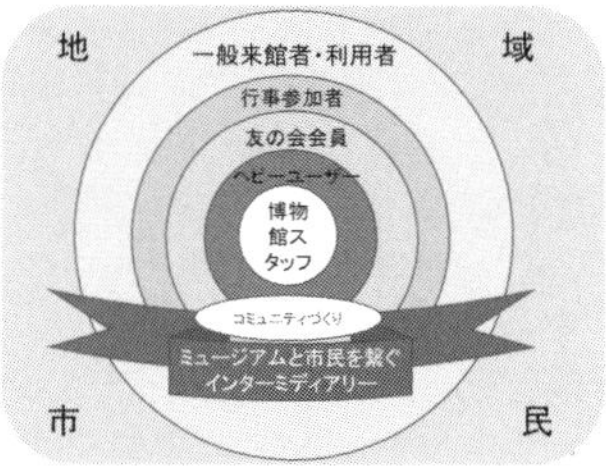

加入する組織に比べて機動性があります。それに、活動したいという意識を持つ人たちの集団なので、効率的に動くことができます。最近では、東日本大震災で被災した植物や昆虫の標本のレスキュー事業として、このネットワークを通じて、メンバーが所属する各博物館に標本を送ってもらい修復するといった活動が円滑にできました。

もう一つ、同一地域のなかでのさまざまな館種の連携の例として、８ＯＮ事業という市内八施設のネットワークもあります。細かいことは省略しますが、異なる館種の学芸員が集まることでお互いにプラスになる、いいとこ取りができるというメリットがあり、六年間ほど活動を続けています。各博物館の中堅で、元気な学芸員に出てもらい、連携ワーキングというチームを作り、毎月二回定例会議を開いています。

市民参加のプロジェクト事業

調査研究、資料収集・保管、展示、普及教育という博物館の四つの基本的な事業はバラバラに実施してはだめで、それらを統合し、つないでいくのが学芸員の役割です。当館では博物館の事業に市民参加を導入するため、プロジェクト事業を実施しています。その一つは八年前、大和川という日本ワースト一といわれる汚い川を、学芸員がそれぞれの分野で調査するところからスタートしました。植物、鳥、昆虫、魚など分野ごとにチームを作り、大和川のいろいろな生物を調べようと市民に参加を呼びかけました。当時ＮＨＫで放送していた「プロジェクトＸ」をもじり「プロジェクトＹ」として、あの歌を口ずさみながら学芸員がノリノリではじめたところ、友の会を中心とする人たちがたくさん参加しました。調査では事前の研修とトレーニングをした上で、大和川のあちこちに散ってデータを集めるというスタイルで取り組みました。その結果、それまでわかっていなかった大和川の自然の状態が明らかになり、ワースト一でも捨てたもんじゃないとなり、四年間の

機能共生体としてのミュージアム

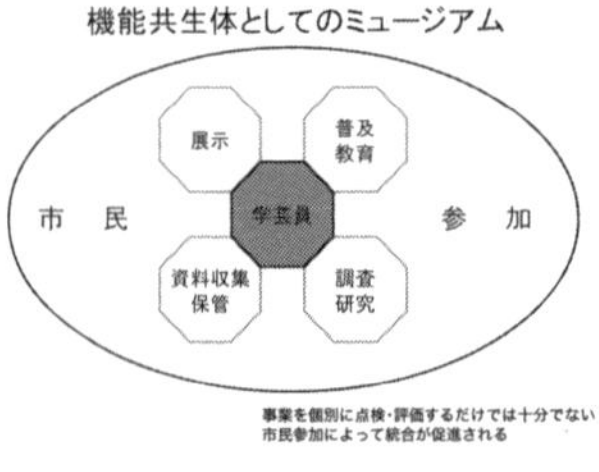

事業を個別に点検・評価するだけでは十分でない
市民参加によって統合が促進される

取り組みが特別展にも結実しました。その過程で資料、標本もたくさん集めることができ、市民にとっての普及教育の機会にもなりました。市民参加が、四つの機能を統合する大きな威力を発揮しています。

学芸員の役割

これまでの博物館に関する議論で、学芸員論があまりなされていない気がしています。学芸員が、個人として、集団としてどうあるべきかという議論がもっとなされてもよいでしょう。一人ひとりが自らの分野で、四つの事業を内面的に統合していくことが重要になっているからです。専門職集団としてのチームワークを引き出すためにはフラットな運営が欠かせません。そして、インターミディアリーと連携してさらにミュージアム・コミュニティーの輪を広げるためには、学芸員が意識してそれを主導していく必要があるだろうと思います。

一人前の学芸員の指標とは何でしょうか。特別展・企画展をプロデュースできること、あるいは新しい事業のプログラムを開発できることなどでしょう。では、学芸員の芸とは何なのか？ これも常に考えて行かねばなりません。学芸員にとっては、同僚はもちろん、ユーザーとともに高めあい、成長できることも大切です。もともと学芸員は専門バカからスタートしています。世間知らずでプライドだけが高い学芸員をまともな人間にしていくのは、博物館をとり巻くユーザーなのかもしれません。指定管理の時代ですが、博物館の学芸員はそこで骨を埋めるくらいの気概を持たねばいい仕事はできないし、そういう環境をつくっていくことも重要です。

地域課題の解決と博物館の役割

現在、博物館などの社会教育施設は、地域の課題を把握し、その解決に向けた事業を行うことが文部科学省からも求められています。それには、地域の課題をうまく見つけ出すことが大事だと思います。当館では、大阪湾の自然再生という課題に即して、国土交通省近畿地方整備局が二〇〇四年度からスタートさせた大阪湾再生行動計画に基づく市民モニタリングの活動に参画し、市民による生き物調査やフォーラムの開催に協力し、行政、市民団体、研究者との連携を深めてきました。この活動には、我々がもっている施設、知識・情報、資料、学芸員といった博物館ならではの資源が活用され、力を発揮しています。

　ほかにも、たとえば昨年度来、大阪市の環境局が生物多様性地域戦略の策定に取り組んでいますが、これに対して我々は大阪市の行政の一端を担う立場から協力を申し出て、原案の作成に貢献することができました。このような行政的な課題も含めて、博物館が地域で存在感を示す機会はいろいろあると感じています。

地域の課題解決に果たすミュージアムの役割

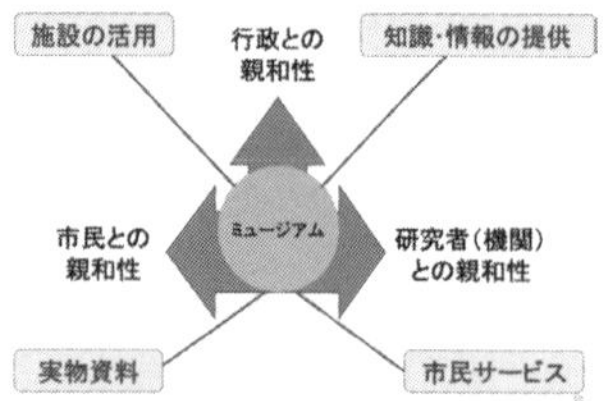

テーマA
グループワークまとめ

テーブル1
組織活性化論／設置者論／学芸員論／組織機能論

何が問題か	統治機構・経営者・現場の三者間で、ミッションが共有されていない。コミュニケーション不足。
具体的な解決策	コミュニケーションのキーマンは、まず経営者（館長）。現場（学芸員、事務方）とコミュニケーションがとれるように意識改革、キャリアアップが必要。統治機構（設置者）でいえば、行政内で異動があると設立当初のミッションが忘れられてしまう。設置時のミッションは曖昧なもので、本来のミッションはステークホルダーが何を求めているかを理解し、下から上にたたき台を示すもの。設置者、館長、現場でお互いを昇華しあえるようなコミュニケーションのシステムを作れば、ステークホルダーへの働きかけもでき、そこから行政を動かすこともできる。組織としてのミッションを理解し、専門職としてのスキルを発揮してもらえる学芸員を育てることも必要。

テーブル2
他との連携／利用者論

何が問題か	「なぜ入館者数を増やさなければいけないのか？」財政難のなか、首長などからミュージアムの存在意義が疑われている状況で、資金獲得のための唯一の尺度となってしまっている。
具体的な解決策	入館者数にかわる、首長部局に対抗できる尺度は何か。それはミュージアムの「公益性」（良質の体験を提供できる場所、筋が通った変わらぬもの、自分の成長を定点観測できる場所など）ではないか。「公益」＝「不特定多数への提供」。誰が来ても受け入れること。入館者数だけを尺度にせず、公益性をきちんと提案することのバランスが重要。 利用者、ミュージアム、統治機構のリテラシーの向上も課題。統治機構が求める入館者数には応える必要があるとしても、プラスαとして届けたいものは何かをきちんと提示する。首長の怖がるところ、喜ぶところを突くことも必要。ミュージアムのサポーター、ヘビーユーザーを増やすことで、怖がるものを作っていく。

テーブル3
資金調達／金になる価値創造

何が問題か	「資金調達」：経営者にとっては外部からの資金調達。現場にとっては歳入増大、経常収支を上げていくこと。統治機構にとってはミュージアムに予算を付けること。企業の枠組みなら、「外部」とわざわざ言わなくても、資金調達とはそもそも外部から資金をとってくることをいう。「価値創造」：ミュージアムが作りだすお金以外の価値から、通常とは異なる形でお金がつくこともある。→①自分の努力、②外部資金調達、③（お金以外の）価値創造の三つで考える。
具体的な解決策	美術館でコンサートのようなイベントを実施。コンサートもアートもターゲットは似ている。美術の枠組みから外れたことをするのも、付加価値の創造につながる。／公立館が外部資金を受け取る際、寄付先にインセンティブを与えづらいので、受け取り先をＮＰＯ化して基金を受け取り、イベント関連はそこで実施。イベントごとに基金をつけるという形もとれる。各種の助成金について、営業部隊、マーケター的存在を一人は配置する必要もある。／

公立館における縦割り行政の壁を壊す、クロス・ファンクショナル・チーム（カルロス・ゴーン）のような、博物館の有効活用をめざした組織を行政内につくる。／アカウンタビリティ。お金をくださいと、館長が行政にしっかりと言えること。

テーブル4

広域のマネジメント

何が問題か　文化財レスキュー、博物館法改正、公務員の民主化、国の役人の役割の自覚、国立から市町村立までの所管による棲み分けなどの問題が出た。

具体的な解決策　まずは目標設定により、私たちが行っていくことを意識化する。

職場を越えて、継続的な顔あわせによりネットワーク化を図る。学芸員のネットワーク、経営者のネットワーク、職種を超えたネットワーク、議員連盟のようなさまざまなセクションに働きかけるネットワークづくりなどが必要。ミュージアム・サミットのような場が2年に1回ではなく、もっと頻繁にあればいい。学芸員が広域のマネジメント能力を高める。国の役割を問い、公務員の民主化、博物館法の改正などにつなげていく。

テーブル5

変革の起点はどこ？

何が問題か　まず統治機構（設置者）を考えると、文化の社会的価値をどう計測するかが今後の課題。

具体的な解決策　マネジメントでは、館長にいい人材を確保すること。自治体では、ミュージアムは出先機関という意識があり、人事当局に認識されていないのでは。条例などで設置目的が決まっていても、館のミッションが明文化されていないケースが多々ある。設置者（首長）などへの報告が必要。

館運営は黒字にならないとしても、どういう収支レベルがよいのか。設置者の違いや規模の大小により、収支フレームのパターンを作ることが必要ではないか。

行政施策の中で、まちづくりには文化政策が必要とされている。まちづくりと一体化した展開をしていくこと、身近な地域でのネットワークや同類のミュージアムとのネットワークを作ることでミュージアムの価値が高まる。

現場レベルでは、派遣研修、他館との人材交流などの人材育成の仕組みが重要。受付、清掃なども含む全体の声を把握する全体会を定期的に持ち、最前線で館を支えているスタッフの意見を取り入れる。外部評価や利用者アンケートなどを用いることも必要。

テーマA
グループ長報告

佐々木秀彦（東京都美術館交流係長・学芸員）

1．分科会の趣旨

分科会の参加を呼びかける文書にこう書きました。

「この分科会がめざすのは、未来に向けてミュージアムを営む知恵を見いだすことです」。

分科会の趣旨はこれに尽きます。「冬の時代」が常套句のようになって数年経ちます。「お金がない」「人手がない」。これはミュージアムに限ったことではありません。全体に資源が縮小しているのだから、足りないことが前提です。憂いはわかるが、そこからどうするか。前向きにこの時代に向きあう二日間を過ごしてみる。そこで具体的かつ効果的なアイデアを分かちあうことをめざしました。

また、この分科会にはもう一つのテーマがありました。それは意見交換や合意形成の方法を工夫することです。これは、この分科会だけでなく今回のミュージアム・サミット全体の隠れたテーマだったように思います。

これまでの会議のありよう、合意形成の手法に限界があるのではないか。そう感じている人が少なくないのではないでしょうか。多くの催しで、基調講演があり、パネル・ディスカッションがあり、発表者以外のその他大勢は御説を拝聴する。参加者の本音は懇親会でぶつけあう。個人的にはそんなスタイルには魅力を感じません。こうした会合では「ここは結論を出す場ではありませんから」という言葉が聞かれるときがあります。このようなお茶の濁し方にも感心しません。

限られた時間で濃密に討議し、とりあえずの結論（仮説で充分）を導いてみる。少なくとも課題を整理してみる。そうした緊迫感があっていいのではないか。しかも「話す人」「聞く人」が分断されず、参加者が大いに語り、しっかり受け止める。そうした場や、それにふさわしい意見交換や合意形成のための新しい手法や作法が求められている。そんな気がしてなりません。

どこかに権威があって正解を教えてもらえるわけではな

い。どのような問いを立てたらよいか、それすらわからない。そんな不透明な時代にふさわしいコミュニケーションのあり方をどう考えるか。二年前に行われた第四回のミュージアム・サミットでワールド・カフェの手法を取り入れたのは、そうした意識があったからではないでしょうか。

そこで分科会の企画グループでは、進行のしかたを綿密に話しあいました。多くは初対面の三〇人弱の参加者の関心を集約し、濃密な議論をして、具体的かつ効果的なアイデアを出し、その結果を参加者全員で共有する。限られた時間でできるよう、議論を導き出す過程に留意しました。とはいえ内容を誘導するような仕掛けはしません。議論の枠組みはつくりましたが、中身については「出たとこ勝負」です。

共通の土俵で議論するために：事前の資料送付と話題提供

多様な参加者が対等に対話するのがミュージアム・サミットのユニークな点です。とはいえ何らかの共通の土俵がなければ話がかみあいません。そこで国内外で「ミュージアム・マネジメント」とされている事項を選んだ資料を、決定した参加者に事前に送りました。この分科会で扱う「ミュージアム・マネジメント」の領域を確かめるためです。

また、参加者を触発し、議論の方向性を示唆するための「話題提供」を、大阪市立自然史博物館の山西良平館長に依頼しました。大阪市立自然史博物館は、市民参加が盛んな活動で知られ、さまざまなネットワークのもと、多様な活動を展開しています。山西氏は同館の学芸員出身、現場たたき上げの館長です。実践に裏打ちされた取り組みや知見に満ちた報告をいただき、グループ討議の呼び水となりました。

2. 参加者とその関心テーマ

分科会の趣旨ではまた、参加者に次のようにも呼びかけました。

「キーワードは『当事者』。職員、ボランティア、利用者、研究者など立場の違いを問いません。この問題を我がこととしてとらえ積極的に関わろうとする人を歓迎します」。

これに応えて二四人が集まりました。年齢も異なり、ボランティア、学芸員、行政職員、館長、さまざまな領域の研究者、助成団体・NPOなど所属とミュージアムと関わる立場もさまざまです。海外からの方もおられました。

話題提供、企画グループのメンバーによる課題の発表に続き、参加者による討議を開始。まず自己紹介と関心あるテーマをキーワードで紹介してもらいました。その後、キーワードを企画グループで整理統合し、参加者の人数にあわせて五つのテーマを設定しました。

①組織活性化論、設置者論、学芸員論、組織機能論
②他の組織などとの連携、利用者論
③資金調達、金になる価値創造
④広域のマネジメント
⑤変革の起点はどこ?

これらのテーマのうち、参加者に関心のあるものに付箋をはってもらい、グループ分けを行いました。初日はここまでです。

3. グループ討論の結果

二日目は五つのテーマに分かれてグループ討議を行いました。

討議では二つのステップを設定しました。まず課題の分析「何が、どうして問題なのか」。それを受けて次のステップは、解決策の検討「どうやって、何から解決するのか」です。半日で「具体的かつ効果的」な解決策を探るのが目標です。議論が散漫にならないよう、あらかじめ枠組みを示しました(81頁の表を参照)。

問題点と解決策をこの枠組みのなかで考えてみます。誰が、どういう時間軸で取り組むのかを整理するためです。

ではどういう議論がされたでしょうか。グループごとに紹介します。

グループ① 組織活性化論/設置者論/学芸員論/組織機能論

まず挙がったのが、ミッションの問題です。統治機構(ガヴァナンス)、経営者(マネジメント)、現場(オペレーション)の三者でミッションが共有されておらず、三者がばらばらなままステークホルダー(関係者)へ働きかけることもできない。原因は、三者のコミュニケーション不足にあると考えられます。このキーマンは館長(あるいは役職はどうあれ実質的な経営責任者)です。ミッションは理念的なもので、具体的なビジョンに落とし込む必要があります。コミュニケーションが取れ、現場のことがわかっていれば、現状や課題を具体的に示せるし、ステークホルダーへの働きかけもできます。しかし、そうなっていないのが問題だ、という分析です。

このグループのテーマを平たく言えば、組織がうまく回る

にはどうすればよいか、ということでしょう。課題を「ミッションを巡るコミュニケーション不足」に絞り込み、鍵となる存在を館長（実質的な経営責任者）としました。

解決策として、良い事例として挙げられたのが話題提供のあった大阪市立自然史博物館です。現場たたき上げの館長がいて、館と博物館のファンの間でコミュニケーションが取れている。来館者がヘビーユーザーとなり、自主的な応援団になっていった例です。公立館で設置者である行政を動かすには、行政に働きかけるファン層を育てていくことが必要ではないかということでした。

このグループからはミッションについて面白い指摘がありました。「設置当時の設置目的は、ミッションとは言えず、ある種の『あほだら経』でしかない。ミッションは、ステークホルダーが何を求めているかを理解し、下から上にたたき台を示すものだ」、というものです。

本来、ミッションは設置者がしっかり認識し、経営者に託すものですが、本当に機能するミッションは、利用者や地域と日々接する現場からでないと生み出されないという指摘です。これを設置者に了解させ、現場に具体的に落とし込むのが経営者の役割ということでしょう。ミッションを駆動させる中心が肝心ということです。

グループ② 他の組織などとの連携、利用者論

このテーマは分科会Bのリテラシー、分科会Dのパブリック・リレーションとも直結しています。討論は「入館者をどう増やすか」という課題からスタートしました。ただ増やすのではなく、なぜ増やさなければならないか、入館者数に変わる尺度は何かという議論に進みました。

キーワードは「ミュージアムの公益性」です。「公益」とは何かを考えると、「不特定多数への提供」が一般的な定義でしょうが、それぞれの館の持つ公益性の中身をきちんと提案できるようにすること、これが大事だという考えに至りました。また、利用者のリテラシーだけでなく、統治機構のリテラシーなどさまざまなリテラシーを向上させていく必要性も指摘されました。「首長の怖がるところ、喜ぶところを突く」という刺激的な議論もされました。

グループ③ 資金調達、金になる価値創造

グループ③では、まず「資金調達」という言葉の中身を問い直すことが課題になりました。経営者にとっては資金調達ですが、現場でいえば、歳入を増やし、経常利益率を上げていくこと、ガヴァナンスではミュージアムに予算を付けても

らうこと、企業の枠組みで言えば、マーケットを通じて資金を調達することなので、「外部」とわざわざ言わなくても、資金調達とはそもそも外部からの調達をいいます。また、ミュージアムはお金だけでなく、価値も作っているのではないか、という意見が出ました。

議論をまとめ、課題を①自助努力、②外部資金調達、③(お金以外の)価値創造、という三つの柱に整理しました。そして具体的な方策として、文化という枠組みから外れたことをやってみるのも、付加価値の創造につながるのでは、という意見も出されました。公立館が外部資金を受け取る際に、受け取り先の組織をNPO化し、イベント関連はそのNPOが実施して、イベントごとに基金をつけるという形もとれる、また、各種の資金獲得のために営業部隊的存在のスタッフを一人は配置する、といった方策が提案されました。

グループ④　広域のマネジメント

広域のマネジメントというテーマの中で、文化財レスキュー、博物館法改正、公務員の民主化、省庁職員の役割の自覚、国立から市町村立までの所管による棲み分けなど、さまざまな問題が出されました。

このグループでは、文化財レスキューにしても、ネットワークができていない問題があるので、それを解決する具体的な方策を考えました。まずは、ミュージアム・サミットのような関係者の集まりが、より頻繁にあればよい、という意見がありました。継続的に顔をあわせるところからはじめて、職種別ネットワークや、職種を超えたネットワーク、さらには議員連盟のような組織への働きかけなど、さまざまなセクターに働きかけるネットワークづくりが必要であり、目標を設定して定期的に会えるネットワークづくりなら、私たちでもできるのではないか。ぜひそうしたネットワークを立ち上げていきたいという前向きなまとめがありました。

グループ⑤　変革の起点はどこ?

課題として挙がったのは、公立ミュージアムの館長の役割です。所管する官庁・自治体からするとミュージアムは出先機関という意識があり、館長人事を行う当局の認識が薄いのではないか、という点です。条例などで設置目的は決まっていますが、館の役割、ミッションが明文化されていない館が多々あり、庁内での理解を進めるためにも、設置者などへの報告が必要でしょう。

資金・予算については、ミュージアムにとってどのような収支のレベルが適切か、明確な枠組みがありません。設置者の違いや規模の大小はありますが、収支フレームのパターンのようなものを作る必要があるのではないかという問題提起がありました。

また、行政施策・文化施策の中では、ミュージアムがまちづくりと一体化した展開をしていく必要性や、身近な地域でのネットワークや、同類の博物館・美術館とのネットワークを作り、ミュージアムの価値を高めていくことが指摘されました。

現場の学芸員については、ほとんど異動がないため、派遣研修、他館との人材交流などの人材育成の仕組みをつくることが重要との意見も出ました。

どの課題、どの解決策に共感が集まったか

各テーブルからの発表の後は、全員でアイデア、キーワードに投票します。一人四枚付箋を持ち、一グループにつき一枚、発表を聞いて「いいな」と思ったアイデアに貼ってもらいました。

グループ①（組織活性化論／設置者論／学芸員論／組織機能論）

圧倒的に票が集まったのはミッションについてです。ミッション、ビジョンの共有ができていない、あるいはそもそも存在せず、それらを作っていくことが課題。コミュニケーション不足の現状や、目標と成果の表明などが共感を得ていました。

グループ②（他の組織などとの連携・利用者論）

「首長の怖がるところ、喜ぶところを突く」に票が集まりました。首長の意向をうまくつかんで働きかけていくことが大事ということでしょうか。成果、目標の設定と共有が必要という、グループ①に共通する話題や、そのほか、ファンクラブの形成、基礎体力、リテラシー、中間支援組織への支持も集まりました。

グループ③（資金調達／金になる価値創造）

学校教育との連携、教育への貢献に関心が集まっているようです。ほかには、文化施設は文化イベントの場ではないという認識の必要性、財源の多角化、イベントの基金化、無形価値の評価と予算化、文化以外の社会的価値を打ち出すなどに共感が多く集まりました。

グループ④（広域のマネジメント）

職種ごとのネットワークづくり、ミュージアム・ネット

ワークの拠点化、広域での資源のマネジメントという視点での取り組みなどに共感が集まりました。

グループ⑤（変革の基点はどこ？）

学芸員の新陳代謝など人材の問題や、ほかには目標設定、コミュニケーション、利用者からの発想で考えていくこと、収支フレームなどへの共感が多く寄せられました。

4．議論へのコメント

付箋による投票を終えて、話題提供を行った山西館長と分科会A委員長の高階館長よりコメントをいただきました。

その1　話題提供者　山西館長より

グループ①で、ミッションの問題や、学芸員同士の成果共有、外部のステークホルダーとの連携といった課題が出されました。そういった意味では、日本博物館協会が「『対話と連携』の博物館」というテーマで一〇年以上前に出した指針がありますが、今でもその重要性は変わっておらず、あらゆる館で追求することが引き続き重要だと思います。

グループ②では、ファンクラブ、ヘビーユーザーの存在が注目されました。学芸員は幅広い分野を手がける必要もあり、専門的知識を持つ来館者にかなわない部分も出てきます。ヘビーユーザーが味方についてくれれば心強いですが、逆の場合は非常に大変です（笑）。基本的に学芸員は、施設を預かり、運営する存在ですが、悪くすると資料の上にあぐらをかく権力者になる恐れもあります。学芸員が敷居を低くし、来館者と交流し、関係づくりを続けていくしかないと思います。ヘビーユーザーも含め、さまざまな人にひらかれた研究、学習の場をつくっていくことが大切かと思います。

③の資金調達について一つつけ加えますと、NPOを資金の受け皿として協力していただくことも大切です。最近、認定NPO法人制度が変わり、寄付を受けるハードルが緩和されました。寄附した人も、寄附金額の一定割合が税額で控除されるという大きなメリットがある制度に変わったので、それを活用し、NPOをさらに活性化することができるのではないでしょうか。

④の広域マネジメントについては、国会議員のアンケートは非常にいいアイデアなので、ぜひ日本博物館協会でお願いしたいと思います（笑）。博物館の味方になる議員連盟を作っていただき、それで博物館法改正の課題も突破していくという道筋が見えてきたのではと思います。

グループ⑤で収支フレームのパターンというアイデアが出ましたが、それぞれのミュージアムでどれだけ収入を獲得するのが適切なのか、というのは知りたいところだと思います。公立の自然史系、歴史系などは、人件費を含む総事業費の二割も稼げればいいほうという「感覚」で何となくおりますが、統計的根拠もありません。こうした施設でペイするのは厳しいが、水族館なら民間でもやっているところがいくつかあります。動物園でも、入園料だけでの経営は難しい。こうした「感覚」はあるのですが、裏付けを取りながら、このジャンルのミュージアムならこのくらいの収支比率といった基準のようなものが見えれば、役に立つかなと思いました。

最近私は、最悪の事態を想定しておくことが、マネジメント責任者には大切だと考えています。何が最悪か、今の段階でははっきり言えませんが、そこまでリスクをみておくことが必要で、そういう時代になっているのではと思います。

公立施設では、これから先予算が増えることは期待できないでしょう。バブルが弾けた少し後なら、「今しばらく辛抱すれば昔のように戻れるから、頑張ろう」と言っていられた。でも今は、そういう期待は難しい。そうすると、最低必要な予算、人員は設置者の責任でお願いするが、それ以上の資金調達は自分たちで努力して外部資金を調達するなどのファンドレイジングをし、そういう経営状態を作ることを考えるしかない。私もそうですが、五十代以上に残るバブル時代のマインドを払拭する時期に来ているかと思います（笑）。

その2　分科会委員長　高階館長より

議論の中で、まず問題点として非常に大きくクローズアップされたのが、設置者と現場との食い違いです。ミッションへの不理解、ミッション不在、設置当初はよかったが忘れられた、設置当初のものは「あほだら経」でしかない（笑）。何をするかという目標や理解が異なっているわけです。現場レベルでは、文化財に対する愛情とそれを伝えたいという気持ちがあり、解決策を持っていても、どうも設置者には通じていない。コミュニケーションが不足し、うまく通じていないので、同じ場にいながら、上が無理解、現場が勝手にやっている、というような双方の食い違いも生じてくる。皆さんこのようなことを課題として考えておられるようです。

もう一つの問題点は、統治者のほうは、入場者数や収入などのわかりやすい数量的、定量的なものを求める。しかし現場は、定性的な分析を大事にする必要があります。それをどのように説得力をもって示すか。評価のあり方に対する意見も多数出ました。さらには、無形の価値をどう予算化するか。

予算化しなければ実際の活動につながりません。

そのように課題は徐々にクリアになってきたのですが、それに対して、解決策についてはまだまだです。ミュージアム関係者だけでは済まない部分もあります。たとえば国の縦割りの行政システムも問題になりました。文化庁だけでなく、クール・ジャパンは経産省、ミュージアムでも科学博物館では文化庁ではなく文科省所管です。予算も権限もばらばらで無駄や重なりもあり、統一もすぐには難しい。

では、我々ができることは何か。この分科会の参加者は現場の方々が多いですが、まずは現場の声がマネジメント、ガヴァナンスに、さらには広く人々に届くようにしなければなりません。愚痴を言いあっていてもしかたないので、ネットワークを作り、あるいは既存のものを強化し、継続すること。日本の学芸員は雑芸員と呼ばれ、さまざまな職種をすべて背負っているところがありますが、それぞれの職種に応じたネットワークができていくとよいでしょう。ネットワークの中から、統治機構に訴えていく道筋ができていくのではないでしょうか。最終的には予算配分、国の行政組織改革まで訴えていく。それは立法者の問題ですが、芸術議員連盟があってもいいでしょう。総理大臣の施政方針演説にも近ごろ文化はあまり出ませんが、聞いてみれば文化は大事だと皆さんおっしゃる。ですから、意識を喚起していただくためにも、たとえば日本博物館協会など影響力のある組織が議員に対してアンケートを取るというのはいいアイデアです。ほかにも、ジャーナリズムなどを通じて社会に訴え、解決を求めていくことが、プラスに働くでしょう。

悩ましいことは色々ありますが、こういうこともできるという可能性を見せていただいたという点では、この分科会は大いにプラスになったと思います。人々のつながりができましたし、今後も続けていきたいという希望が持てました。将来を見据えて、できることからやりましょう。「冬の時代」には違いないし、当分続くというお話ですが、いずれ春が来るでしょうから、春を来させるような方法を皆で考えていきましょう。

5．分科会Aの成果とは？――モデルなき世界で

この分科会ではマネジメントについて、具体的な解決策を出しあうことを目指しました。ここまでの報告にあるように、課題の共有に留まらず、そこから先を見据え、いくつか具体的な方策が提案されたこと、これは成果と言ってよいでしょう。さまざまな背景をもつ人が経験やアイデアを交換するこ

とできました。

しかも、学芸員が心得るべきこと、館長に期待されること、設置者が留意すべきこと、国レベルで意識を高めること、というように、混同されがちな解決策が「現場（オペレーション）」、「経営（マネジメント）」、「統治（ガヴァナンス）」の三つの層に分けて提案されたことは意味があったと思います。

出されたアイデアや方策の根底に、ネットワークをつくり、知恵を出しあって解決していこうという姿勢が見えてきました。まさに今回のミュージアム・サミットの趣旨そのものに関わります。山西館長も指摘されましたが「対話と連携」がキーワードです。

冒頭で指摘しましたが、今回のミュージアム・サミットには、意見交換・合意形成の方法を工夫する、という隠れたテーマがありました。何を話しあうかは大事ですが、それに加えてどうやって話しあうかを重視したということです。

これは「モデルなき世界」を私たちが生きていることが背景にあります。成熟した社会での必然といってよいかもしれません。戦後の日本は、欧米社会をモデルに追いつくことが目標となりました。ミュージアムが日本各地に数多く建設されたのはその一つの現れでしょう。欧米のような立派なミュージアムを建設する。こうした単純なモデルはまったく通用しなくなりました。欧米でもない、しかもゼロ成長、マイナス成長しか見込めないこの日本で、我々がミュージアムをどうとらえていくのか。もはやモデルはありません。立場の異なる人たちが相互理解のために対話し、行動のために連携することが求められます。

では、この分科会Aのプログラムは意見交換・合意形成の方法として、うまく作動したでしょうか。振り返れば、ある種の濃密な場は作れたのではないかと思います。

ただ「ミュージアム・マネジメント」という広い課題設定のため、出されたアイデアも散漫になった印象は免れません。アイデアを一つひとつ吟味して掘り下げるというところまでには、とうてい至りませんでした。対象がミュージアム一般ということなのでいたしかたない面もあります。

おそらく問われるのは次の展開です。こうした手法を吟味し、特定のミュージアムを対象に徹底的に掘り下げて考え、合意形成していくために応用していただくのがよいのではないかと思います。「有識者」から一方的に御説を拝聴し、形式だけ整えるような会議文化はもう卒業してはどうでしょう。館長も、ショップの店員さんも、ボランティアも、学芸員も、所管部署の責任者も、研究者も一堂に会して、「当事者」として本音で語りあう。「健全な無礼講」という場を、ワークショップという名目で実現してはどうでしょう。今回の分科会はまさにそのような場であったと思います。

6．「マネジメント」の限界とこれから

まとめとして、この分科会を振り返って、特に気になったことを二点述べたいと思います。一つは、使命（ミッション）の不在あるいは不共有です。多くの人、少なくとも今回の参加者の多くが「この点が問題だ」と共感したこと。これは確かに成果だったのかもしれません。一〇年前はミッションの不在・不共有が問題であることすら、意識されない状況がありました。使命は、「収集・保存・公開・研究」ではないか、という一般論で片付けられました。関係者が合意し、館に関わる人の行動の拠りどころになる、そうした積極的な使命（ミッション）が不可欠だという認識がようやく広がってきました。

残念なのは、個別のミュージアムで使命を確立し、館運営を行う例がまだ少ないことです。わたし自身は、日本博物館協会の調査研究委員会を通して、自己点検と使命づくりを支援するプログラムを提案し、何度かワークショップを行ってきて、これは自分の中では一つケリのついた問題だと思っていました。だが現実はまったくそうではありません。力の及ばなさを目の当たりにしています。

二点目は、使命の不在・不共有と関わりますが、統治機構（ガヴァナンス）への踏み込みです。なぜ使命が確立しないのか、いったい誰が使命を決めるのか。ミュージアムの現場か、館長か、公立館であれば首長か。そもそも使命を明確にし、展望を持ち、目標を明らかにする、そうした館運営がなぜできないのか。なぜ見識と権限のある館長がリーダーシップを取るようにならないのか。

おそらく、これは職員の意識や館長個人の資質だけに帰すことではないように思います。そうした明確な経営（マネジメント）を導き出す統治機構が確立していないからではないか。今回の分科会では、そうした議論に至ることはありませんでしたが、突き詰めるとこの問題に正面から取り組まざるをえないように思います。キーワードは「当事者」、「自治」、「行動規範」といったことになるのでしょう。基調講演でジョン・ホールデン氏が示した文化の価値に関わる三角形の図式は大きなヒントになります。市民、行政、専門家の力のバランスを取るようなミュージアムの統治機構の制度設計がなされるか。そしてそれを適切に運用していくには、どんなことに注意しなければならないか。これが鍵になるのではないで

しょうか。

そして最後に、分科会Aの議論と今回のサミット全体を俯瞰的に見てみたいと思います。

図1「これからのミュージアムのあり方」は、今回のサミットの準備段階でお示ししたものです。分科会Aで主に話題になったのはdのマネジメント、cの拠り所です。先程指摘したようにbのガヴァナンスまで掘り下げられませんでした。そして分科会Bのリテラシーと分科会Dのパブリックリレーションでは、dのマネジメントとfのフォーラムの重なる部分が議論されたのではないでしょうか。そして分科会Cのアーカイブズでは、eのコレクションについてより広い視点で、MALUI連携を視野に議論されました。

この図式は一つの提案にすぎませんが、今回のサミットの議論と今後のミュージアムのあり方を考えるときの参考になれば幸いです。

図1　これからのミュージアムのあり方

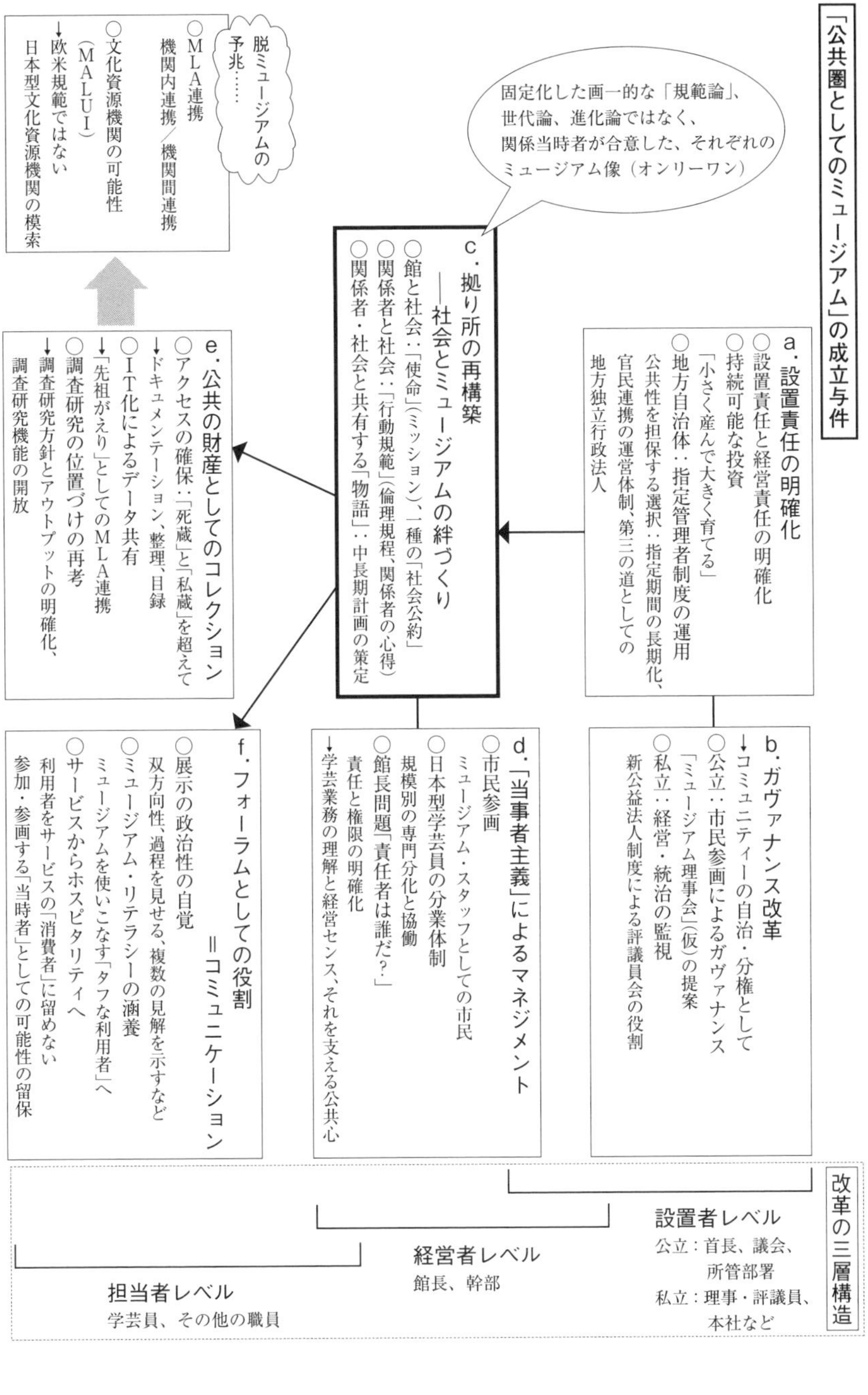

「公共圏としてのミュージアム」の成立与件
a．設置責任の明確化
○設置責任と経営責任の明確化
○持続可能な投資
「小さく産んで大きく育てる」
○地方自治体：指定管理者制度の運用
公共性を担保する選択：指定期間の長期化、
官民連携の運営体制、第三の道としての
地方独立行政法人
b．ガヴァナンス改革
↓コミュニティーの自治・分権として
○公立：市民参画によるガヴァナンス
「ミュージアム理事会」（仮）の提案
○私立：経営・統治の監視
新公益法人制度による評議員会の役割
固定化した画一的な「規範論」、
世代論、進化論ではなく、
関係当時者が合意した、それぞれの
ミュージアム像（オンリーワン）
c．拠り所の再構築
——社会とミュージアムの絆づくり
○館と社会：「使命」（ミッション）、一種の「社会公約」
○関係者と社会：「行動規範」（倫理規程、関係者の心得）
○関係者・社会と共有する「物語」：中長期計画の策定
d．「当事者主義」によるマネジメント
○市民参画
ミュージアム・スタッフとしての市民
○日本型学芸員の分業体制
規模別の専門分化と協働
○館長問題「責任者は誰だ？」
責任と権限の明確化
↓学芸業務の理解と経営センス、それを支える公共心
脱ミュージアムの予兆……
○MLA連携
機関内連携／機関間連携
○文化資源機関の可能性
（MALUI）
↓欧米規範ではない
日本型文化資源機関の模索
e．公共の財産としてのコレクション
○アクセスの確保：「死蔵」と「私蔵」を超えて
↓ドキュメンテーション、整理、目録
○IT化によるデータ共有
↓「先祖がえり」としてのMLA連携
○調査研究の位置づけの再考
↓調査研究方針とアウトプットの明確化、
調査研究機能の開放
f．フォーラムとしての役割
＝コミュニケーション
○展示の政治性の自覚
双方向性、過程を見せる、複数の見解を示すなど
○ミュージアム・リテラシーの涵養
ミュージアムを使いこなす「タフな利用者」へ
○サービスからホスピタリティへ
利用者をサービスの「消費者」に留めない
参加・参画する「当時者」としての可能性の留保
改革の三層構造
設置者レベル
公立：首長、議会、所管部署
私立：理事・評議員、本社など
経営者レベル
館長、幹部
担当者レベル
学芸員、その他の職員

〈分科会〉テーマB

ミュージアム・リテラシー

高めあう市民とミュージアム

今回の未曾有の大震災に際し、市民が地域の課題に対して主体的に取り組み、対話を通じて協働して解決していくことの重要性があらためて認識された。このような社会変革の時代にあって、ミュージアムは議論をオープンにして人々の対話を促進し、市民とミュージアムの創造的相互作用（ミュージアム・リテラシー）を高め、両者の協働・協創による市民参画型の社会の実現に寄与することが求められている。

この分科会では、市民が単にミュージアムが提供するものを受け取るだけでなく、自らの社会に必要な場としてミュージアムの価値を主体的に読み解き、かつ働きかけて、ミュージアムと相互に作用するあり方（＝ミュージアムと市民が高めあうミュージアム・リテラシーのあり方）を考察する。

委員長

建畠晢（埼玉県立近代美術館長）

企画グループ・話題提供

小川義和（グループ長／国立科学博物館学習・企画調整課長）

小野範子（茅ヶ崎市立小和田小学校教頭）

佐藤優香（国立歴史民俗博物館助教）

端山聡子（平塚市社会教育課学芸員）

話題提供

西田由紀子（よこはま市民メセナ協会会長）

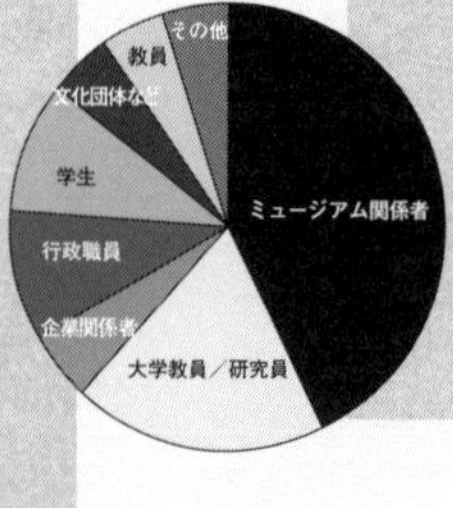

分科会参加者 21 名

〔内訳〕 ミュージアム関係者（館長、学芸員など）：9名、大学教員／研究員：4名、企業関係者：1名、行政職員：2名、学生（大学、大学院）：2名、文化団体など：1名、教員（高校）：1名、その他（ボランティアなど）：1名

テーマB

分科会概要

この分科会の目指したこと

市民とミュージアムの相互理解、相互作用の過程としてのリテラシー

「記憶の中のミュージアム」—個人のさまざまな体験から課題を抽出

異なる館種をつなぐ共通の土台となる理念の共有と具体的事業の提案

1日目

グループ長からの分科会趣旨説明に引き続き、西田由紀子氏（よこはま市民メセナ協会会長）、小野範子氏（茅ヶ崎市立小和田小学校教頭）、端山聡子氏（平塚市社会教育課学芸員）より、それぞれ市民、教員、学芸員という立場からミュージアム・リテラシーについて話題提供のプレゼンテーションを行いました（話題提供の内容は108頁以下）。

次のプログラムは、佐藤優香氏（国立歴史民俗博物館助教）がファシリテーターを務めるワークショップ「記憶の中のミュージアム」。二人一組で相手のミュージアムの思い出を聞き取り、ワークシート（107頁に掲載）に記入していきます。

ワークショップで導きだされた自らのミュージアム体験をもとに、グループで討論してミュージアムの課題を抽

出しました。出てきた課題・アイデアを過去（ピンク）、現在（青）、将来（緑）の付箋紙に分類し、それぞれの関係性がわかるように模造紙の上で整理し、グループワークの成果を共有しました。

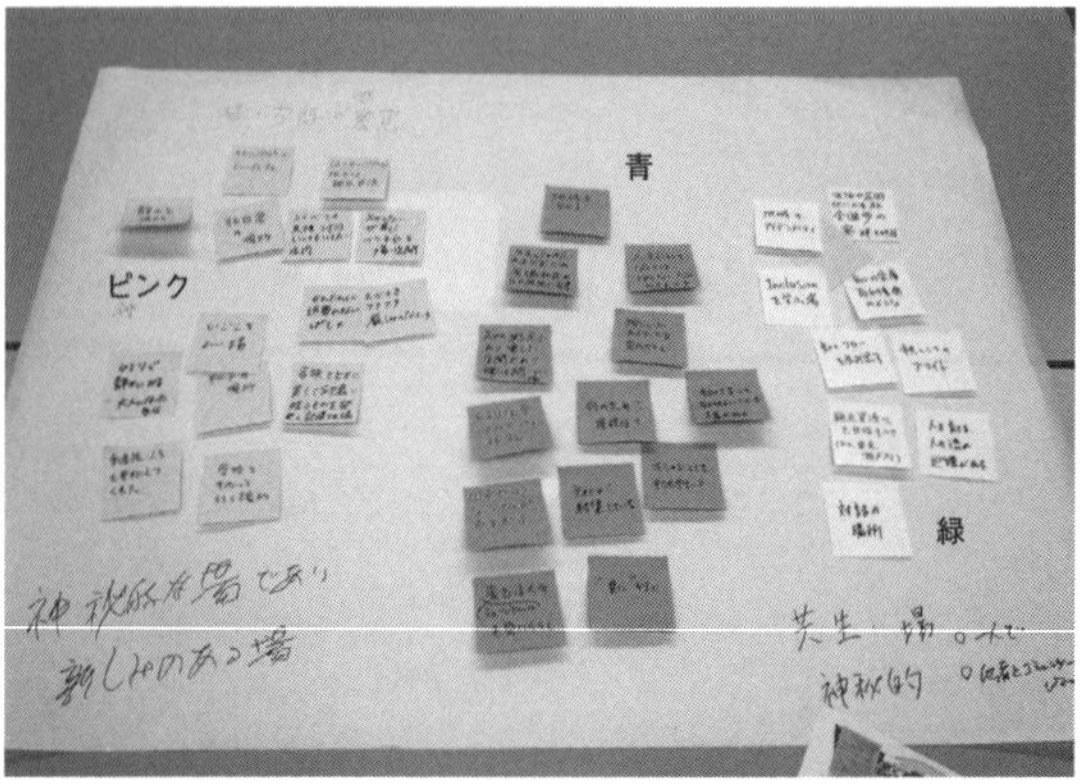

2日目

一日目に抽出された課題〈個人—交流〉〈ハレ—日常〉〈娯楽—学び〉〈価値の継承—価値の創造〉〈専門性の確立—異分野の交流〉（124頁表1参照）をもとに四つの班に分かれ、グループワークを行いました。リテラシーの課題に対して、管理者、運営の現場、利用者などそれぞれの立場から具体的なアイデアを出しあい、その有効性を議論していきます。

グループワークの成果は、グループごとに左のワークシートを完成させる形で整理しました。このシートは、ミュージアム・リテラシーの理念の共有と具体的な事業提案を、グループで同時に行うために考案したものです。

グループワークの締めくくりとして、それぞれの班のまとめを発表し、分科会全体で質疑応答が交わされました（各班のまとめは115頁以下参照）。

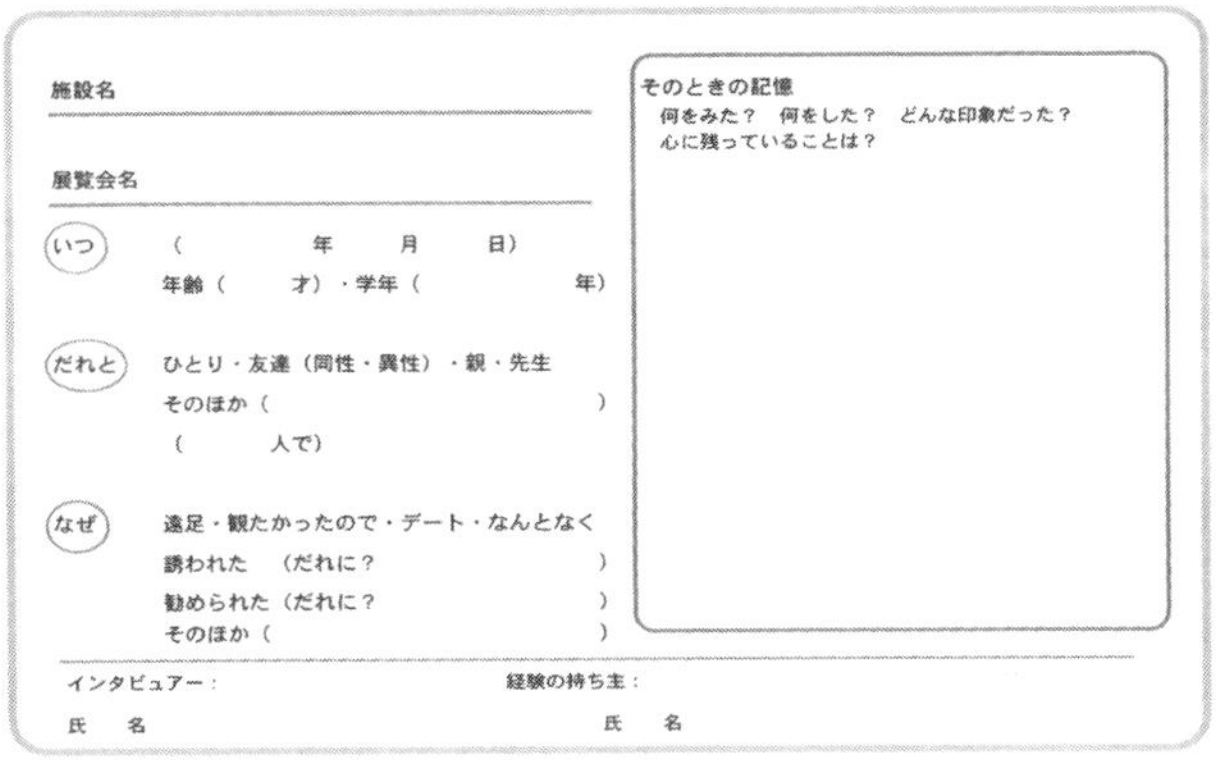

施設名

展覧会名

いつ　（　　年　　月　　日）
年齢（　　才）・学年（　　年）

だれと　ひとり・友達（同性・異性）・親・先生
そのほか（　　）
（　　人で）

なぜ　遠足・観たかったので・デート・なんとなく
誘われた　（だれに？　　）
勧められた（だれに？　　）
そのほか（　　）

そのときの記憶
何をみた？　何をした？　どんな印象だった？
心に残っていることは？

インタビュアー：
氏　名

経験の持ち主：
氏　名

ワークショップ「記憶の中のミュージアム」のワークシート。

構成・デザイン：佐藤優香

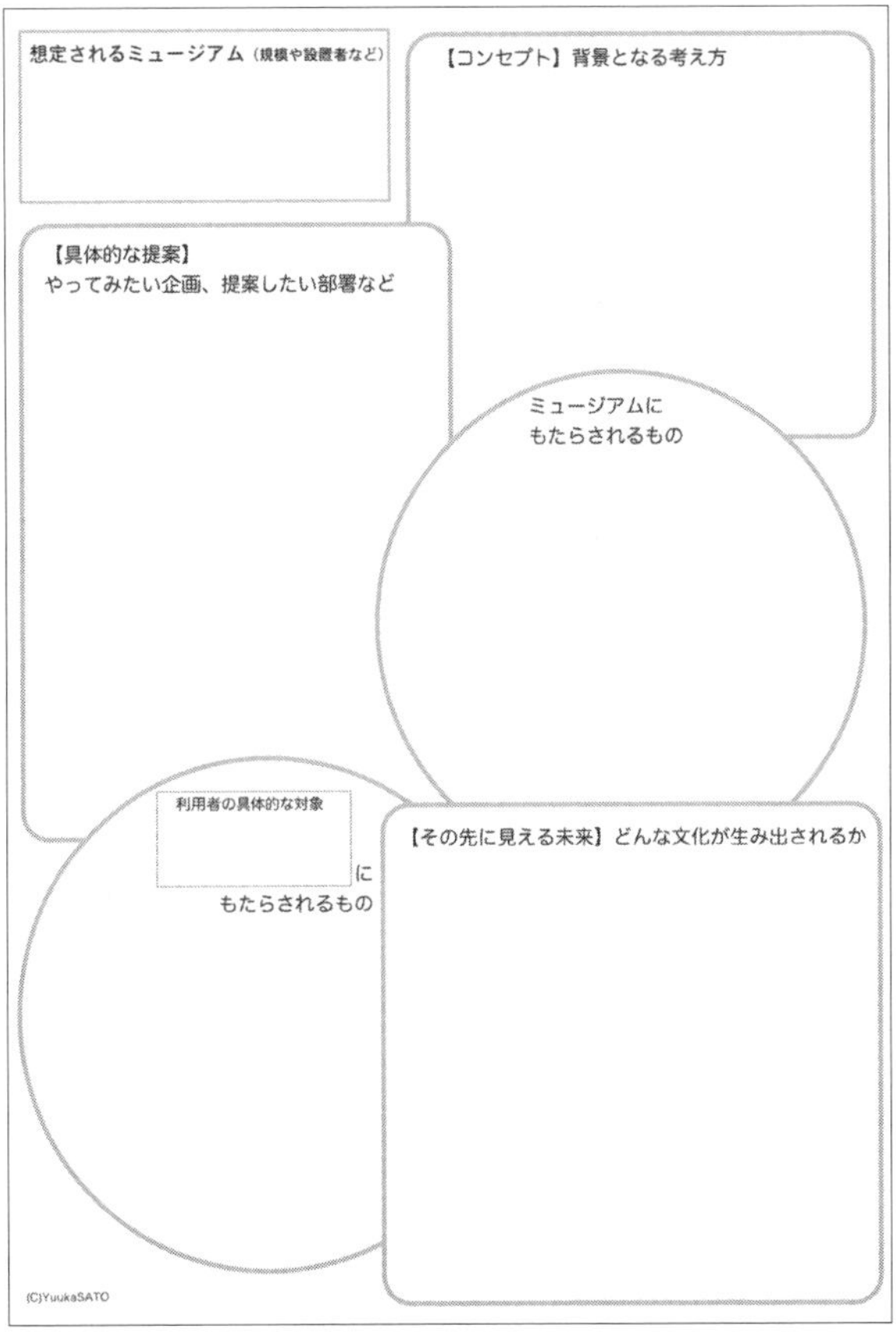

想定されるミュージアム（規模や設置者など）

【コンセプト】背景となる考え方

【具体的な提案】
やってみたい企画、提案したい部署など

ミュージアムに
もたらされるもの

利用者の具体的な対象
に
もたらされるもの

【その先に見える未来】どんな文化が生み出されるか

(C)YuukaSATO

二日目のグループワークのベースとなったワークシート。コンセプトの共有と具体的な提案の両方を目的に、テーマBの企画グループが新たに開発した。

テーマB
話題提供

話題提供1

市民の側から見たミュージアム・リテラシー

西田由紀子(よこはま市民メセナ協会会長)

市民の協働・協創の見地から、横浜の三つの事例を紹介いたします。

協働・協創はミュージアム・リテラシーの進化の一つの姿であり、今後進むべき方向だと考えています。横浜市では、市民・行政が全国的にみても早い段階で協働に着目し、研究会を発足させ、二〇〇四年には基本方針が提唱されるなど、各分野での協働事業が展開されてきました。

(事例1)都筑アートプロジェクトは、協働から協創へ進んだ事例です。開港一五〇周年を機にミュージアムが市民に声がけし、ミュージアム、市民実行委員会を中心として地域をあげて取り組んだ遺跡と現代アートのコラボレーション事業です。アートを介して、これまで無関心だった若い世代も足を運び、地域との協働によるイベントを通して相互に対話がうまれ、ニュータウンに新しいふるさと意識やアイデンティティーが生まれています。協働・協創のリテラシーが機能し、新しい価値の創造を実現した事例だと思います。

(事例2)横浜開港資料館は、市内各地に点在する郷土史に関心の高い市民グループや研究会を発掘し、郷土史団体連絡協議会として取りまとめました。メンバーは団塊世代が中心で、質の高い研究成果の刊行により、地域関連とミュージアム収蔵に貢献しています。

よこはま市民メセナ協会：一九九八年設立。ボランティアによる市民提案型メセナ団体として、企業や行政との連携により地域芸術文化活動の創造と促進普及を図る。市民文化活動の調査研究、シンポジウムなど実施。二〇一一年、一二年全国メセナネットワーク幹事。
homepage2.nifty.com/yokohamasiminmesena/

市民の潜在能力を顕在化して、新たな価値の創造を実現化したという協働・協創事例です。都筑アートプロジェクトの若い世代とあわせて、ミュージアムが生涯を通じて各層、各年代の市民のアイデンティティーや多彩なニーズの拠点となることがわかります。

（事例3）よこはま市民メセナ協会は、市民が地域をともに考え、ともに担っていくという公共の考え方を推進している中間支援団体の事例です。私たち市民メセナ協会は、横浜の代表的文化財三溪園の魅力と、公共貢献に尽力した創設者原三溪の先駆的メセナ活動を地域に発信するなどの各種事業を推進しています。市内各地での協働・協創のチーム力や全国メセナネットワークとの連動などの現場から、実践者である市民としての発想と柔軟な事業運営を活かすことにより、つなぎ手として公共をともに担う手ごたえを実感しています。

（事例1）（事例2）からは、ミュージアムが地域社会に目を向けて関係を積極的に築き、従来の協働から進んだ協働・協創へとリテラシーが向上したことが見てとれました。（事例3）は、自発的な市民ボランティア団体が進化し、地域社会に支持された中間支援団体としてミュージアムと地域をつなぐ役割を果たした事例でした。市民ならではの発想・発意、現場を知る実践者の目、柔軟な協働・協創は、新たな社会資源として認識されるべき、新しい公共の担い手であると思います。

都筑アートプロジェクト

【参考文献】
西田由紀子、二〇一一：「市民と協働・協創する博物館」『博物館研究』四六巻一〇号、六―九頁

話題提供2

教員のミュージアム・リテラシー

小野範子（茅ヶ崎市立小和田小学校教頭、元神奈川県教育委員会指導主事）

学校におけるミュージアム・リテラシーについて、なぜ必要なのか、博物館からの指摘、学校の

事情、学校での活用例、今後のあり方といった五つの面からお話しします。

まず、なぜ必要なのか。二一世紀は、いわゆる「知識基盤社会」と言われるなかで、子どもたちは情報の洪水におぼれかけているのではないか、コミュニケーションや豊かな体験も不足しているのではないかと思われます。学校教育では、博物館の人と人、人とこと、人とものをつなげる役割や、見ること感じることなどを通して、子どもたちが自らの価値をつくりだすことを大事にしたいと考えています。

博物館側からは、教員は事前の打ち合わせでトイレと昼食の場所のことしか聞かない、来てもソファーで休んでいる、学芸員に丸投げ状態、明確なねらいのないワークシートをつくっている、などとよく指摘されます。

それに対して学校の現状はどうなのか。学年単位で行動すると、一六〇人ほどの児童を一斉に動かさなければなりません。トイレの位置や数の確認、雨天でもお弁当を食べられる場所の確保はとても切実です。また、電車などでの移動の際は、安全面にもたいへん気を配ります。さらにもっとも気を遣うのは、子どもたちが周りの迷惑にならないようにすることです。学校は、子どもに「公」を学ばせる必要があると感じています。学芸員に丸投げ状態に関しては、教員は必ず下見を行いますので、その際にワークシートになるパンフレットなどの情報や事前学習になるヒントが手に入るととても助かります。

次に実際の活用例です。神奈川県立近代美術館にはアートカードが準備されています。美術館に行く前に、ゲーム感覚でそのアートカードを活用して作品を鑑賞すると、美術館に行ったときの興味がまったく違ってきます。また、子どもは身体で味わうため、展示品に子どもが触っていいのかどうかを事前に伝えないと、まず手が出ます。先日、神奈川県立生命の星・地球博物館に二年生を引率したときは、触っていいと言われていたので、喜んで片っ端から触っていました。解説も、

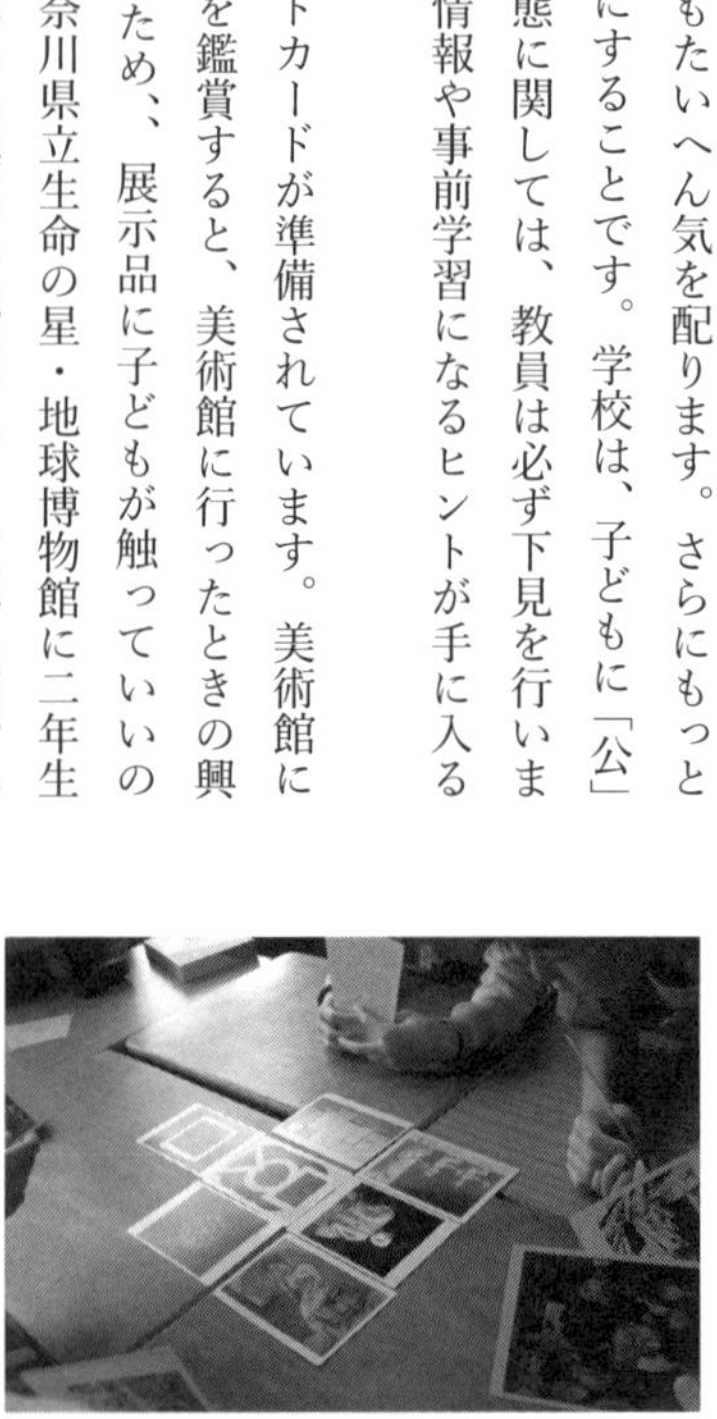
アートカードによる事前学習

子どもにとって見やすい高さであれば、一人ではなかなか読めなくても、グループでなんだかんだ言いあいながら読み取ります。傍らで聞いていてもさっぱりわからないのですが、子ども同士でちゃんと伝わる言語があるのです。事後指導としては、たとえば三、四年生は、動物園やかまぼこ博物館に行ったときの新聞づくりをしています。二年生は絵日記をつくり、ざらざらしていたとか、触った感じをきちんととらえて書いていました。

最後に今後のあり方です。連携するには、互いに理解するために対話が大事かと思います。たとえば、私は中学校の教員が長かったため、小学校の教頭になり、話してはじめてわかったことがたくさんありました。また、学芸員と教員がちょうどよい間合いを保つことが必要です。博物館の学校化でもないし、博物館の学校化でもない。違うから面白く、役割はそれぞれあります。そして、マニュアルなどの型や鑑賞のスキルが先行するのではなく、子どもたちが自らの価値をつくりだすことを大事にしたいのです。なぜなら私たちが育てているのは、未来をつくる子どもたちだからです。

生命の星・地球博物館展示説明

話題提供3

学芸員のミュージアム・リテラシー

端山聡子（平塚市社会教育課学芸員）

私は平塚市美術館に二〇年勤めて、三年前に社会教育課に異動しました。美術館の中で教育や展示、収集に携わった経験から、現在の社会教育、生涯学習まで含めた観点からお話しします。

私の現在の勤務場所は、平塚市中央公民館です。公民館について何の知識もなく異動してから三年目を迎え、市民が自分たちの活動に適したかたちで、公民館も図書館も博物館も美術館も自主的に使う日常を見ているうちに、美術館で働いていた時に比べて考え方がだいぶ変わってきました。美術館でも教育活動を考え実践してきましたが、美術が美術館の中にあるだけではないのと同様に、教育も美術館や公民館の中だけにあるのではなく、もちろん学校にも、学校以外にも、広い意味で教育も学習もあることを再認識しました（114頁の表参照）。

ミュージアムにはさまざまな利用者がいます。また、ミュージアムが提供する教育・学習は、方法もさまざまなら、対象も個人・グループ・学校・子ども・高齢者とさまざまです。たとえばミュージアムと公民館について見れば、ミュージアムは市外からの利用者も多い場所です。資料は実物、標本、模型、文献などさまざまなものを収集しています。教育活動も展示、教育プログラムなど多様で、サークルが育成される場合もあります。公民館は、市町村その他一定区域内の住民が利用し、所蔵資料はほとんどありません。教育活動は定期的な自主事業もありますが、登録サークルへの施設貸出しが中心で、サークル育成が大きな目的の一つに掲げられています。

公民館では、サークルというグループ学習が非常に重視されています。公民館を構想し全国に広げた文部省（当時）の寺中作雄が、どうして公民館を作るかという文章の中にそれを述べています。「公民館の学習は、教える者と教えられる者が上と下に対立するようなものではなく、お互いに師となり、弟となって導きあう相互教育、相互学習のかたちがとられるのが望ましい」。さらに、公民館の目的は「一．平和と民主主義を学び、人と人が学びあい、育ちあうこと、二．人格を育て磨き、自分の意見を相手に伝える能力を養う文化的な場所とすること、三．地域の産業を起こし、地域の政治を立て直して地域の生活を豊かにする場所とすることだ」とも寺中は述べています。ワークショップという方法も、戦後の公民館では、これに類する相互学習の方法がすでに行われていました。そして公民館の学習は、学んだことを地域社会に還元するのが最大の目的です。社会教育法に公民館は無料と書いてはないのですが、公民館の専門家から、憲法二六条にある学ぶ権利の保障のために公民館がつくられたので無料なんだと説明を受けたことがあります。

サークルというグループ活動が公民館にはあり、公民館によっては、サークルをつなぐ横の懇談会もあります。そこで何をするかというと、たとえば茅ヶ崎市では、公民館を利用する市民が、地主と交渉して雑木林を無償で貸してもらい、利用者懇談会で雑木林の手入れをして、そこで子どもたちのプログラムを行っています。利用者のつながりで、利用者たちがはじめた活動です。また、公民館の視察に行ったら、利用者懇談会の人たちが、公民館事業と建物の説明をしてくれたこともあります。このようなことは、ミュージアムではあまりないことだと思います。

自然史系の博物館には、サークルで学習して、博物館にも貢献し、それを市民へも還元する活動をしているところがあります。平塚市博物館にもサークルがありますが、大阪市立自然史博物館のサークル活動が、歴史も長くて有名ですね。美術館にはほとんど見られませんが、このサークルという言葉が公民館にも共通だということを知り、面白いなと思っています。

ミュージアムには、知識のストックや人のネットワークといったさまざまな資源が蓄積されていると思います。資源を使って活動して、その活動をまた再資源化するという循環が働く施設がミュージアムだと思います。蓄積が作りにくい公民館に来たことで、調査結果や研究成果の公開、そういった資源に対する人々のアクセシビリティーをあげること自体が、教育的な活動だと考えるようになりました。ミュージアムや図書館がこの資源の蓄積に自覚的になり、レファレンス機能の充実に努力してもらえれば、公民館などの社会教育施設の活動も充実するのではないでしょうか。

最後にコレクションについて、ミュージアムはこれまで、展示できるものだけを収集してきました。すでにエコミュージアムなどもありますが、これからは展示・収集できないものをどうやって学習活動に結びつけていくかが課題となると思います。またコレクションする対象も、民俗、歴史、美術などのカテゴリーを決めている。そのカテゴリーは今の時代にあっているのか、広げる必要、やめる必要はないのか。コレクションについて考えるのはミュージアムの根幹に関わることかと思います。今日のようなシンポジウムで、コレクションと人々のつながりや相互作用を考えるのも必要なことかと思います。

ミュージアム・図書館・公民館の比較

種別	利用者	所蔵資料	教育活動	利用の形態	協議会・友の会
市立ミュージアム	市内のみならず市外からの利用者も多い。	実物、標本、模写、文献、図表、写真、フィルム、レコードなど(博物館法)。	展示、教育プログラムなど多様。サークル活動が育成され活動する場合もある。	個人、グループ、学校など。	博物館協議会 友の会
市立図書館	市民の利用が主だが、広域協定により近隣自治体の住民の利用もある。	郷土資料、地方行政資料、美術品、レコードおよびフィルムの収集にも十分留意して、図書、記録、視聴覚教育の資料その他必要な資料(電磁的記録)を含む。	情報リテラシー関係の講座(図書館の使い方・検索のしかた・商用データベースの使い方など)、読み聞かせなどを行っている人や学校図書館の仕事をしている人を対象にしたプログラムなど。	個人中心	図書館協議会 友の会
公民館	市町村その他一定区域内の住民が利用。	郷土資料、地方行政資料、核施設の情報などがあるが、ミュージアム、図書館に比較して少ない。	登録サークルへの施設の貸し出しが中心だが、定期的な自主事業もある。サークルの育成は目的の一つ。	サークル中心	公民館運営審議会 運営委員会 利用者懇親会

テーマB
グループワークまとめ

グループ1

具体的な提案	「早朝ミュージアム」博物館、美術館を八時半など早めにあけるという提案。
コンセプト	利用者の違いによる混乱の解消。たとえば、学校団体と静かに見たい利用者。小学校などは始業時間が早いので、朝のうちに来てもらう。具体的な方法は朝割り価格や年間パスの設定、ホームページでの周知など。
利用者の具体的な対象	高齢者や、ふだんミュージアムに来る機会がなかなかない子ども（学童、養護施設の児童など）に来てもらう機会にする。ジョギングや犬の散歩中の通りすがりの人にもふらっと寄ってもらえるような。→駐犬所の設置。
企画案	「今週のこの1点」1点だけ選んでそれをじっくり見てもらう。あるいは子どもであれば、作品と関連して演劇の要素を取り入れる。（例）中高生理系女子向けの博物館講座など。
ミュージアムにもたらされるもの	入館者の増加。ふだん来られない人たちを対象にして新しい利用者・リピーターを呼び込む。また、どういう人たちが来るかで利用者ニーズの把握ができる。それから、学芸員の社会リテラシー、事務職の人たちがミュージアム・リテラシーを身に付ける機会となる。
その先にみえる未来	多様な利用者に対応したミュージアムを実現する。顔のみえるミュージアム。高齢者などにも、顔と顔がみえる位置で接することができるミュージアム。ミュージアムの社会的機能を考えなおす機会になればよい。

グループ2

具体的な提案	「毎日てくてくミュージアム」まちのさまざまなミュージアムが連携し、「我が家のお宝」を紹介したり、まちがそのままミュージアムになったりする。
企画の背景	もっと日常のなかで学びを深められないか。自分たちのまちにいい施設があっても、それらが連携されていなかったり、その存在が忘れられていたりする。そうした既存のまちの魅力を発見していくプロセスを通して、学びや地域への誇りを見つけることができるとよい。
コンセプト	地域のたくさんの原石（たとえばミュージアム、出土品、遺跡、古い民家など）を回遊しながら日常のなかに取り込む。市民が学芸員になり、まちのいいところを発信して広がりをつくり、さらに地域を回していく循環を生みだす。
利用者の具体的な対象	地域の全住民が対象。まち全体がミュージアム、ミュージアムの活動がまちの魅力発見や活性化につながる。
ミュージアムにもたらされるもの	地域との交流、視点の共有。
その先にみえる未来	非日常の未来。動的に文化に関わりあうこと。皆でつくる皆のミュージアム。気がつけばミュージアムのなかにいた、というようなことを実現したい。

グループ3

具体的な提案	大人を対象に、作品一点だけを前に、自由に、対話を通して鑑賞する。「哲学カフェ」を参考に。
想定されるミュージアム	中規模都市の公立美術館など。
コンセプト	価値観が多様化し、とりわけ若い人は自分たちのコミュニティー以外は同世代でも何を考えているのかわからない状況があるので、言葉を使ってコミュニケーションをとることが大事。
利用者の具体的な対象	主体的に学びたい大人。多くの人に開かれている。対話を通して、自分にとって異質な作品に対する包容力を高め、相手の話をよく聴き、考える力が身に付く。
ミュージアムにもたらされるもの	対話のなかから専門家の権威的な見方が揺さぶられる。話しながら見る鑑賞態度があることを示す。学芸員の社会リテラシー向上と、美術館が対話の場になることで、パブリックな役割が拡張される。
その先にみえる未来	人々や社会が異質なものを受け入れる多様性の担保。美術館にとっては、コミュニティーとの接点の強化。

グループ4

具体的な提案	にぎわいと個の両立。展示室のなかに、閉じられたワークショップルームのような空間をつくる。一人で見たい人は覗き込み、集まりたい人はそこに集まる。実現のためには、スタッフの全員が、館としての姿勢をパブリックミッションとして共有する必要がある。
想定されるミュージアム	設立から半世紀過ぎた歴史ある地方公立ミュージアムを想定。
コンセプト	個人の利用と交流の場をいかに共存させるか。
利用者の具体的な対象	新しい来館者だけでなく、この歴史のある美術館を愛する人たちも含む全員が、共有空間を居心地がよくと感じられるようにしたい。
ミュージアムにもたらされるもの	一人で来る利用者も、学校、市民の学習グループなど団体の利用者も受け入れ、来館者が多様化することで、ミュージアムのパブリックミッションが、ミュージアムの理念だけではなく、参加者の多様な利用方法を実現させるための温度差の緩和となり、さらに館内で共有するミッションとなる。
その先にみえる未来	結局、背景となる考え方に行きつくが、ミュージアムの利用方法が多様化すると、個人の利用者も、集団で来たい人も、皆が共有・共存できるような場になると思う。

テーマB
グループ長報告

小川義和（国立科学博物館学習・企画調整課長）

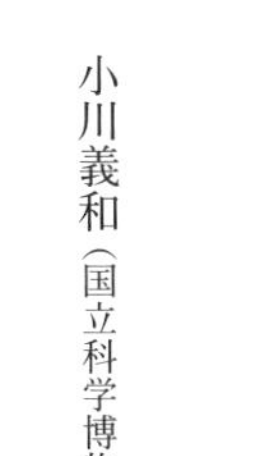

1．分科会提案

(1)ミュージアム・リテラシーとは

・市民参画型社会における自立と協働

分科会Bでは、ミュージアム・リテラシーについて議論した。一日目の池澤夏樹さんの基調講演は刺激的で、震災後の日本の文化をどのように創生していくかについて、私たちミュージアム関係者に課題を突き付けられた感があった。震災後、社会的状況は変わってきた。公的な機関の発表や科学技術に対する不信感の現れか、主婦が近所の公園や通学路に線量計を持って放射線量を測定している様子が報じられている。しかし、別の角度から見れば、科学から縁遠い一般の人が、放射線量を自ら調べ、その結果を近隣の役場などに伝え、放射線量の高い地域が確認されるようになった。一般の人が科学技術に対し、疑問を持ち、課題解決に向けて取り組んでいる姿こそがリテラシーを高めることにつながる。

このような課題は、公的な機関だけでは解決することは困難で、市民一人ひとりの参画とそれぞれの意見に基づいた合意形成が必要である。それは、一人ひとりが課題に対し、自立的に判断し、対話を通じて、合意形成し、協働して解決していく市民参画型社会の実現への過程である。このような状況の中で美術館、歴史博物館、科学博物館、動物園などのミュージアムがどのように振る舞い、社会的役割を果たすべきであろうか。本分科会では社会におけるミュージアムの役割を「対話を促進することにより、市民とミュージアムの相互理解が高まり、自立した個人が地域の課題に対して協働して解決していく市民参画型地域社会の実現に寄与する」として、議論を進めた。

・相互作用としてのミュージアム・リテラシー

リテラシーには、「教養」としてのリテラシー（大学の教養教育）と「読み書き能力」としてのリテラシー（中等普通教育）

の側面があると指摘されている〔佐藤学、二〇〇三〕。大学の教養教育としてのリテラシーは、いろんなものを読んで、自分でかみ砕いて、文化として楽しむ力である。その後、中等普通教育において基本的な読み書き能力がリテラシーである、という理解が現在まで続いている。私は、社会の変化に対応してリテラシーの意味が変わっていくものだと考えている。リテラシーの現代的意義をもう一度探らなければいけない時期になってきている、というのが今回の分科会の趣旨でもある。近年の議論では、「〜ができること」という能力を前提に議論されることが多く、これらには変化する社会において知識を活用し、課題を解決する能力という含意がある。

さて最初にミュージアム・リテラシーを定義したスタップによれば「基本的なミュージアム・リテラシーとは、資料を解釈する能力を意味し、十分な『ミュージアム・リテラシー』とは、博物館の所蔵資料やサービスを、目的を持って自主的に利用する能力を意味する」「博物館側は、利用者が展示や出版物、活動から図書館、研究コレクションや職員の専門家としての知識まで、目的を持って自主的に博物館のすべての資源を利用することができるようにすべきである」〔Stapp, C., 1984〕としており、利用者のみに要求される能力ではなく、ミュージアム側にも必要な能力である。

このような認識をもとに、ミュージアム・リテラシーを市民とミュージアムの相互作用の過程と考え、今回分科会のテーマを「高めあう市民とミュージアム」とした。市民がミュージアムを利用し、その内実を理解し、時には批判し、支援する一方、ミュージアムが市民のニーズを理解し、そのニーズを踏まえつつも、時には使命と葛藤し、互いに協働して、よりよい地域社会・文化を創造していくことが、ミュージアム・リテラシーの目指すものである。それには、批判的思考力の育成による個人の自立と、社会における対話と協働が必要である。そこでは市民とミュージアムが緊張関係にある中で相互理解を進めることになる。本分科会では市民とミュージアムの批判的相互理解をミュージアム・リテラシーと考えた。

・ミュージアム・リテラシーの構成

図1は、ミュージアム・学校・地域におけるミュージアム・リテラシーの構成要素と範囲を示している。「地域」は「ミュージアム」と「学校」を包含する概念であるが、地域における教育的役割を担う機関として、「ミュージアム」と「学校」に焦点化した。また「ミュージアム」を主に構成する人材として「学芸員」、学校を構成する人材として「教員」、さ

らには地域を構成する人材として「市民」が想定できる。

領域Ⅰは、教員と学芸員のミュージアム・リテラシーを示している。領域Ⅱは、市民（利用者）と学芸員のミュージアム・リテラシーを示している。領域Ⅲは、市民と教員のミュージアム・リテラシーを示している。領域Ⅳは、市民としての基本的な資質能力（生きるための力、コミュニケーション能力など）を示している。領域Ⅱにおいて、利用者側から見たミュージアム・リテラシーとは、ミュージアムを理解し、主体的に活用する素養を示す。

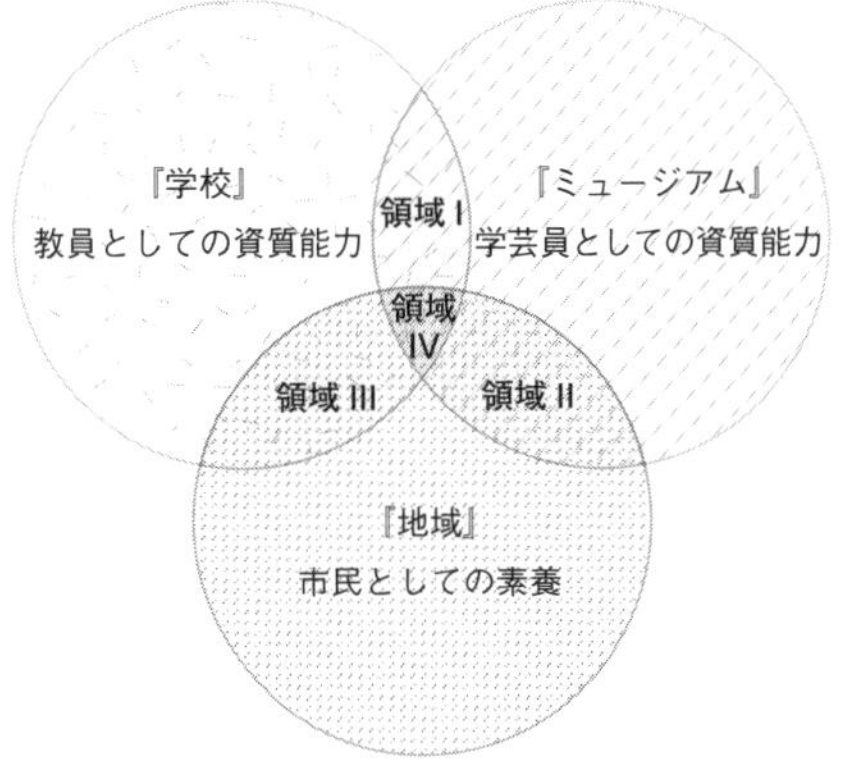

図1　ミュージアム・リテラシーの構成［小川義和、2010］

一方、ミュージアム側から見たミュージアム・リテラシーとは、利用者のミュージアムへのアクセシビリティーに配慮し、その主体的活用と地域参画力を促す運営の能力を示す。また、領域ⅠとⅢにおいて、学校がミュージアムを利活用する際に、その間をつなぎ、展開する能力を「教員のミュージアム・リテラシー」と考える。さらに学校教員が地域の学習資源を活用する能力を「地域活用力」（領域Ⅲ）と考えられる。

分科会では、ベン図の市民（領域Ⅱ）、教員（領域Ⅰ・Ⅲ）、学芸員（領域Ⅰ・Ⅱ）の立場からミュージアム・リテラシーについて話題提供をお願いした。

(2) アウトプット

分科会で期待されるアウトプットして、以下の四点を目標とした。

1）ミュージアム・リテラシーを議論することで、ミュージアム・学校・公民館などの使命が異なる機関をつなぎ、共通の土台で議論できる。

2）ミュージアム・リテラシーという考え方は館種・領域を超えて共通の土台で何を目指しているのかという理念や目標について議論できる。

3）ミュージアム・リテラシーという考え方を導入することにより、博物館運営と人々の博物館理解のあり方を参加者それぞれの立場から明確にする。

4）何のためのミュージアム・リテラシーか、その先にある

図２　Ｂ分科会の流れ

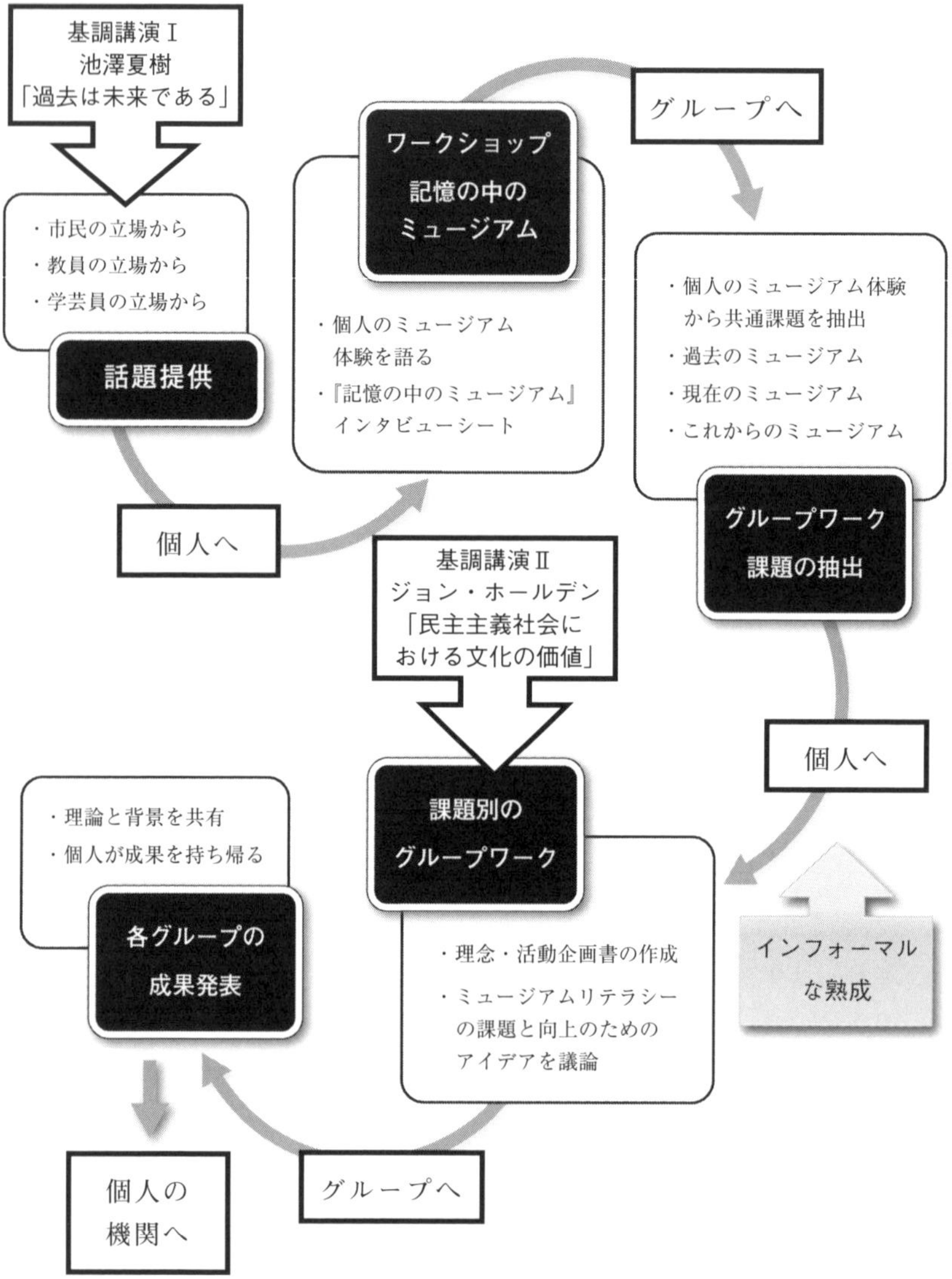
基調講演Ⅰ
池澤夏樹
「過去は未来である」
・市民の立場から
・教員の立場から
・学芸員の立場から
話題提供
個人へ
ワークショップ
記憶の中の
ミュージアム
・個人のミュージアム
体験を語る
・『記憶の中のミュージアム』
インタビューシート
グループへ
・個人のミュージアム体験
から共通課題を抽出
・過去のミュージアム
・現在のミュージアム
・これからのミュージアム
グループワーク
課題の抽出
個人へ
インフォーマル
な熟成
基調講演Ⅱ
ジョン・ホールデン
「民主主義社会に
おける文化の価値」
課題別の
グループワーク
・理念・活動企画書の作成
・ミュージアムリテラシー
の課題と向上のための
アイデアを議論
グループへ
・理論と背景を共有
・個人が成果を持ち帰る
各グループの
成果発表
個人の
機関へ

ものを参加者それぞれの立場から明確にする。

・参加者が自立し、協働し、高めあう分科会の進め方

分科会では、地域、学校、ミュージアムの立場におけるミュージアムの活用上の課題と参加者個人のミュージアム体験をもとに、ミュージアム・リテラシーを支える基本的な考え方を共有し、参加者が所属する各機関の実情を踏まえた事業企画を検討した。本分科会の進め方は、個人の立場を明確にし、グループワークで意見を出しあい、お互いが高めあう議論の手法として新たに構築したものである。模式図で示すと図2のようになる。

池澤夏樹さんの基調講演を受けて、震災後の日本社会におけるミュージアムの役割を考えていく。ミュージアム・リテラシーの三つの側面からの話題提供をしてもらった。三人の話題提供を踏まえ、参加者は、個人の博物館体験を語った。これは、学芸員・教員などの立場を超えて、一人の利用者として記憶の中の博物館体験を呼び起こし、ミュージアムの文化的価値を再認識する作業である。次は、五名程度の班を作り、個人の体験を集約し、共通する課題を抽出した。抽出した課題を整理したところで一日目が終了した。この間、参加者は夕刻の懇談会とそれに続くインフォーマルな会合を通じて、自らの課題を熟成していった。

二日目はジョン・ホールデン氏による基調講演を受け、一日目の課題を整理し、意味づけし、課題別に班を作り、その解決のためのアイデアを出した。最終的に各班が共通な理念に基づいた具体的な提案を発表した。

注目する手法の一つは、個人と社会の自覚化である。すなわち、個人で熟考する場面と班での共同作業の場面を行き来し、個人の課題を班全体の課題として昇華し、班でアイデアを出しあい解決方策を考え、個人の属する機関へ還元していく方法である。もう一つ工夫したことは、企画する事業内容について理念・活動企画書（ワークシート）を企画グループで開発したことである（107頁参照）。参加者がそのワークシートを完成させることで、個人と社会の自覚化に連動して、個人が所属する機関で活用可能な具体的な事業内容と背景となる理念との関係性を明確にしたアウトプットを求めた。

2．話題提供

西田由紀子氏には、市民の協働・協創という観点から横浜市が進める事例を提案していただいた。西田氏の主張する、協働・協創は、「これからの時代、地域にさらに開かれ、

人々もミュージアムを積極的に主体的に活用して豊かな人生をつくるためのミュージアム・リテラシーの進化の姿」であり、今後の進むべき方向性の一つである。特に「リテラシーは固定したものではなく、進化が欠かせない。市民は知を介してミュージアムから学び、体験するとともに、市民からも知的資源の提供や協力ができる相互関係の構築をすることが大切であり、それこそが高めあう、市民とミュージアムの関係性である」と述べていた。ミュージアム・リテラシーは、社会の変化、市民のニーズ、ミュージアムのミッションを踏まえ、市民とミュージアムのより良い関係、相互理解、協働・協創を目指して変化していくものと考えられる。ミュージアム・リテラシーの動的な側面が強調された話題提供であった。

小野範子氏には、神奈川県の中学校での美術教員、教育委員会、そして教頭としての経験から話題を提供していただいた。小野氏の話題は、なぜ博物館を活用するのかという根源的な問いからはじまり、学校教育の現状、活用の事例、今後のあり方について、提言があった。小野氏は「これから、学校と博物館が連携するには互いを理解して対話をすることが大事」や「学芸員と教師がちょうどよい間合いを保つこと。博物館の学校化でもないし、博物館の学校化でもない。違うから面白い」と提言していた。教員のミュージアム・リテラシーは、学校の博物館活用能力であるが、その向上のためには、学校と博物館が相互に違いを理解し、対話をすることが大切であり、「型」を先行するのではなく、子どもたちが社会にある多様な資源に触れて、新しい「型」を作り出すことが重要であろう。

端山聡子氏には、学芸員の立場から、社会教育、生涯学習という視点から話題を提供してもらった。特に公民館、図書館、博物館の比較は興味深いものがあった。公民館の教育活動の原点は、「教える者と教えられる者が上と下に対立するようなものではなく、お互いに師となり、弟となって、導きあう、相互教育」のかたちにあるという。現代的な解釈をすれば、相互学習、協働学習、対話による学習であろう。またミュージアムのコレクションについても提言があった。社会と市民のニーズが変化していく中で資料の収集の範囲や方法をどのように策定していくのか。相互学習・対話という観点から考えると、従来のコレクション対象と収集体系について再考することも重要な視点であると感じた。

三人の話題提供を受けて、ミュージアム・リテラシーは変化するものであり、社会と人々の変化を踏まえ、進化するものととらえることができる。またミュージアム・リテラシーの第一歩は、ミュージアムと学校という社会的使命の異なる機関の違いや多様性を認識することが重要である。さらにミュージアム・リテラシーは対話による相互学習にみられるように、相互作用の中で育てていくものと再認識できた。

3．ワークショップ「記憶の中のミュージアム」

以上のような基本的な認識の中で、参加者自らの博物館体験を語り、ミュージアム・リテラシーに議論を続けた。企画グループの一員である佐藤優香氏のファシリテートによって、分科会の参加者に利用者の立場でミュージアムの思い出を語りあうワークショップを行った。このワークショップは参加者にミュージアムの文化的価値を再認識してもらうことが目的であるが、次の作業のミュージアムの課題抽出へとつながる重要な過程でもある。手順としては、二人一組のペアとなって、ワークシートをもとにお互いの博物館の思い出を聞き取る。相手の子ども時代、大人時代それぞれ一つずつ、合計二つの思い出をワークシートにまとめていく。その後、五人程度の班で、博物館体験を他己紹介形式にて思い出を共有した。

4．グループワーク「課題の抽出」

次のステップでは、3のワークショップでの自らのミュージアム体験をもとに、ミュージアムの課題を抽出することを目的とした。KJ法を参考に、五人程度の班でブレーンストーミングをする中で課題を出しあい、付箋紙に記入し、模造紙に貼付し、見えてきたミュージアムの課題を、全体で共有した。個人の課題・アイデアを以下の三つに類型化して、提案してもらった。そして各付箋紙の類似の課題をまとめ、概念をキーワードとして整理し、各概念の関係性を記述した。

「過去、自分にとってミュージアムはどのような場だったか」
→ピンクの付箋紙

「現在、社会にとってミュージアムはどのようなものであると思われるか」→青の付箋紙

「将来、ミュージアムにはどのような役割が期待できるのか」
→緑の付箋紙

抽出された課題と三つの価値

一日目終了後、企画グループを中心に議論を整理し、五つの班のキーワードをもとにその関係性に注目すると、表1のような二項対立の構造が見えてきた。これらは、二日目の

ホールデン氏の基調講演で提言された文化的価値と比較してみると、興味深い。ホールデン氏は講演の中で、ミュージアムの文化的価値として、本質的価値、手段的価値、共同体的価値の三つをあげている。本質的価値は、利用者個人が博物館を体験した結果得られる価値である。手段的価値は、文化が社会や経済にどのように影響を与えているかという価値である。共同体的価値は、専門家によって構成される価値で、社会全体を文化によって動かしていこうという価値である。

分科会で抽出された課題は本質的価値と手段的価値の対立概念が多かった。博物館の利用法として、表1で対比されている項目で、個人の楽しみが本質的価値に近く、交流が手段的価値に関係するようである。同様に、非日常的空間を味わいたいというのが本質的価値、日常的な活用が手段的価値に相当する。班で抽出した課題には、過去（ピンク）のミュージアムについては、神秘的な場として、楽しむ場、デートの場としての価値があり、個人的な文脈に基づくミュージアム利用像が感じられた。過去の博物館体験はミュージアムの本質的価値に相当するものである。一方、現在（青）は、現在参加者が職務として関わっているミュージアム像が暗示されており、手段的価値を含む課題が多く、ミュージアムの社会的影響力について議論した班があった。将来（緑）は、組織

表1　抽出された課題

〈　個人　——　交流　〉
個人、一人でミュージアムを楽しむ利用方法と、ミュージアムで他人と交流して新しい価値を創造する利用方法を目指している考え方。

〈　ハレ　——　日常　〉
ミュージアムの非日常の活動や空間を楽しむ方法と、日常的にミュージアムを利用するという考え方。

〈　娯楽　——　学び　〉
ミュージアムは娯楽のために利用するということと、学ぶために利用するという考え方。

〈　価値の継承　——　価値の創造　〉
ミュージアムは価値を継承する、文化を継承していく場と、価値を創造していく場という考え方。

〈　専門性の確立　——　異分野の交流　〉
ミュージアムの専門性を確立していく機能と、他の分野の交流という機能があるという考え方。

的価値を基軸にしたミュージアムの潜在的可能性に関する課題が見受けられた。参加者には、ミュージアムが学術研究の場であり、組織としての専門性を高め、研究成果と学術的資料を継承していくことが基本であるとの認識があった。

5．課題別グループワーク「ワークシートの活用」

抽出された課題別に班をつくり、活動を開始した。課題に対して、参加者個人がアイデア（仕組み、プロジェクト、イベントなど）を付箋紙に記入し、提案した。次に模造紙に付箋紙を貼付しながら、その案の背景、利用者のメリット、地域社会への意義、ミュージアムにもたらされるメリットを議論し、班の中で具体的な案を選んだ。最後にワークシート（理念・活動企画書）の項目にアイデアを記入し、完成させて、班別に成果を発表した。

このワークシートは、班活動において、ミュージアム・リテラシーの理念の共有と具体的な事業の提案を行うためのシートである。今回企画グループにおいて工夫し、新たに開発したツールである。記入すべき項目には、「想定されるミュージアム」「具体的な提案」があり、具体的な企画提案を求めるものである。一方、コンセプトを記入する項目もあり、「背景となる考え方」では、具体的な提案を生み出す元になる社会的背景やミュージアムの課題などに対する考え方を整理して記載する項目である。さらに「利用者にもたらされるもの」「ミュージアムにもたらされるもの」「その先に見える未来、どんな文化が生み出されるか」の項目は、この提案の結果、利用者やミュージアムにもたらされるものを記載し、さらにそのミュージアム・リテラシーの先にある社会や文化のあり方を共有するねらいとなっている。従来のワークショップではともすると、個々の事業・企画のアイデアのみで終始し、共有すべき理念の議論がないことがある。逆に、個々のミュージアムの置かれている文脈を無視して、理念的なアイデアのみで議論が進む場合もある。本ワークシートではこのような過去の議論の事例を踏まえ、各ミュージアムの文脈と将来の社会・文化のあり方を踏まえた具体的な提案とすることで、理念を共有した上で、各個人が企画を持ち帰り、所属する機関への応用ができるようにした。

グループワークでは、対立する概念を共存させる解決方法を考えていくことで、利用者側とミュージアム側のミュージアム・リテラシーを高める企画を提案した。各班の発表（前掲、115頁以下）では、対立した概念を共存させ、さらに一歩進めて新たな価値創造に取り組む企画を提案した班もあった。

6．まとめ

本分科会を通じて、ミュージアム・リテラシーというキーワードが館種の異なるミュージアムやさらに使命の異なる学校・公民館などをつなぎ、共通の土台で目標やあり方について議論できた。分科会の個人の取り組みとグループワークを通じて、最初にミュージアムの利用者として参加者の立場を明らかにし、利用者から見た課題を抽出した。その結果、フラットな空間を作り出し、さまざまな立場の参加者が同じ目線でミュージアムを語ることができた。利用者の立場から出てきた課題は、現実感があり、参加者皆が納得できる課題であった。その課題をミュージアム側が解決していく過程で、参加者自身が成長し、ミュージアム・リテラシーを高めることができたのではないかと思う。さらに最後の発表とワークシートづくりを通じて、何のためのミュージアム・リテラシーなのか、その先にあるものを参加者それぞれの立場から明確にすることができた。

ある班の成果発表の中で、リテラシーは目標ではなく、個人が多様なリテラシーを持つことを前提に、それらをつなげるプログラムの企画提案があった。これまで個人のミュージアム・リテラシーの向上を目的としてプログラムの開発を行ってきた感があるが、ミュージアム・リテラシーは個々人で異なる傾向・考え方を示していると考えるのが妥当であろう。むしろ地域の社会的課題に対し、個人が持つさまざまな見識や経験をお互いに補いあって、人と人が協働して課題を解決するような、社会全体のミュージアム・リテラシーを高めることが重要である。ミュージアム・リテラシーは時代とともに変化する動的な能力であり、市民とミュージアムの相互作用の過程でもあり、さらに多様なミュージアム・リテラシー観があると考えられる。そう考えた場合、個々人が持つミュージアム・リテラシーをつなげ、交流する活動がミュージアムに求められているのではないだろうか。

ホールデン氏の提唱する三つの文化的価値（本質的価値、手段的価値、共同体的価値）を今回の分科会のアウトプットと比較してみると、本質的価値は個人レベルで体験できる価値で、個人的価値と言い直しても良いかもしれない。手段的価値は、ミュージアムの社会的インパクトに相当するもので、測定が可能であり、ミュージアムの評価対象になりやすい社会的価値と言える。共同体的価値は、課題として取り上げた専門性など、一義的には博物館組織としての学術的価値を意味するであろう。この三つの価値はいつの時代にも要求されるミュージアムの基本的価値であり、それらのバランスを取りながら経営をしていく必要がある。参加者は、これらの基本的価値のバランスを取りながらミュージアム・リテラシーを高める企画について議論してきたと言えよう。

さらに、分科会で議論された社会や文化のあり方が、二一世紀の新たなミュージアムの価値創造の可能性を暗示している。私は、これらの基本的な価値に加え、市民とミュージアムの批判的相互理解による、協働・協創的価値が重要であると思っている。未曾有の震災を経験し、社会的課題に対して、人と人、人と社会のつながりの中で協働、協創して、解決することが求められている。三つの価値（個人的価値、社会的価値、学術的価値）をつなぎ、人々が協働体の一員として存在することを意識し、知を獲得し、共有し、創造する過程に価値を見いだし、その結果、個人が成長し、社会が文化的に成熟していくことにつながる。それは、時代とミュージアムを取り巻く文脈により動的に進化し続ける価値である。変化する社会と個人をつなぐ動的なプラットフォームとして、ミュージアムには今後どのような機能や役割が求められるのか。私たちは、ミュージアム・リテラシーという「終わりのない旅」に踏み出し、議論を続けていこう。

【引用文献】

・佐藤学、二〇〇三：「リテラシーの概念とその定義」『教育学研究』第七〇巻三号、二九二―三〇一頁
・Stapp, C., 1984："Defining Museum Literacy", *Roundtable Reports*, 9(1), 3-4. Reprinted in: Nichols, SK. 1992 'Patterns in Practice: Selections from the Journal of Museum Education', Walnut Creek: Left Coast Press, 112-117.
・小川義和、二〇一〇：「科学系博物館の社会的役割の変化とミュージアムリテラシー」『科学系博物館における学校利用促進方策調査研究報告書――教員のミュージアムリテラシー向上プログラム開発』（財）全国科学博物館振興財団

【参考文献】

○博物館教育の観点からの議論の整理
・長崎栄三、二〇〇六：「科学技術リテラシー構築のための調査研究――サブテーマ1：科学技術リテラシーに関する基礎文献・先行研究に関する調査報告書」国立教育政策研究所
○博物館行政の観点からの議論
・山西良平、二〇〇八：「公立博物館の在り方をめぐって」『博物館研究』四三巻一二号、一一―一五頁
○博物館利用に関する能力についての議論
・佐藤優香、二〇〇三：「ミュージアム・リテラシーを育む――学校教育におけるあらたな博物館利用を目指して」『博物館研究』三八巻二号、六―一〇頁
・田邊玲奈・岩崎誠司・亀井修・小川義和、二〇〇五：「異分野の博物館連携によるミュージアム・リテラシーの育成――国立科学博物館の上野の山ミュージアムクラブを事例に」『日本科学教育学会年会論文集』二九号、一三―一四頁
・小川義和、二〇〇九：「科学系博物館と大学の連携による人材養成プログラムの課題と展望――米国の科学系博物館における教員養成・研修プログラムを事例に」『科学技術コミュニケーション』五号、六九―七八頁

〈分科会〉テーマC

ミュージアム×アーカイブズ

選ぶ、残す／遺す、伝える、使う

東日本大震災以降、公的機関や民間企業、非営利組織などさまざまなプレイヤーによって震災の前後を記録し、後世に伝えようとする「アーカイブズ」活動が盛んに行われ、大きな関心を集めている。注目すべき点は、デジタル複製技術やウェブによる保存・公開技術の進展により、従来のアーカイブズに関わる議論や実践が大きな変化を遂げていることである。

このような状況で、ミュージアムは「アーカイブズ」という思想と活動をどのようにとらえるのか。さまざまな変化の中、オリジナル資料の保存・継承・研究を活動の根幹とするミュージアムの現場で、「選び、残し／遺し、伝え、使う」ことは、どのように進んでいくのだろうか。

ミュージアムの文化とは異なる背景をもつ人たちと「アーカイブズ」を巡る認識の共通項を探りながら、ミュージアムにおけるアーカイブズについて議論する。

委員長

水沢勉（神奈川県立近代美術館長）

企画グループ・話題提供

岡本真（グループ長／アカデミック・リソース・ガイド株式会社代表取締役・プロデューサー）

稲葉洋子（神戸大学附属図書館情報管理課長・「震災文庫」担当）

鎌田篤慎（ヤフー株式会社R&D統括本部）

丹治雄一（神奈川県立歴史博物館主任学芸員）

福島幸宏（京都府立総合資料館歴史資料課主任）

水谷長志（東京国立近代美術館情報資料室長）

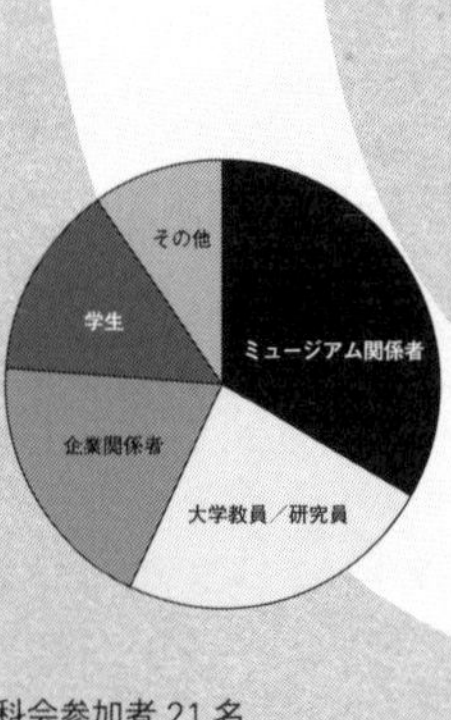

分科会参加者21名

〔内訳〕ミュージアム関係者（館長、学芸員など）：7名、大学教員／研究員：5名、企業関係者：4名、学生（大学、大学院）：3名、その他（ボランティアなど）：2名

テーマC

分科会概要

この分科会の目指したこと

誰が、何を、誰のために「選び」「残し／遺し」「伝え」「使う」のか

美術館、図書館、公文書館、情報産業
―異分野間の対話と連携

ユーストリーム中継
―自らアーカイブされる対象となる

1日目

一日目は、アーカイブズに関わるさまざまな主体からの事例報告・話題提供に時間が充てられました。報告者は発表順に、水谷長志（東京国立近代美術館情報資料室長）、丹治雄一（神奈川県立歴史博物館主任学芸員）、稲葉洋子（神戸大学附属図書館情報管理課長・「震災文庫」担当）、鎌田篤慎（ヤフー株式会社R＆D統括本部）、福島幸宏（京都府立総合資料館歴史資料課主任）の各氏です（話題提供の内容は132頁以下）。

アーカイブすることの意味、アーカイブされることの感覚を自覚的に意識するために、分科会一日目の模様はユーストリームを通じてインターネットで中継し、データとして保存、公開されました。

２日目

二日目は、前日の報告の補足に引き続き、グループワークを行いました。分科会参加者は5つのグループに分かれて議論し、その間、前日の報告者はローテーションで各テーブルをまわり、議論に加わりました。

分科会Cでは、グループワークのアウトプットの形式を事前に定めることはしませんでした。各グループに求められたのは、八〇分間の討論で、「選ぶ」「残す／遺す」「伝える」「使う」という四つの行為すべてを話題にあげて考えることと、結論だけを記録するのではなく、議論の過程で取捨選択されたものも含めて、その過程を記録することです。

グループワークの後、それぞれのグループで話しあったことのまとめと発表が行われました（各グループのまとめは、149頁以下参照）。

解説

MLA連携とMALUI連携

MLA連携とは

MLAとは、Museum（博物館）・Library（図書館）・Archives（文書館）の頭文字。「MLA連携」とは、三種類の施設間の事業連携を指す。連携による効果として、コレクションのアクセスへの向上、プログラムの共同開発、入館者数の増加、職員の質の向上などが期待される。カナダや米国に実践事例が多く、連携の形態としては、①プログラムの共同開発、②デジタル・コンテンツの共同作成、③施設の共同利用、などがある。

日本では、二〇〇八年に、カナダ・オタワ公立図書館リデュー分館のアレクサンドラ・ヤロウらの執筆による『公立図書館・文書館・博物館——協同と協力の動向』が紹介されたことで関心が高まり、二〇〇九年には、特定非営利活動法人知的資源イニシアティブの主催により「日本のMLA連携の方向性を探るラウンドテーブルI」が開催された。

MALUI連携とは

MALUIとは、Museum（博物館）、Archives（文書館）、Library（図書館）、University（大学）、Industry（産業）の頭文字。従来のMLA連携に大学と産業を加えることで、文化資源と関わりのある機関・団体の枠を広げ、政府・自治体以外の民間資金も活用しながら、文化資源の収集・保存・研究・公開（活用）を効果的に進めることを目指している。

MALUI連携の構想は、二〇〇九年に知的資源イニシアティブが企画した「日本のMLA連携の方向性を探るラウンドテーブル」での議論の中から生まれてきた。MALUI連携のアイデアを含むラウンドテーブルの成果は、二〇一一年七月に出版された『デジタル文化資源の活用』（勉誠出版）に詳しい。また、一般財団法人デジタル文化財創出機構の主催で、二〇一二年二月に開催されたシンポジウム「文化情報の整備と活用——デジタル文化財が果たす役割と未来像二〇一二」においても、MALUI連携の話題が取り上げられた。

テーマC
話題提供

話題提供1

アート・ミュージアムからの課題の提起

水谷長志（東京国立近代美術館情報資料室長）

私のテーマはアート・ミュージアムからの課題の提起ですが、「ミュージアム×アーカイブズ」分科会の話題提供のトップバッターですので、今後の展開の見取り図、ミュージアム（Ｍ）・ライブラリー（Ｌ）・アーカイブズ（Ａ）に共通する基盤的な業務とフィロソフィーを示したいと考えています。

「ミュージアム×アーカイブズ」の「×」を連携、つまりＭＬＡ連携であるとしましょう。ＭＬＡ連携には二つの種類があります。一つは、独立した機関同士が、館の外で連携する状態です。これを「外なるトライアングル」と呼びます。二つめは、ミュージアムという館の中に、アートライブラリーやアートアーカイブがある、つまり同じ屋根の下のＭＬＡです。これは「内なるトライアングル」と呼んでいます。

次に、ＭＬＡの差異と同質性の確認をしましょう。ＭＬＡの差異には、コレクションしている資料の差異があります。この差異に尺度を設定するならば、ユニークネス＝唯一性が縦軸になります。横軸は三つほど立てることができます。

一つめは、「コンテンツとキャリアの不可分性」です。たとえば油彩画の場合、油彩（技法＝コン

参考：根本彰「序章　図書館、博物館、文書館——その共通基盤と差異」『つながる図書館・博物館・文書館　デジタル化時代の知の基盤づくりへ』東京大学出版会、二〇一一。

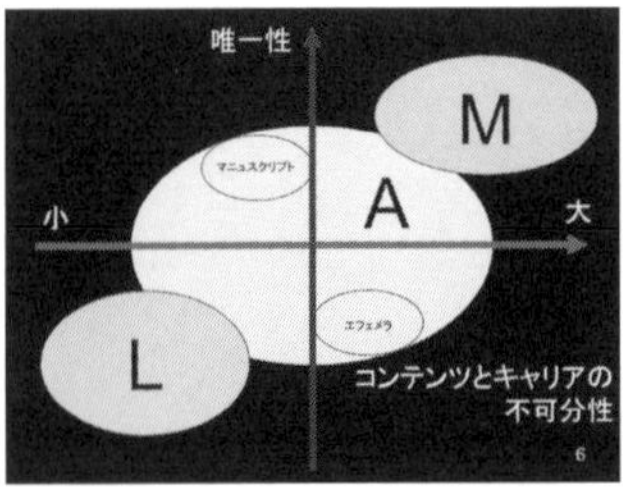

テンツ）とキャンバス（支持体＝キャリア）は分けることができません。ミュージアムの資料はライブラリーに比べると唯一性が格段に高くて、コンテンツとキャリアの不可分性も高くなります。一方、ライブラリーで提供する資料は原則として複製物なので、ユニークネスは低い。印刷物はマイクロフィルムや電子媒体にも変換できるので、キャリアとの不可分性も低い。アーカイブズはミュージアムとライブラリーの中間領域にあります。

次は「代替可能性」です。ミュージアムの資料は代替可能性が低く、ライブラリーは代替可能性が高い。夏目漱石の初版本でも現代の文庫でも、キャリアは代替できます。

三つめに「記号性とモノ性」があります。ミュージアムの資料はモノ性が高くて、ライブラリーの資料は記号性が高い。このような尺度を設定することでＭＬＡの差異が明確になります。

ＭＬＡ連携を考えるためには、差異を踏まえた上で、同質性について考えるべきだと思います。ＭＬＡの社会への責任の果たし方（レスポンシビリティー）の根底に、通じるものがあるからです。差異がありつつ、同質な機能や社会的責任があることを確認しましょう。

ＭＬＡには必ずコレクションがあります。私は「収集」ではなく、「集積」と言うほうがふさわしいと思います。収集は「選ぶ」というニュアンスが強くなりますが、選ばないコレクションもあるからです。「選ぶ」は、分科会のキーワードの最初にあがっていますが、分科会の議論の中心かつナイーブな問題になるはずです。そしてＭＬＡのいずれも、集積した資料を同定（アイデンティファイ）する作業をします。これはメタデータの作成のはじまりです。次に記述（ディスクリプション）します。これは、検索するためでもあります。集積したコレクションは、それだけでは価値がありません。同定・記述のプロセスを経て、はじめて情報の検索に至ります。検索の英語はサーチですが、より厳密にはＩＲ（information retrieval＝情報検索）です。情報検索の技法をＭＬＡそれぞれが持っている、あるいは持つべきだと思います。なぜ検索の機能を持つのかというと、資料に対する

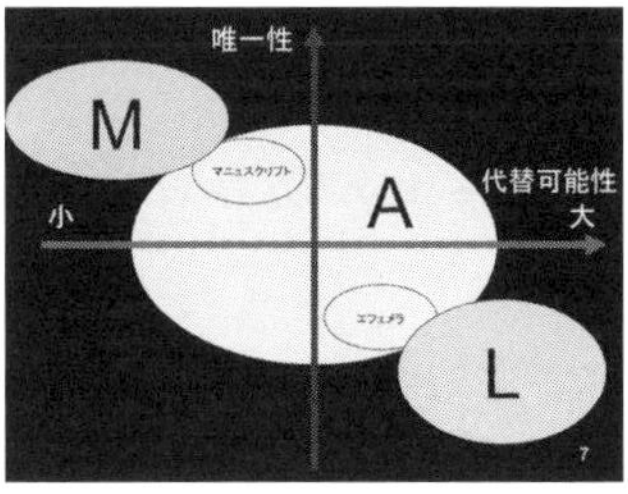

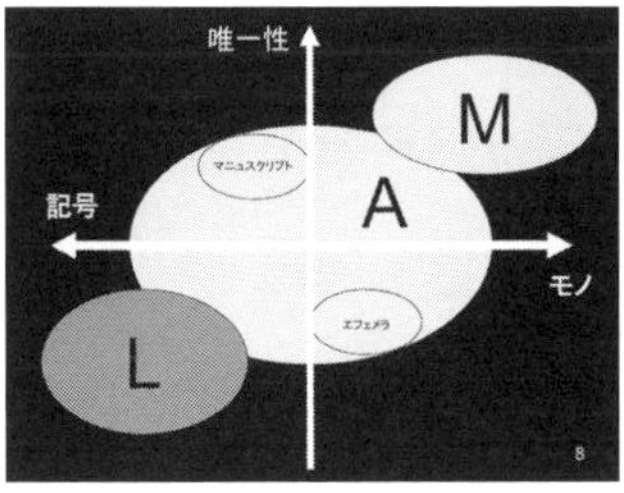

アクセシビリティー（接近可能性）を担保し、コレクションを公開するためです。集積、同定、記述、検索、公開、この一連の過程をドキュメンテーションと呼ぶことができます。

ここで、ドキュメンテーションの具体的な例を一つ話します。この新聞記事（『朝日新聞』二〇一一年六月二一日）を見た方は多いのではないでしょうか。陸前高田市立博物館の職員の女性は、被災して亡くなったのですが、生前、収蔵品一点一点に、ラミネートしたタグをつけていったのです。これは、うなぎ釣具。どこで誰が寄贈したか。民俗資料の何番、というように。この作業は同定であり、ディスクリプションです。津波が去った後、残ったモノが地域の体育館に置かれている。このタグがあったおかげで、その資料が何かがわかるのです。タグをつけることが、きわめて誠実なドキュメンテーションになっている。ドキュメンテーションは、ミュージアムだけではなく、アーカイブズや図書館にもある。私は、陸前高田の例を示すことで、ドキュメンテーションという作業が、ＭＬＡに共通するものであることを示したかったのです。

最後に、議論を活性化させるために、あえて別の見方を示しておきます。

「ミュージアム×アーカイブズ」の「×」は、連携ではなく「対」「vs.」ととらえることもできます。私は最初に分科会のテーマを見たとき、これは喧嘩するのかなと思いました。なぜなら、ある意味でミュージアム、特にアート・ミュージアムとアーカイブズは、一面で対極にあるものだからです。

先程「収集」には選ぶ行為が入るので、コレクションを「集積」ととらえるほうがよいと述べました。これは公文書館などのアーカイブズに特によくあてはまります。アーカイブの本来的な役割は、すべてを包括的に残すことです。それに対して美術館は、常に選択をしています。ホールデンさんの基調講演にあった共同体的価値から考えれば、現在生産されている現代美術の九九％はゴミであると言ってもよいかもしれません。美術館はそこから収蔵品を選択します。収蔵した作品にしても、必ず展示するわけではありません。最大限展示したとしても、東京国立近代美術館で三〇〇点です。

朝日新聞

あなたのタグがあったから

陸前高田の博物館　不明職員の力作　収蔵品回収の命綱

仮に一万点を選択して収蔵したとして、展示する作業においてそこからさらに選択する。こういう選択的なアート・ミュージアムと包括を目指すアーカイブが、同じ論理で動くわけはありません。方法論的に、哲学的に、まったく対極にあると考えておくほうがよいのです。この「×」は連携だけではなく、思想的、方法論的、歴史的闘争を示すバッテンであることも考えておくとよいと思います。

話題提供2

神奈川県におけるMLA連携の現状

丹治雄一（神奈川県立歴史博物館主任学芸員）

神奈川県の県立博物館は、一九九五年にリニューアルし、人文系の県立歴史博物館（横浜市）と自然史系の県立生命の星・地球博物館（小田原市）がオープンしました。県立公文書館は一九九三年の開館で、こちらは県史編纂事業と県立文化資料館がベースとなっています。

神奈川県博物館協会には、県内の博物館、美術館、動物園、水族館など約一〇〇館園が加盟していて、県立公文書館もメンバーとなっています。この協会は、全国にある博物館協会のなかでもとくに活発に活動していて、共同企画の実施など有益な交流の場となっています。

博物館と公文書館の連携ですが、資料の閲覧や展示での資料借用など日常業務での協力関係はありますが、県立図書館を含め連携が進んでいるとは言い難いのが現状です。東日本大震災後には、歴史博物館の施設が狭隘で、直下型地震の際には津波浸水の危険性もあることから、施設に余裕があり、内陸に立地する公文書館に、「地域の蔵」としての役割を期待する声が出てきています。また、両館が蓄積した資料情報や、それぞれが持つ地域の文化財や古文書など地域資料の所在情報の共有

神奈川県立歴史博物館：一九六七年に神奈川県立博物館として開館。一九九五年に生命の星・地球博物館（小田原市）へ自然科学分野を分離し、現在の名称となった。「かながわの文化と歴史」を総合的に扱う博物館として、五つのテーマで構成された常設展示のほか、「かながわ」に関わるテーマ設定による特別展を年数回開催している。
所在地：横浜市中区南仲通五-六〇
http://ch.kanagawa-museum.jp/

化も意識されていますが、現時点で連携の具体的な計画や見通しはありません。連携の阻害要因はいろいろ考えられますが、県博物館協会のネットワークも有効に活かして、神奈川らしい連携のあり方を探りたいと考えています。

もう一つ、震災後の動きとして、二〇一一年七月に発足した神奈川歴史資料保全ネットワーク（神奈川資料ネット）があります。県博物館協会にも協力依頼があり、取り扱いを協議中です。県図書館協会は資料ネットに参加し、さらに関東一都六県プラス甲信越静の図書館協会と相互援助の枠組みを準備中とのことです。県歴史資料取扱機関連絡協議会（事務局：県立公文書館）は、博物館協会と同様、取り扱いを協議中です。

資料ネットには、救済対象を歴史資料に限定していて自然史資料や生き物は対象にならないなど、博物館の立場からは課題があります。博物館協会だからできることを念頭に、震災時の対応に関するアンケート調査と研修会「東日本大震災に関わる標本レスキューと震災対応」（二〇一一年一二月）を実施するなど、実のある連携を目指した取り組みをはじめています。

話題提供3

阪神・淡路大震災と図書館——使ってもらえるアーカイブズへの取り組み

稲葉洋子（神戸大学附属図書館情報管理課長）

阪神・淡路大震災は体験した被害があまりに大きかったから、残そう、あるいは大切な失った思い出を記録にとどめようといった個人・社会の意識が強かったために記録が作られたといわれています。震災直後から阪神大震災地元ＮＧＯ救援連絡会議の文化情報部、歴史資料保全情報ネットワーク（後に歴史資料ネットワークに改称）、震災記録を残すライブラリアン・ネットワークなどさまざまなボランティアやＮＧＯも立ち上がっていました。

神戸大学附属図書館の取り組み

神戸大学附属図書館の取り組みとしては、一九九五年四月になりようやく入学式を終えたころ、学外から今回の震災に関する資料をどこかで網羅的に見ることはできないかという問い合わせがありました。それを受けまして、図書館の上層部が今回の震災関係の資料を収集、保管、公開することは、被災地の中にある国立大学の責務であるという決断を下しました。私のほうに収集ができるかどうか意向を聞いてくれましたので、面白そう、という気持ちでお引き受けしました。

神戸大学での収集は阪神・淡路大震災に限定しています。更に文書館ではなく、図書館ですので、最初から公開できる資料に限定しています。個人名の載ったノートなどは原則集めていません。ただ、記録媒体に関しては網羅的に収集しています。通常、図書館で収集するのは図書・雑誌に限定されますけれども、写真やスライド・動画・ＣＤ－ＲＯＭなども震災関係でしたら集めています。最も重要なのは、チラシやポスター・レジュメ・報告書などを集めようとしていることです。

震災資料の収集と広報

開設当初の一九九五年五月、新聞社発行の写真集などを除くとまだほとんど関連資料が出版されておらず、発行されたものがないということから、新聞記事に掲載された方の居住地などの情報を集約して、文書で資料の寄贈依頼をしました。区役所や保健所には多数の資料が置かれ、自分の足で集めに行ったほうが早いくらいでした。

一番の難点はボランティア資料でした。「ボランティア元年」と言われまして、非常に多くのボランティアが被災地に入り、避難所でさまざまな資料を作りました。この収集はなかなか難しく、ＮＧＯと連携してネットワークで集めようとしましたが、思うようにいきませんでした。そこで、六月の半ばに新聞社のほうに震災文庫の立ち上げについて記事を掲載して欲しいとこちらからお願いし、自分で記事を書いて載せてもらいました。新聞社もそのくらいの意識で、読者からもあまり注目されませんでした。

六月の末に、それまでに集まった資料をデータベースにし、ネット上で公開しました。七月にはマスコミが注目してくれるようになり、震災資料は重要だ、それを集めている所がある、ということが広がっていきました。

「震災文庫」一般公開に向けて

八月には震災文庫の一般公開の日を設定し、それに向けて分類のしかたや整理法・配架法を決めるということで動き出しました。チラシやポスター、レジュメや雑誌の抜き刷りもありますし、さまざまな資料が集まってきていたので、どうすれば利用しやすく、保管もできるかと、整理法・配架法には頭をひねりました。

一〇月三〇日に一般公開を開始しました。その当時、国立大学の附属図書館が一般公開される例はほとんどなく、規則なども改正して、震災文庫に限って一般公開することにしました。公開にあたってホームページもリニューアルして、資料検索機能をもたせ、資料件数も表示できるようにしました。また、積極的にマスコミを通じて情報発信をしました。たとえば資料件数が五〇〇〇件、一万件になった時や一般公開の開始など震災文庫に関わる新しい動きがあるたびに、記者クラブに連絡を入れて情報発信をしました。これを継続すれば震災文庫の存在を知ってもらえる、そして検索をして使ってもらえる、資料提供につながる、と信じてやってきました。

「記録」を集め・伝え・活かす

震災文庫は原則オリジナル資料を公開しています。たとえば新聞の原紙も、図書館で購読していた八種類の新聞を、一九九五年一月一七日から翌年の三月三一日分まですべて製本保存しています。震災という地域に特化した記事を調べたいというニーズには、新聞原紙を提供することが非常に有効と判断しました。

そして一九九六年七月から写真資料を共有するために、神戸大学の被災写真集をデジタル公開しました。一枚ずつキャプションをつけて公開しています。次に、一枚もの資料の画像入力を一九九八年一月から開始しました。これはチラシやポスターを思い浮かべればおわかりかと思いますが、非常にインパクトのある文言が並んでいます。検索して書誌データ（後のメタ・データ）を見た人が、「神戸大学にすごい資料がある」と思って神戸まで来て、実物を見ると「このチラシ一枚？」となるギャップが生じる可能性をデータ作成時に感じましたので、検索したときに画像データも出るよう、著作権処理をしながら画像入力を開始しました。写真もどんどんデジタル化して、著作権処理をして公開をしていき、英語のキャプションも追加しました。写真には言語の壁がなく、世界中でデータを共有できるので、データにつけるキャプションも英語で発信しようと追加しました。

二〇〇九年一月から阪神・淡路大震災記念人と防災未来センターが所蔵している図書データと横断検索ができるようにしています。今月には兵庫県立図書館も参加する予定となっています。また、伊丹市立博物館の企画展示には資料貸出をしています。震災文庫は一点しかない資料が多いので、貸し出しは通常はしていませんが、伊丹市立博物館が阪急電鉄に、「被災直後に交通があちこち分断した際の掲示物を貸してもらえないか」と問い合わせをしたところ、「すべて震災文庫に寄贈していて一切保存していないので、震災文庫に問い合わせてほしい」と言われたそうです。それを聞き、震災文庫の責任は非常に重い、と感じました。

資料件数は二〇一二年一月末現在で、四万八八一〇件、デジタル化済みが四九一二件となっています。現在も毎月一〇〇件以上の資料が集まっています。

神戸大学附属図書館「デジタルアーカイブ」

神戸大学附属図書館では「デジタルアーカイブ」に非常に力を入れています。二〇一〇年には大学文書史料室が図書館に設置されました。これはもともと百年史の編集室だったのですが、当面の間図書館に設置するのがよいだろうという学長答申が出て設置されています。大学文書史料室が設置された図書館では、公文書管理法に則り、二〇一一年三月末に国立公文書館に類する施設として内閣総理大臣の指定を受けました。図書館のノウハウを使ったデータの作り方、データベースの公開のしかた、それからデジタルアーカイブのノウハウにより、大学文書史料室が使いやすいものになったと評価されています。現在、国立公文書館のデジタル横断検索への参加を検討しているところです。

図書館は現物とデジタルの両輪

図書館は、現物とデジタルの両輪であると最近とくに思います。デジタルアーカイブは社会に対する大学の知的資源のポータルです。最近の図書館は図書と電子ブック、雑誌と電子ジャーナル、新聞資料とデータベースと、常にアナログとデジタルの両方を提供しています。また、昔ながらの静かな閲覧の場と、図書・雑誌・電子ジャーナルなどを用いる自立的な学習活動の場、どちらも提供しようと環境整備にも取り組んでいます。神戸大学附属図書館は、図書館員の発想で、さまざまなデジタルアーカイブを構築してきました。その基本は、利用して活用していただくことにつきるような気がします。

話題提供4

ウェブとミュージアムとアーカイブズ

鎌田篤慎（ヤフー株式会社R&D統括本部）

ヤフージャパンで、ヤフー・デベロッパーネットワークというサービスをプロジェクトマネージャーとして担当しています。どちらかというとプログラマー寄りのサービスを提供する仕事です。提供しているサービスの中にウェブAPI（Application Programming Interface）がありますが、これは世の中の企業が出しているサービスを、その企業以外の人たちが利用できる仕組みです。APIは二〇〇〇年に米国のコマースサイトのイーベイが公開し、アマゾンなども似た形で出していきます。それらのサイトで売っている商品を、プログラマーが別のサイトなどで見せたりできるのです。ヤフージャパンでは二〇〇五年に公開しました。フェイスブックやツイッターなどのサービスを利用するときも見えないところで機能しています。米『ニューヨーク・タイムズ』紙や英『ガーディアン』紙などの主要紙が新聞記事の情報を外にオープンにしていく際にも使われていますし、皆さんがご存じの「ぐるなび」、「ミクシー」などでも出され、現在までに物凄い数のAPIが公開されるようになっています。

図書館・ミュージアムのAPI活用例

図書館や美術館ではどのような例があるかを調べてみました。まず図書館ですが、「カーリル」という図書館検索サイトがあり、こちらもウェブAPIを提供しています。このAPIの提供によって、「ライブラリアン」という、日本国内の図書館情報の検索や、書籍情報、図書館の蔵書検索ができるアプリケーションなど、カーリルAPIを使ったサービスがいくつも誕生しています。

美術館でもウェブAPIを公開しています。米国のブルックリン美術館は、館の収蔵品を検索し、そのデータを引き出してアプリケーションから見ることができるようにしています。ブルックリン美術館のページには、このようにそのAPIを使って作られたアプリケーションがいくつか表示されています。たとえばiPadでブルックリン美術館の収蔵作品を見ることができるアプリケーションがありますが、これは一般の方が作ったものです。

アメリカ自然史博物館が提供しているアプリケーションはAR（Augmented Reality 拡張現実。人が知覚する現実環境をコンピューターにより拡張する技術、およびコンピューターにより拡張された現実環境そのものを指す）という形で、普通の世界に対してウェブにオーバーレイした形で視覚的に面白いものを見せています。どういったものかといいますと、アメリカ自然史博物館の中でARのアプリケーションを使ってiPhoneを展示物にかざすと、認識した物体に対して、オーバーレイした形で立体的に見えるのです。

このようにミュージアムとウェブが歩み寄っている事例が、私が担当する業界の中で、私から見える範囲だけでもあります。私が知っているのは海外の取り組みが主なのですが、ルーヴル美術館や森美術館もアプリケーションを出しているようですし、ミュージアムとウェブとのつながりが進んでいることを感じます。

ウェブの三つの特性

ここで、今回のテーマであるアーカイブを軸に考えてみたいと思います。

ウェブの特性として、まず複製のコストがゼロである、という点があります。皆さんも文書の作成などで、コピー&ペーストは自然とやっておられると思いますので実感されると思うのですが、複製のコストはほとんどゼロです。美術館の収蔵品をコピーするというのはかなり大変な作業になると思いますが、これはコンピューターの世界ではコストはゼロに近い作業になっています。

二つめに、物理的制約がないというのもあるかと思います。ウェブ上で公開されている情報は世界中どこから見てもアクセスできるものであるので、距離的な意味でも質量的な意味でも物理的制約に縛られることがないということが特徴の一つとしてあると思っています。

また、三つめとして、保存が簡単です。データがセーブされてコピーすれば二重化も比較的簡単にできますので、保存は比較的容易です。アーカイブの視点からは、デジタル化されたものは後世に残す作業が容易に行えるという利点があると思います。

デジタルアーカイブの事例

アーカイブの事例を紹介します。グーグル・アートプロジェクト（http://www.googleartproject.com/）は、世界中の美術館などを実際に行った気分にさせてくれるようなプロジェクトを実施しています。多くの美術館が参加しているのですが、グーグル・マップのストリートビューのような形で美術館の中を歩いてみたり、その作品により近づいてみたりできます。このレベルまでデジタル化するにはかなりお金がかかりますが、ウェブ上で作品に近づくことができるプロジェクトです。グーグルは世の中にある情報を整理して人々に提供しやすい形にすることをミッションとしているので、この活動もその一環です。もう一つ、イスラエル博物館による死海文書のデジタル化も注目されています。これにもグーグルが関わっていますが、死海文書をデジタル化して人々に見せることができるようにするものです。どういった文章が書かれているか、センテンスごとにデジタル化された死海文書に対して英文が表示される仕組みです。死海文書のようにアクセスできる人が限られていたものを、誰もが見られるように世に開いていくことになりました。こういったかたちで文書や書籍や美術作品をアーカイブしてオンライン上に展開したものがいくつかあります。

ヤフージャパン東日本大震災写真保存プロジェクト

ヤフージャパンも「東日本大震災写真保存プロジェクト」という、失われてしまう記憶を後世に残していく活動を行っています。ここには二〇一二年二月四日現在で、五万一五二八点の写真が登録されています。このプロジェクトでもＡＰＩを公開していて、社外の防災システムを開発している企業などに登録された写真データを提供しています。そこから誕生したのが「東日本震災アーカイブ」というサービスなのですが、グーグル・アース上に被災地の写真をマッピングして、角度もあわせてオーバーレイして、実際に被害に遭った地域の状況を被災当時の状況で残しています。土地に紐付けられた情報を掲載しているのですが、この河川に津波が押し寄せたときの様子をマッピングすることで、この地域で実際に起きた被害の状況が見て取れます。このほかにも被災者の声など、インタビュー形式の情報も地図上にマッピングされています。

ウェブとの比較で浮きぼりになるアーカイブズとミュージアムの特性

ウェブの三つの特性と比較することで、アーカイブズやミュージアムの特性がいくつか浮きぼりになると思います。「複製コストがゼロ」は、代替可能性の話につながりますが、「本物とは何か」ということが、より身に迫って問われている状況を生んでいます。著作権の問題も複製コストがゼロになってきたことで浮きぼりになりました。池澤さんの基調講演にあった二五〇〇年前に発掘されたものを手に乗せた時の感情は、ウェブでは表現できないものです。そうした意味で「本物とは何か」がより問われるのかなと考えています。

「物理的制約がない」という点で、ウェブ上で見られることによってミュージアムに足を運ぶ人が減るのではないかという懸念があるとのことですが、先程のグーグル・アートプロジェクトなどを実際に見ると感じる人もいるかと思いますが、同様のことは美術館だけではなく音楽業界でも出版業界でもいつも言われます。音楽業界であればCDが売れなくなっている。しかしその後どういう変化が起きたかというと、CDは売れなくなるのですが、コンサートのほうで収益を上げるような形にシフトしていきました。インターネットの力を使って無料で音楽を公開し、その音楽を聴いた人たちがそのアーティストに興味を持ってコンサートに来るというように、ウェブをうまく取り込んだ形に変化してきていると聞いています。ミュージアムに足を運ばなくなるという懸念も、むしろインターネットの力でミュージアムに足を運ばせるという視点を持っていただくとよいのではないでしょうか。物理的な制約がないということは、むしろプラスに作用させる方向で考えられるのではないかと思っています。

特にアーカイブズに関わるのは、「保存が容易」という点ではないでしょうか。物理的な制約がある場合、何を選択して残すかが問題になってきますが、私は基本的に、残せるものはすべてデジタル化して残しておけばよい、と考えています。一旦残した上でどのように整理するかを考えればよいのではないか、というスタンスです。書籍や美術品は空間を占有してしまうところがあるので、「そこから何を残していくか?」を考えるきっかけにもなるのではないかと考えています。

話題提供5

MLA連携の視点からみたアーカイブズの課題

福島幸宏（京都府立総合資料館歴史資料課主任）

私の勤務先である京都府立総合資料館には、水谷さんの整理によれば「内なる三角形」がありま

京都府立総合資料館：一九六三年に開館した図書館機能、文書館機能、博物館機能の三つの機能を有する総合的施設。京都に関する専門資料館として、京都

す。ライブラリーとアーカイブズとミュージアム、ミュージアムの機能は外に出していますが、博物資料自体は多数持っています。私はその中で、京都府の公文書の管理をしています。

アーカイブズの意味

「アーカイブズ」について、私の理解では五つの意味があると考えています。①一般用語として収集・保存すること。②コンピューターの用語としてアーカイブファイル。③京都府や神奈川県の公文書といったように、生み出した組織のものを受け継ぎ、最終的に廃棄するか保存するかを決めたうえで保存する組織アーカイブズ。④地域や他の団体から集めていく収集アーカイブズ。そして、それらのアーカイブズを扱う団体や館自体を⑤アーカイブズ機関としています。「アーカイブズ」という言葉が、コンピューター用語から機関、資料自体にまで適用されているということです。

未来への投企としてのアーカイブズ

ここで「遺すための工夫」についてお話しします。「遺す」という言葉、意味内容はもう少し考える必要はありますが、「残す」より「遺す」の文字を使うほうがよいと個人的には考えています。

アーカイブズの資料は、知ってもらい、使ってもらうことでさらに集まってきます。ですから、発掘した資料を万人に告知していくシステムを、コンピューターも含めて組織する必要があります。ここでいう「万人」とは誰でしょうか。今生きている人だけでしょうか？　アーカイブズの考え方では違います。実際に私の機関が収集している資料には、個人情報の保護などの理由から数十年後に開示することになっているものがたくさんあります。八〇年後という資料もあります。とにかく目録化しておき組織内で共有する。公開できる資料とできない資料を、ダブリン・コア（メタデータ記述に使う語彙）に制限情報を入れ込んで、うまくコントロールする必要もあります。社会

の歴史、文化、産業、生活等の諸資料（図書、古文書、行政文書、写真資料、近代文学資料、美術工芸資料など）を重点的に収集・整理・保存し、活用されている。現在、博物館機能については財団法人京都文化財団に委託している。
所在地：京都市左京区下鴨半木町
http://www.pref.kyoto.jp/shiryokan/index.html

資本や文化資源へのアクセス保障という観点からは、今は公開できなくても存在だけは告知しておく。告知すらできない資料もあるかもしれませんが、段階的に整備して、公開できるようになったら公開する仕組みを、一機関だけではなく、社会全体として持てるとよいと思います。そうすることで、誰かがいずれ見つけることになる。「万人」とは今生きている人だけではなく、今後生まれてくる人々のことも指します。アーカイブズの構築は、未来への投企なのです。

メタデータの効用

次に目録について。目録の形式にこだわると作業量が膨大になり、大量の資料を処理できなくなります。ユニークな例として、「アジア歴史資料センター」という巨大なデータベースがあります。これは国立公文書館を中心に、日本の戦前の公文書とアジア関連の歴史資料を中心に運用しているサイトです。たとえばここで「博物館」というキーワードを入れると検索結果が出てきますが、メタデータには「博物館」という言葉は含まれていません。ではなぜ検索結果として出てくるかというと、このデータベースでは、各資料の最初の三〇〇文字をテキストデータで打ち込んでいるのです。どんな資料であっても、ともかく最初の三〇〇文字を入力しています。入力するのはアルバイトや学生で誤りも多いのですが、それでも引っかかりを作ったことで、非常に容易に情報にアクセスできるようになりました。誤字脱字などの不具合情報を閲覧者から寄せてもらうためのフォームもあり、少しずつ修正されています。構造的には簡単なメタデータで思ってもみない資料にアクセスできるという、インパクトのある例です。

MLAからMALUIへ

MLA、あるいは大学（ユニバーシティ）と企業（インダストリー）を入れてMALUIは、文化情報資源を開示するゲートです。私が扱う歴史系の地域資料の視点からは、アーカイブの対象となる文化資源は、館蔵資料をコアとして、地域にある資料の所在を把握する必要があります。すでに存在が知られている文化資源に加えて、たとえば今回の震災で生まれた映像資料や「震災文庫」で稲葉さんが収集しているビラなどさまざまな事物もあります。それらは文化資源化される過程を待っている状態で、プレ文化資源という言い方もできます。地域にはいろいろな広がりや深さがありますが、公的アーカイブズと地域で相互の資料を把握して、地域の文化資源のアーカイブズをコントロールすることがこれから大事になると思います。

私自身も一年前、館内で非常に面白い資料を発見したことがあります。二〇年前に収集され台帳には載っていましたが、「地図1点」とされていただけだったので誰も確認しなかったのです。それをちょっと見たところ、戦後すぐの時期の、手書きの京都の住宅地図が二九一枚でてきました。重要な資料だと思ったのですぐ目録を公開し、報道機関などにも紹介したところ、館内での閲覧者数は三倍になり、この資料を核にした研究がいくつか生まれました。日本史研究者としては縁のなかった地理学、建築学、製図学などの専門家と新たな議論ができるようになっています。このように情報を開き、適切に社会の人たちに知ってもらうことによって、情報を抱え込んでいては実現できなかった付加価値が見いだされたと思います。館内ではすぐに公開することの是非について議論もあったのですが、そこをやってみた例です。

目録の形式にこだわらないことと、文化資源へアクセスする道すじを示すこと。アーカイブズのさまざまな可能性を示す事例として報告しました。

テーマC

グループワークまとめ

グループ1

「選ぶ、残す／遺す、伝える、使う」に共通する目的語→「未来の人のために」

しかし、ミュージアムの観点からは、個々のミッションから違いが生じる。例：大学系ミュージアムの場合、教員・学生の「伝える」「使う」から入り、「選ぶ」「残す」がある。対して民俗系ミュージアムなら、「選ぶ」「残す」が先になり「伝える」「使う」を考える。「選ぶ」「残す／遺す」「伝える」「使う」という時系列はしばしば循環する。

補足：「未来」をどうとらえるか。30年、40年後と、今日や明日を同列に考えられるか。このグループ1では、現在の人たちが今日使う、明日調べる、そのときの素材としてアーカイブをとらえる。今日や明日が連綿と継続した先を「未来」と考えることにした。

グループ2

企業でのアーカイブズについて考える。

「使う」：価値を高めるため。過去の事業を調べ、検証するため。

「残す」：企業から生み出された膨大な商品をすべて残したい。しかし不可能なので選別する。

「選ぶ」：選ぶ人の価値観で残してよいのか。残されなかったものが重要な資料となることが将来にありうる。

「伝える」：広く見られ、社会的な価値として使ってもらうために伝える。自由に使える情報を出すことが重要。

すべてを残すためのデジタル化？：復元できるかたちで残すことが重要。図面や設計図、製作過程のドキュメンテーションを残す。メディア・アートの場合、アートだけではなく使った機械、協力企業とのやり取りも保存するべき。社会全体で残す仕組みが必要だが、企業も大学も残す／遺すという意識が低い。

グループ3

ミュージアムとアーカイブズの共通点と相違点はなにか。

過去を伝えて未来を作る大きなミッションは共通で、各館ごとに細かなミッションが異なる。アーカイブズも「選ぶ」が、ミッションに応じて「選ぶ」基準が変わる。

「残す」：ものがあるという情報を得ることが最初の段階。実物を残すのか、情報だけ残すのかを選択するのが次の段階。さらに何をどのように収集したかという情報を残す段階とさまざまな段階があり、それぞれで選ぶ行為が入る。「使う」ことの履歴や成果をアーカイブしていく連環が、これから目指される。

「伝える」：ミュージアムは展示を通して表現する。アーカイブズは表現ではなく、ものや資料を通じて感じてもらうことを目指す。

「使う」：使うための情報交換→目録の必要性。アーカイブズに比べてミュージアムは、自分たちが何をもっているかを情報として公開する意識が低い。ミュージアムの場合、公開・非公開の区別や各館の事情があり一概には言えないが、議論が必要。

グループ4

ＭＬＡ連携を考える。

キーワード「保管から相互補完をしよう」

ミュージアム、ライブラリー、アーカイブズそれぞれの得意分野と不得意分野を明らかにして、役割分担にどう結び付けるかを整理。

「選ぶ」：Ｍ＝◎　Ｌ＝△　Ａ＝○　Ｍは目的性・テーマ性から「選ぶ」度合いが一番高い。Ｌは幅広く集めることが前提。Ａは集まってくる資料に一定の制限がある。

「残す」：Ｍ＝◎　Ｌ＝△　Ａ＝◎　Ｌは資料を廃棄するのでフロー性が強い。

「伝える」Ｍ＝○　Ｌ＝◎　Ａ＝△　Ｍは「展示」という形で制限がある。Ａは非公開性が高い。ただしデジタル化、メタデータの共有という視点（時間と空間の条件が変わる）からは、Ａは◎になっていく可能性がある。

「使う」：Ｍ＝○　Ｌ＝◎　Ａ＝△　現状では「伝える」に近いが、これも同様に変化していく可能性がある。

補足：「選ぶ」→「使う」における市民の当事者性の問題。デジタル化を前提にすると、「選ぶ」前の集める段階は市民全員がすること。集めるための拠点づくりと、市民が集めたもののばらつきを均すのは官がやるべきこと。「伝える」は官・民ともに。「残す」は官がメイン。この点、時間切れで議論が煮詰まっていない。

グループ5

仙台「わすれン！」の事例

グループメンバーの一人がせんだいメディアテークで立ち上げたアーカイブズの事例を中心に議論。

3．11の震災でメディアテークも被災したが、幸いスタッフに怪我はなく、翌日からライブラリーとして何に優先的に取り組むか検討した。

「３がつ１１にちをわすれないためのセンター」通称「わすれン！」の立ち上げ。2012年２月現在で、映像255件、写真3600件、ウェブサイト283件をアーカイブしている。アマチュア（市民）が集めてきたものが多い。余裕がなく、インデキシング設計はきちんとされていない。

震災の状況を残さなくてはと自分の家などを撮影した。そのときは被災の当時者として「残す」ために撮影したが、同時にアーキビストとして「選ぶ」こともしなければならない。

1995年にできた神戸の「震災文庫」が数年がかりで整えられたことは参考になる。阪神淡路大震災から、すべての市民がアーキビストや撮影者としてアーカイブズの当事者になれることを教えられた。

テーマC
グループ長報告

岡本真（アカデミック・リソース・ガイド株式会社代表取締役・プロデューサー）

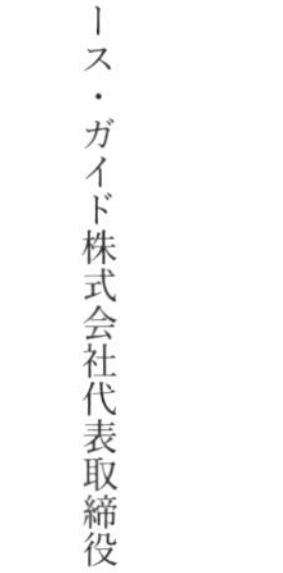

1.「アーカイブズ」分科会の成果

アーカイブズ分科会を全体として振り返りますと、企画者の手応えとしては、一定の成果はあったと思っています。アーカイブズという、これまでのミュージアム・サミットの中ではおそらくあまりなかった視点が入ったことは、非常に重要だと思います。MLA連携というのは、言葉としてはよく言われますが、理論面や組織間の話が先行してしまいがちです。しかし、今回は分科会にミュージアム関係者とともに、実務者も含めたアーカイブズ（公文書館）とライブラリー（図書館）の分野の方々が実際に参加されたことで、具体的な議論や顔の見える関わりが得られたと思います。

消化不良感がないかと言えば、もちろんそれは否めませんが、それはこのようなシンポジウムでは常につきまといます。しかし、ある種の理解、共有と相互の関係構築が進み、それがきちんと持続しているようだ、ということは非常にありがたい手応えだと思っています。参加された方は皆ご自分なりの宿題を持ち帰られたと思いますし、私自身も、たとえば図書館関係者を中心に運営している研究会に関わり、デジタル文化資源の活用に関わる議論を行っていますが、ミュージアム・サミットに参加したことが議論を深めていったことを強く感じています。

2.「選ぶ、残す／遺す、伝える、使う」
——背後にある主体の多様性

ミュージアム・サミットの最後に分科会のメンバーにも内容を諮って成果報告を行った際に、三点を報告しました。まず一つは、分科会のタイトルである「選ぶ、残す、伝える、使う」という言葉に関わる議論です。この言葉の選択については、企画グループ長として私が提案し、最終的に決めたものですが、それをめぐっていくつか議論がありました。まず、この「選ぶ、残す、伝える、使う」という言葉、これすべて他動詞である、という発見です。この言葉のとらえ方は非常に重要で、他動詞ですから必ず目的語を伴います。つまり、アーカイブズを考える上で、「何を」「どうする」のかということについて常に意識的でなければならないと。これはきわめて当たり前のことですが、改めてその意味を受け止め直し、分科会のメンバー内で共有できたことに意義があるかと思っています。同時に、動詞ですので、そこには当然主語があります。私どもの分科会にはミュージアムの関係者だけでなく、アーカイブズ、ライブラリーの関係者、あるいはウェブ事業者の方など、さまざまな方が参加されました。その中で話をしていきますと、当然ながら、アーカイブズという言葉をめぐってもまったく考えていることが違うことに気づきます。あるいは同じミュージアムであっても、企業内ミュージアムなのか、公立のミュージアムなのか、あるいは大学ミュージアムなのかによっても考えが変わってきます（今回分科会の中にそれぞれの方がいらっしゃいました）。つまり主語によって、「選ぶ」、「残す」、「伝える」、「使う」、それぞれの背後に非常に多様なとらえ方があるという、その違いを認識できたのではないかと思います。そして、「のこす」という言葉については、設定当初は「残す」という漢字のみを使っていましたが、議論を通じて「残す／遺す」と併記する形にしました。特にアーキビストの方を中心に議論が起こり、ここでいう「のこす」とは、結果的に残ったもの、という以外に、遺産としてきちん遺していこうという明確な意思を伴ったものとしてもとらえる必要がある。たまたま残ったものという要素と強く意図して遺したものという要素、双方が常に考えられると。だからこそ言葉の選択には慎重であったほうがよいのではないかという指摘がありました。これは非常に重要な学びであったと思っています。

そのほか、「選ぶ」「残す／遺す」「伝える」「使う」という四つの過程、これは一連のサイクルであり、常に重なりあっていて明確には分けられない。たとえば選ぶという過程そのものがすでに残す／遺すという行為につながり、残す／遺すというアクションをすること自体が、そこに価値があることを社会的に発信しているという意味ですでに伝える行為になっている部分もあります。そこで、これらを厳密に区別するのではなく、その連続性をきちんと見ていく必要がある。「選ぶ、残す／遺す、伝える、使う」というプロセスを重なりあった循環の輪として理解しようという一定の合意が作れたのではないかと思っています。

3．デジタル的に「残す／遺す」

成果の二番目ですが、残す／遺す際に、デジタル化の技術について考えることは、今や避けて通れません。むしろそれをうまく活用することは、より多くの物事をのこしていくことにつながります。しかし、デジタル化は魔法の杖ではなく、対象をもう一度復元できる、つまり現物にまで戻すに足る情報をきちんとデジタル化することを考えるべき、という話が出ました。つまりドキュメンテーションをきちんとするということです。

現物をデジタル化するに際しては、そこに付随するさまざまな情報があります。専門的な言葉でいえば、一種のメタデータといえるかもしれませんが、たとえばいつ、誰が、どのような選択をしてその情報を残すべきと判断するに至ったのか。あるいはそれはどのように活用されたのかといった付随するさまざまな情報を含めてデジタル化するということが望まれる、それがデジタル的に残す／遺すということではないか、といった議論がありました。

4．アーカイブズにおける当事者性

また、私どもの分科会にはせんだいメディアテークからご参加いただいた方がいらっしゃいました。そのおかげでせんだいメディアテークにおける、東日本大震災を受けてのアーカイブズの活動についてお話をうかがうことができたのですが、その中で、これは広く全体で共有すべきと考えたのが、何を残す／遺すかということにおいて、やはり当事者性というのはきわめて重要だということです。被災者たる仙台の市民がこれをのこしたい、のこすべきだと考えて、残す／遺す活動をしていく。あるいは被災してなくても、そこに当事者性を見いだして、東京から仙台に通って情報をきちんとのこしたいということで活動しているせんだいメディアテークの仲間もいるということで、残す／遺すということに、当事者が積極的にコミットしている。そのような現象は、非常に重要な点なのではないかという話がありました。

5．MLA連携の進展を

そして三番目は、この分科会からミュージアム・サミットという場への提案ですが、やはりミュージアムはもう少しアーカイブということを考えるべきではないか。これはミュージアムの関係者が多くいらっしゃるだけに、強く訴えておきたいと思います。

ただ他方、要求するだけではじまりません。私たちの分科会はまさに実質的なMLA連携の場になっていたと思いますが、こういう時こそそうした連携の場を増やしていくべきではないかと思います。グループ討論の中で、ある班は「選ぶ」「残す／遺す」「伝える」「使う」という四つの行為について、MLAそれぞれの機関がどのような機能特性を持っているのかを議論しました。あるいはMLAの役割分担は可能なのかというモデル化に挑んだ班もあります。そこで、保存したり、保管したりする役割をいかに分担的に果たしうるのか。そこに連携協力がどのように築けるのかといったことを考えるフェーズに踏み出してもいいのではないかという議論もありました。

ミュージアム・サミットという場で、ミュージアムの関係者だけでなく、アーカイブズ、あるいはライブラリー、あるいはウェブ関係など、さまざまな属性、バックグラウンドを持つ方々がアーカイブズ×ミュージアムというテーマで、まずはさまざまな差を認識できた。そしてその差を認識しつつ、いくつかの点について合意を作れたり、あるいは学びが得られたというふうに考えています。今後もそのような学びの場が作れたらよい、というのが私たちの分科会からの提案でした。

6. 異分野間の対話を成り立たせる場の設定

ここから先は私自身の振り返りになりますが、M、L、Aそれぞれを含む対話の中で、アーキビストは難しいことを言うなと思った人も多いかと思います。それがまさに「MLA連携」と言葉で言っている部分と、実際にやっていくときに意識すべき部分の差だと思いますので、それが表に出せたということは非常に意義があると思っています。

私はM、L、Aの中では、必ずしもどこの立場でもないので、逆にいつも感じることを感じたという部分もあります。たとえばミュージアム、ライブラリー、アーカイブズという三分野で考えると、ミュージアムとライブラリーの間が一番遠く、その分、発見が多いと感じます。ライブラリーやアーカイブズの人から、ミュージアムの人と話すことで驚き、触発されて考えたことが多かった、と聞きます。これはキュレーターとライブラリアンを出会わせると必ず起きる話ですが、そういう機会自体が実際にはとても少ないので、貴重な場の一つにはなっただろうと思います。

一方で、対話の効果をより上げていくことを考えるときに、私がいつも気になるのは、なぜ皆、専門用語を使うのか、ということです。たとえば、私も今では慣れましたが、図書館では「館種」という言葉を使います。「館」の「種」類です。特に学校図書館、公共図書館、大学図書館、国立図書館、専門図書館という五つの「館種」があるということを図書館学では最初に習うのですが、一般の人には絶対わからない言葉でしょう。それを説明抜きで当然のように使ってしまっています。

私自身、別の世界に入ったときに逆に気にするのは、たとえば、私は本業はウェブ関係ですけれど、データベースのことをDBと言うのはウェブ業界のある種、標準です。でも、私はけっして外でDBとは言いません、データベースと言います。ウェブ業界の人間は、ある意味社会的には新参者、弱者であり、周りがわかってくれるという前提がありません。だから自分たちの日常とは変えて、一般に通じる言葉で言うわけですが、この「言葉」のハードルをもう少し下げられれば、別の分野でもじつはお互いにつながりはあるということがもっと容易にわかるはずです。

なにがしかのジャーゴン、業界用語のようなものが入ることによって、指示対象はじつは結構近いのに、言葉が障壁をつくることがあります。グループディスカッションの時、私は進行役として各テーブルを回っていましたが、そこにはとても気を遣っていました。そういった言葉が聞こえてきた時には声をかけ、それってどういうことなんですか、と説明してもらっていました。

確かに専門家同士の議論は専門用語を使ったほうがむしろ理解の正しさにつながる側面が多いと思います。そこは課題と言えば課題ですが、たとえば会期中はテクニカルタームを禁止してみたとしたら、結構面白いことになったかなとも思います。

7. ミュージアムの課題は共有できる

実際に参加して思ったことですが、分科会の内容は、「ミュージアム」という部分を言い換えれば、何にでも応用できるということを強く感じました。たとえばライブラリーなら、図書館「運営」ではなく、図書館「経営」を考えるべき、というような話は以前からよく出ていますし、「ミュージアム・リテラシー」で言えば、まったく同列には語れないと思いますが、「利用者教育」は図書館において大きなキーワードです。図書館においてテーマ展示をどうしていくか、図書館がどれぐらいプランニング能力を持ったり、PR能力を持っていくのかということもよく語られるところなので、そういう意味では、ミュージアム関係者でなくても、どの分科会も学びになったはずだと思います。

むしろ、自分たちの業界の中だけで話をすると、「できない」ことに対するエクスキューズばかりが出てきてしまう面があります。「財源の問題」、「首長の方針」、あるいはそれぞれの組織の内部の問題と、たくさん出ます。業界の異なる人に対してはそのようなエクスキューズをつけにくいので、かえって深く考えることができた面もあるのではないかと思いました。

たとえばアーカイブズ分科会で、話題提供者としてヤフーの鎌田さんに来ていただきましたが、彼自身も楽しかったようですし、彼のように、M、L、Aからさらに外側の人が参加したことによってほかの参加者の方も刺激も受けたと思います。まったく異なる世界で生きている人に向けてどのように状況を説明するか、たとえばネット業界の人にこんな公共系自治体的ないいわけをしても意味がわからないんじゃないか、などと考えながら対話をしていくことで、結果として参加者それぞれの状況や課題を別の面から意識する機会になったのではないでしょうか。特に民間の観点はどうなのか、という点は、意識できた部分があって良かったのではないかと思います。

そういう意味では、私自身が一番楽しめたかもしれません。いわゆるMLA連携から、MALUI連携という言葉がありますが、I＝industryの観点で見ても、同じ課題がありました。逆にインダストリーの立場からすると、ミュージアムが置かれた環境という、ある意味での制約を入れて状況を考えるのがまた面白いのですね。公共性はどう考えるか、公平性をどう担保するかというような問題は、民間企業だから関係ないと言ってしまうこともできますが、企業とて社会的存在だと考えると、私自身、非常に学びがありました。そういう意味では産業分野の、ミュージアムとはまったく関係ない人がもっと参加しても、つまらない企業セミナーより、ずっと学びがあるのではないかと思いました。

企業セミナーでよくあるのは、経営者としての哲学や、いわゆるメソッドに関わるものです。アメリカなどにおける経営系のメソッドは、徹底したケーススタディーや議論の中から生み出されてくるので、そこを含めて学ぶのはよいのですが、メソッドだけ取り出して伝えるようなセミナーはあまり意味がないと思いますね。

たとえばベンチャー企業で社長をやっていこうとする人が、ミュージアム・サミットの中でロールプレイをしたら、非常に鍛えられるでしょう。稼げさえすればいい、というエクスキューズが通用しない中で、どうしたら首長の理解を得られるか、市民の理解を得られるか。それは言い換えれば、出資者の理解、株主の理解、あるいはお客様の理解はどうしたら得られるかという話につながっていきます。これは公共セクターであっても、民間セクターであっても、じつは関係ないことで、実際、企業人は旭山動物園の話を非常に支持します。あそこに企業的ストーリーを感じるわけですから。

特に昨今、ミュージアムが非常に厳しい状況に置かれている中で、これを打開しろと言われたらどうするのか、という課題は、じつは企業関係者にとっても、非常によいケーススタディーになるのではないかと感じました。

8．「公開すること」を考える

アーカイブズの分科会では今回、一部ユーストリームでの中継を行いました。ほかにも分科会の最中なるべく写真を多く撮る、あるいはツイッターなどでリアルタイムで状況を報告するという形で、空理空論でアーカイブズを語るのではなく、自らがアーカイブズされる対象になるという環境を作りだすことを強く意識しました。アーカイブについて議論していくと、基本的には皆「残す／遺す」ことを是とするのですが、自分と直接関わった内容を　残す／遺すかどうかという話になると、「やはりそれは待ってくれ」ということになります。ある意味当然ではあるのですが、そこにある種のエゴが発生するわけです。アーカイブズ分科会では、『のこす』という言葉に二つの意味があるのではないか」という点が議論になりましたが、――アーカイブズにおける「のこす」という行為は、結果として残ったものを置いておくという意味の「残す」ではなく、遺産として「遺して」いくことではないか、という議論――、それはまさにこの点を意識したアーキビストたちからの指摘だったと思います。そのようなアーキビストたちの日々の悩みをよりリアリティーをもって感じるところまでは、あの枠組みの中では得られなかったかなという気はしています。

さらに言えば、ユーストリーム中継は初日の話題提供者の話のみ行われましたが、そういう意味では一般参加者を含めた二日目のグループワークまですべてネット上で公開するというところに踏み切れば、もっと意味が深まったと思います。今この瞬間が記録され、かつ公のものになってしまうということを、もっと自覚的に考えることができたのではないでしょうか。ただ、インターネットで公開されていると思うと議論がしにくくなることは必定なので、難しいところです。

その「公開する」ことを「残す／遺す」という部分でもう少し踏み込んで考えても良かったかなと思います。たとえばアーキビストの間で大きなテーマとしてよく議論になるのは、古地図をデジタル化して公開すべきかどうか、という点です。たとえば、古地図の公開が部落差別に発展する可能性もあるわけです。古い裁判記録の公開なども難しい面があります。特に近代以降の裁判記録はデジタル化されているのですが、研究者以外には公開されていません。

センシティブに扱わなければいけないものもありますから、部分的に非公開にすることは良いと思います。ただ、それに対してどのように説明をつけていくのか。価値判断は時代によって変わっていってもいいでしょう。平安時代の裁判記録なら我々にとって普通に、歴史研究の題材にすることもできます。藤原家の文書も非常に厳密に言えば、現在いらっしゃる藤原家子孫の方々に少なからず影響する部分も可能性としてはあるわけですが、もはやそこはパブリックなものだと認定して、公開しているわけです。

それをどのようなバランスで配慮をするのかということは、しょせんその時々の社会文化の中でしか決まらないでしょう。ただ、同時に、なぜそう判断したのかを記録として残す／遺す。プロセスをきちんとのこし、それを評価し、また、その再評価をし、と繰り返していく。それがアーカイブズの面白いところだと思います。歴史家がアーカイブズにはまるのもよくわかりますし、歴史学者としてのある種、真価を問われるところですから、それを参加者の方にもっと味わってもらえると、より面白かったかなという感じがします。

9．ミュージアムの記録の「のこし方」

関連してお話させていただくと、私はウェブの世界で働いていることもあって、ミュージアムのウェブサイトにはずっと違和感を持っているんです。ミュージアムでは企画展を開催するたびにウェブサイトを作りますよね？　最近は保存されていますが、以前は展示が終わると消してしまうことが多かったと思います。図録があるからいいじゃないかと言われますが、いや、図録も一つの形ですけれど、今やウェブサイトも別の一つの形であって、それはその展覧会がどう社会に対して自己像を作っていたかという表れなので、それを消してしまっては、せっかくの展覧会を半分殺すことになってしまいます。できるかぎりのものを再現し、残／遺していくこと自体がとても重要なことであって、それはじつはきわめてアーカイブズ的な行為ではないでしょうか。具体的な例で言えば、たとえばモナリザが日本に来て展示されていたなら、それがそのとき、どんな空間で、どんなふうに展示されていたかということは、今は少なくとも技術的にはのこせますから、それをきちんと残／遺していくことも、そのミュージアムの重要な活動になるのではないでしょうか。それはリテラシーの問題でもありますし、マネジメントの問題でもあります。モナリザの展示の話は、やはり私の世代の中では普通に伝説として語り継がれている、ある意味でブランディングやＰＲに関わる象徴的な話でもあります。そういう内容もアーカイブズの分科会からもう少し提案できると良かったように思っています。

〈分科会〉テーマD

ミュージアムの企画とパブリック・リレーション

人が集まるミュージアムのつくり方

「人々がミュージアムに期待すること・求めること」とは何だろうか？　逆に、「ミュージアムが人々の求めに応じる」とはどのようなことをいうのだろうか？

ミュージアムと人々の結びつきとは、ミュージアム→人々、という関係性だけではなく、人々→ミュージアム、さらには人←→人のリレーションがミュージアムを起点に展開することも含む。これらの関係性を構築することに加え、人々がミュージアムをどのような場として認識し、活用しているか、あるいはどのような活用の可能性があるのかを考えることも、ミュージアムの社会的価値を高める、ＰＲ活動の重要な一側面である。

人々の期待を理解し、企画を考え、広報するには、人々と「ともにあろう」とする強い意識が必要となる。それぞれ個性ある人格や顔をもつ存在として「人々」を尊重することぬきに、リレーションづくりはできない。

委員長・話題提供

蓑豊（兵庫県立美術館長）

企画グループ・話題提供

並木美砂子（グループ長／千葉市動物公園飼育課主査）

荻原康子（企業メセナ協議会事務局長）

田口公則（神奈川県立生命の星・地球博物館主任学芸員）

村尾知子（東京都写真美術館管理課）

進行協力

石川泰彦（日本科学未来館科学コミュニケーター）

話題提供

相澤麻希子（花王株式会社社会貢献部）

久代明子（東京都写真美術館事業企画課）

長倉かすみ（横浜市立野毛山動物園）

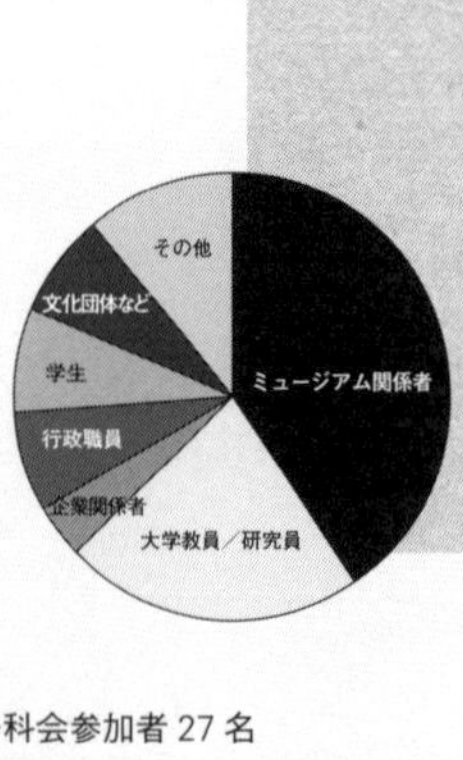

分科会参加者 27 名

〔内訳〕 ミュージアム関係者（館長、学芸員など）：11 名、大学教員／研究員：6 名、企業関係者：1 名、行政職員：2 名、学生（大学、大学院）：2 名、文化団体など：2 名、その他（ボランティアなど）：3 名

テーマD

分科会概要

この分科会の目指したこと

寸劇"Mission impossible"
―参加性・具体性を高めるしかけ

リレーションの起点となる
「集まりたくなる」ミュージアムの企画

市民の力に依拠する
―ミュージアム外部の視点を重視

1日目

ナヤムくんは、人口五万人の町の、廃校を利用した美術館に赴任してきた学芸員。限られた資源を活用して、年間入場者を現状の二〇〇〇人から一万人まで増やす企画を求められています。

そんなナヤムくんの悩みを皆で協力して解決しようという寸劇方式で分科会は進められました。

最初の企画会議で美術館の背景や企画の条件が説明された後、ナヤムくんによるインタビューにこたえ、田口公則（神奈川県立生命の星・地球博物館）、蓑豊（兵庫県立美術館）、相澤麻希子（花王株式会社社会貢献部）、長倉かすみ（野毛山動物園）、久代明子、村尾知子（東京都写真美術館）の各氏が話題提供をしました（話題提供の内容は164頁以下）。

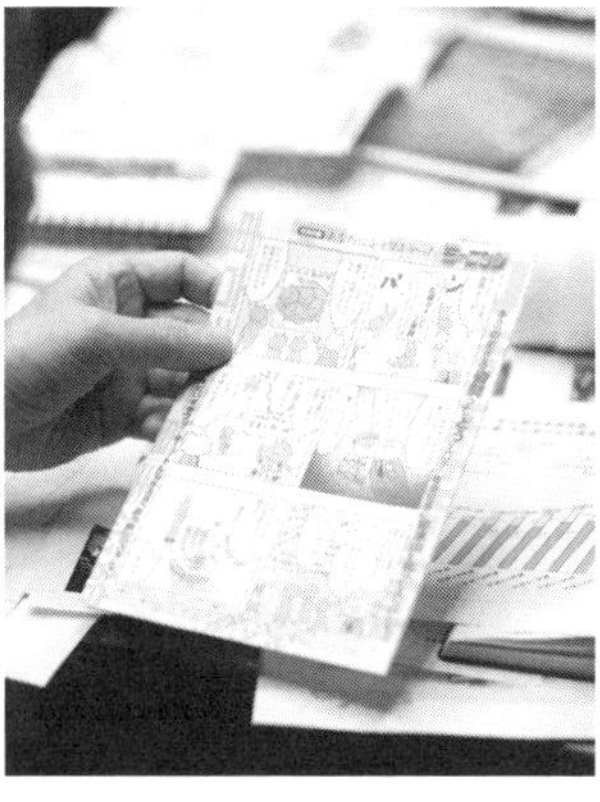

2日目

グループワークは、企画グループのメンバーがファシリテーターとなり、五つのグループに分けて行われました。

所蔵作品やスタッフ数など、美術館内部で活用できる資源は限られているので、いかにして市民の協力を得られるか、自由な発想が重要となります。

参加者各自が事前に準備してきた企画提案シートをもとに、グループの討論は活発に進められました。どんな人を、どうして、どんな企画で美術館に集めたいのか。それぞれ特徴がある、五つの斬新な企画案がまとめられました（各グループのまとめは、176頁参照）。

第5回 ミュージアム・サミット2012
分科会D：人が集まるミュージアムづくり

Mission impossible !

事前課題用　条件シート

人口5万人の小さな町の小さな美術館に、
奇跡をおこすのは**誰**だ？

資源：4人の職員・軽バン・所蔵（所有）の作品11点（うち、2点は下記参照）・やる気
備品としては、机やいすも小学生用と会議用が多少ある
条件：海の見える廃校跡の2つの教室・所蔵庫あり・校庭は自由に使える・
6ヶ月の企画展をする・所蔵作品すべてを使わなくてもよい・企画展期間中の展示替えは自由。（下記の平面図参照）
現状：一日の来館者は多くて20人（年間2000人）で、お年寄りがほとんど。
来館者「0」の日もある。校庭に遊びに来る近所の子どもたちはいても、
美術館には入らない。
目標：年間1万人のお客様を迎えること！　それが継続すること。

招待状

みなさま、
一度きりの舞台、「Mission Impossible !」にようこそ。

ミュージアムは人々の日常にどんなふうにかかわれるのか？

人々はミュージアムづくりにどうかかわれるのか？

この分科会では、ミュージアムの公共性についてみんなで考えます。

みなさんは、「小さな町の小さな美術館の企画担当者・ナヤムくん」を応援して、「人が集まるミュージアムづくり」にとりくみます。

それがこの分科会の、そしてあなたのMission です。

▲ 四人の女　水彩
73.0×100.0(cm) 1939

←所蔵作品の一部
（地元出身の作家・絵画7点、
彫刻2点、屏風絵2点）全11点の一部です

▲ふくろう　31.0×29.0×31.0cm　1941

美術館の平面図↓

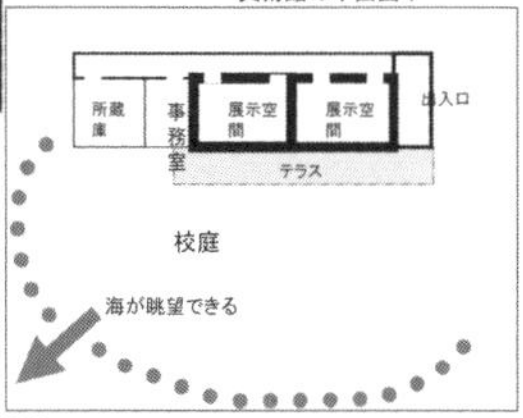

分科会参加者に事前に配布された招待状（上）と条件シート（左）。
企画に利用できるのは所蔵作品11点と軽バン1台、あとは美術館の設備と「やる気」だけ。
参加者は、下の企画提案シートに事前に企画提案シート（下）を作ってくることを求められました。

＊このワークシートに掲載されている作品は、千葉市美術館のホームページ掲載の収蔵作品画像を使わせていただきました。

グループD課題：企画提案シート
（作品は全部で11あります。作品はすべて使っても、数点でもよいし、レイアウトも自由です）

課題	あなたは、その美術館に、どんな人（たち）に来てほしいのか	それはなぜ？	どんな企画で？
例1	ネイルアートを楽しむ女性	「きれい」「かわいい」を愛するセンスで絵のに入りこんでみてほしいから	「4人の女性」それぞれにあわせたネイルを考えて、このスタイルで座っている女性の手にネイルアートを実際にやってみたらどうだろう？　モデルは、自分たちで知り合いや友だちを連れてきてもらったりしたら楽しそう。
例2	夜の動物探検をしたい小学生	怖いもの好きが集まって、息を潜める体験を一緒にしてみたいので	夏の夜、彫刻の「ふくろう」を校庭のすみに置いて、どんな動物たちの声、どんな海の声が聞こえるのか、ためしてみる。そっとふくろうの鳴くまねをしてみる。寝袋持参！

テーマD 話題提供

話題提供1

「自然」と「人」が集まるところ

田口公則（神奈川県立生命の星・地球博物館主任学芸員）

自然史博物館とは、おおまかに突き詰めれば、「自然」と「人」が集まるところと言えます。そして、「集まる」と何かが動き出す。

「自然」が集まり、標本がたくさん展示されています。当博物館は、ナヤムくんが赴任した「小さな町の海の見える小さな美術館」ならぬ、「小さな田んぼが見える〝原っぱ〟にある大きな博物館」です。ここには、さまざまな資料が世界中から集められています。そして、来館者によって展示物から読み取るものが変わってくる。

展示室（写真）にティラノサウルス、その前にエドモントサウルスという草食恐竜、上に大きな鳥のような翼竜があります。いずれも白亜紀の生物です。これをストーリーや夢を持って見ると、「これは、白亜紀のある午後の情景だ」という人がいました。手前のエドモントサウルスが何かの気配に気づき首をもたげてふっと横を向いた瞬間、ずっと狙っていたティラノサウルスが猛ダッシュをかけた。その狩りの終焉を上空で見守る翼竜がいる。展示室はこのようなインスタレーションにもなるということです。

「人」が集まるには、プロセスへの参加を促すのが良さそうです。たとえばネット上に交流の場

神奈川県立生命の星・地球博物館：一九九五年三月、神奈川県立博物館（現：神奈川県立歴史博物館）の自然史部門が独立する形で誕生。地球の誕生から現在までの四六億年にわたる歴史とその神秘性を、巨大な恐竜や隕石から豆粒ほどの昆虫まで一万点にのぼる実物標本により、時間の流れを追って常設展示している。自然に関する調査・研究、資料の収集・保管、これらを生かした講座や観察会などの学習支援活動も行う。

神奈川県小田原市入生田四九九

http://nh.kanagawa-museum.jp/

生命の星・地球博物館

を作り、自然と仲間が集まるように仕向ける。かつて、ネット上の交流を通じて作品を作り、博物館の企画展を参加者と作り上げる実践をしました。ネット上でのつながりから、実際展示室で出会ったときに「ああ、あなたでしたか」という会話が、こちらの予想以上に広がっていました。

最近手がけている事業では、地域の素材を取り上げ、博物館ではなくて地域で展示をしています。たとえば学校のスペースで学芸員が展示をする。地元の資料を使い、再発見を促す展示をする試みです。すると、子どもたちが興味を示した以上に地域の人たちからも反応がありました。こんな素材が地元にあるなら、自分たちでもっと広めようと、さらなる展開が起きています。

博物館活動を市民に開放することで、あるいはプロセスへの参加の機会を作ることで、パブリック・リレーションが育っていくのでは、と考えてきました。しかし、どこまでを本来のミュージアム活動と言っていいのか、その線引きが難しいところかもしれません。

小学校での「丹沢からの贈りもの」展

事例報告2

人が集まるミュージアム

蓑豊（兵庫県立美術館長）

日本全国、どこの美術館でも問題はあると思いますが、いま私自身が取り組んでいる事例を、ナヤムくんに少しでも役に立てたらと思ってお話しします。

兵庫県立美術館は、建物ができて今年でちょうど一〇年たっています。安藤忠雄さん設計の、西日本でもっとも広い美術館と言われる巨大な建物です。これを常に埋めるのは、企画する学芸員にとっては大変なことです。大きい美術館には、ナヤムくんの小さな美術館とは異なる悩みもありま

兵庫県立美術館・阪神・淡路大震災からの「文化の復興」のシンボルとして、二〇〇二年に開館。美術を中心とする芸術活動の積極的な展開を通じて、二一世紀の都市生活の共通課題である「人間のこころの豊かさ」の回復・復興、とくに未来を担うこどもたちの感性の涵養やこころの元気アップを図っている。神戸市中央区脇浜海岸通一-一-一 http://www.artm.pref.hyogo.jp

すが、どちらにしても最初にやるべきなのは「地域との連携」です。地域の人が「あの美術館は私たちの誇りだ」と、友人や親戚が遠くから訪れてもプライドをもって連れていけるような、そういう美術館にしなければいけない。

コミュニティーとの連携のために考えたことの一つに、美術館へのアクセスの問題があります。兵庫県立美術館は、南の海辺からの入口を正門として設計されていて、ＪＲや私鉄に乗って徒歩で来る人たちが利用する北の入口は暗くて、看板も見えにくかった。この入口を明るく、にぎやかにするためにいろいろ工夫しました。

また、駅から美術館に至る道の名前を、「ミュージアムロード」に変えてもらいました。道路は市の管轄なので、名前の変更を市役所にアピールしました。安藤忠雄さんの協力も得て市長に頼みこみ、数ヶ月の交渉で名前を変えてもらうことができました。また、美術館にもっとも近い阪神電車の岩屋駅の駅名看板に、（兵庫県立美術館前）と入れてもらうこともできました。阪神電鉄は、沿線の学校などすべてから同じ扱いを頼まれたら困るから、と難色を示しましたが、美術館の集客力を考えると阪神電車にもプラスになると説得して、一五ヶ所ある看板のすべてを変えてもらいました。同時に駅周辺の電柱の地中化を進め、「ミュージアムロード」の商店街と連携して美術館の「応援店」になってもらったりと、さまざまなことに取り組んでいます。

企画では、年に一本は家族が楽しむ展覧会をやろうと考えました。そこでスタジオジブリと契約して、ジブリ関連の展覧会を東京では都現代美術館、関西では兵庫県立美術館で開催する仕組みをまず作りました。それで実現した企画展が「ジブリの絵職人　男鹿和雄展」です。男鹿さんは、絵を見れば誰でもわかるのですが、『となりのトトロ』などジブリ作品の背景を描いている作家です。美術館に展示したのは、本当に素晴らしい作品でした。この展覧会、最初はほとんど人が来なかったのですが、そのうち口コミでどんどん広がって、結果的に一九万人近く入りました。「水木しげ

アクセスの工夫

る・妖怪図鑑」という展覧会にも一八万人入りました。

いまはどこの美術館も予算が苦しくて、なかなかいい企画ができない。これはアメリカの大きな美術館などでも同じですが、では何をするかというと、所蔵品を使って展覧会を考えるんですね。日本の美術館は概してコレクションが貧弱で、これもなかなか難しいのですが、兵庫県立美術館には、小磯良平など関西を代表する作家の立派なコレクションがあります。しかし関東の作家のものは少ない。逆に、鎌倉の神奈川県立近代美術館は関東の作家の作品が多い。そこでお互いのコレクションをうまく貸しあって交換展をやろうと学芸員が発案しました。お互いの美術館のコレクションを五〇点ずつ並べた展覧会です。だいたいコレクション展には人はほとんど来ません。「近代美術館の名品五〇点ずつをあわせた美術展」なんて書いても誰も来ない。鎌倉から来る作品には有名な《麗子像》があったので、そこで学芸員が考えたのが「麗子登場」という展覧会タイトルです。コレクション展ではなく、「麗子に会える」というので、たくさんの人が来てくれました。三万人入ったのですが、お金をかけていないコレクション展でこれだけ人が来るのは、すごいことです。これは、「麗子登場」という名前をつけた若い学芸員のアイデアのおかげです。コレクション展も、ちょっとした工夫で変わります。

つい最近、須磨久善さんという医師の講演会を美術館で開きました。バチスタ手術という心臓手術の権威でNHKの「プロジェクトX」でも紹介されていますが、須磨さんは子どもたちに自分の手術を見せているんです。今まで三〇〇〇人に見せているそうです。保護者からの強い反対の声にも負けずやり続けた結果、手術を見て医者を目指し、実際に医者になったという子が増えているそうです。医者の講演会を美術館でやるなんて、ふつうは考えられないと思うかもしれません。最初はチケットも売れませんでしたが、一人で一〇〇枚買って配ってくれるような人も出てきて、用意した四〇〇席がすべて埋まりました。結果的にすごい反響で、今まで美術館に来なかった人たちも

大勢来てくれました。ナヤムくんも、ちょっとした工夫でいろいろなイベントができると思います。

企画展はひとまず忘れて、コレクション展で人が集まるような仕掛けを学芸員が懸命に工夫すれば、きっと成功すると思います。「入場者数で勝負」という考え方には反感を持つ学芸員もいますが、美術館に人がいれば、学芸員も皆うれしいはずです。人が集まれば、その場所の雰囲気は明るくなります。ジブリの展覧会をやれば、家族連れでたくさんの子どもが来ます。その子たちはいずれ大人になって、必ず美術館に戻ってきてくれると思うし、そういう運動をしなければいけない。コシノジュンコさんも言っていましたが「人が集まれば文化が生まれる」、これを忘れずに取り組んでもらえればと思います。

話題提供3

花王・コミュニティミュージアム・プロジェクトについて

相澤麻希子（花王株式会社社会貢献部）

花王株式会社は「次世代を育む環境づくりと人づくり」をテーマに、「環境」「教育」「芸術・文化」を重点分野に社会貢献活動を推進しています。花王・コミュニティミュージアム・プログラムは、このなかの「芸術・文化」の活動で、全国のミュージアムを拠点とした市民団体の活動を応援しています。市民団体の活動を応援することで地域文化の担い手であるミュージアムが活気に満ち、地域文化の発展に寄与することを目指しています。市民団体の育成という視野も持ち、助成を受けている団体が集まり知恵を交換する交流プログラムを設けているのが特徴です。二〇〇七年に開始し、五年間に延べ一三四プロジェクトを支援してきました。拠点となるミュージアムは、博物館・

資料館が三分の二くらい、次に多いのが美術館・科学館、珍しいところでは動物園、昆虫館、水族館もあります。応募団体は地域のＮＰＯが六割以上となっています。助成を受けた団体からは、助成を受けたことが団体にとって信用につながり、ミュージアムと対等な関係が築けたとか、別の企業からのご支援も受けられた、という声もあがっています。

事例①市民との協働：「花の会」＆守屋多々志美術館

最初のキーワードは「市民との協働」です。ＮＰＯ法人「花の会」は、お座敷文化の伝承・継承というミッションに取り組んでいました。大垣市の守屋多々志美術館は規模の小さな美術館で、地域の団体と協働するのははじめての経験でした。当初は外部との協働にとまどいもあったようですが、プロジェクトを進め、美術館の所蔵資料や企画展と関連づけたワークショップを「花の会」が実施することで、今まで美術館に足を運ばなかった人たちにアプローチすることができました。地域の人が守屋多々志さんの世界に触れる、地域の大切な資源への理解を深める、間接的に地域の活性化につながるといった効果がありました。在野の市民団体を活動のなかに招きいれたことで、美術館と地域の交流が深まった事例だと思います。

事例②自分たちの館：「九州国立博物館を愛する会」＆九州国立博物館

「九州国立博物館を愛する会」は、名前の通りミュージアムを愛している人たちです。ミュージアム周辺の美化活動をしたり、子ども向けイベントをミュージアムと協働して行ったり、自発的にいろいろ取り組んでいます。最近、市民がミュージアムを支える、自分たちがやらなくては、という意識が見られます。ミュージアムを取り巻く環境が厳しさを増すなか、市民団体の力は非常に大きな可能性を秘めているのではないでしょうか。地域から愛され、必要とされる存在でなければ、この先ミュージアムはなかなか生き残っていけない。ミュージアムに関わってくれる市民を少しでも増やしていくことが重要ではないかと思います。

事例③新たな可能性：「エイブル・アート・ジャパン」＆横浜市民ギャラリーあざみ野

障害者の表現活動支援で大きな実績を有する「エイブル・アート・ジャパン」は、「みんなの美術館プロジェクト」に取り組んでいます。いろいろなミュージアムのなかでも、美術館は利用者にとって敷居が高い存在と思われています。美術館の敷居をどうしたら下げられるのか。視覚障害者、高齢者、小さな子ども連れ、日本語以外が母語の人など、さまざまなユーザーに実際に美術館に足を運んでもらい、展示を見てもらう一連の行動を通じて、なぜその人たちが美術館を利用しないのか、どうしたらもっと美術館を利用するようになるのか、ユーザの目線から課題を出すワークショップを行うプロジェクトです。この結果を社会化し、ミュージアムを市民との新たな出会いの場にしようという構想をもっています。手法そのものは単純なので、全国どこでも実施できます。この活動が全国で広がれば、プロジェクト名のように、美術館が皆のものになると思います。ミュージアムにとっても、新しい利用者の掘り起こしにつながるのではないでしょうか。

事例④被災地での活動：「なにわホネホネ団」

「なにわホネホネ団」は、大阪市立自然史博物館で骨格標本を作っている団体です。東日本大震災を受けて、自分たちも何か支援ができないかと岩手で化石のワークショップを企画しました。博物館に呼びかけて学芸員の協力を得たり、大阪の別のミュージアムと復興支援という視点から共同企画を立ち上げたり、さまざまな人を巻き込み活動しています。現地岩手のパートナーは「あそびｍａ・ｓｅｎｋａ」という団体で、この団体も私たちの助成を受けたことがあります。交流ブログ

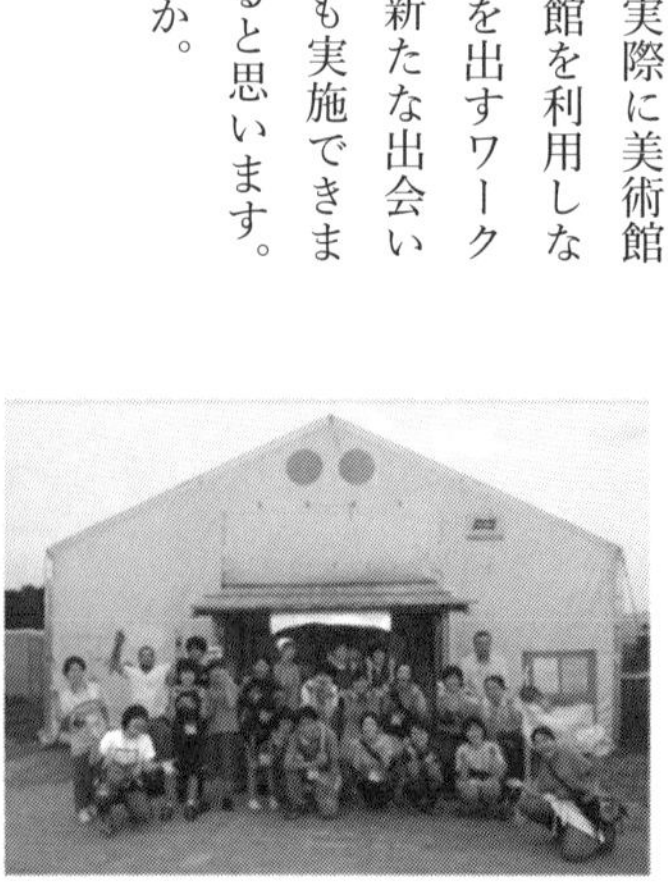

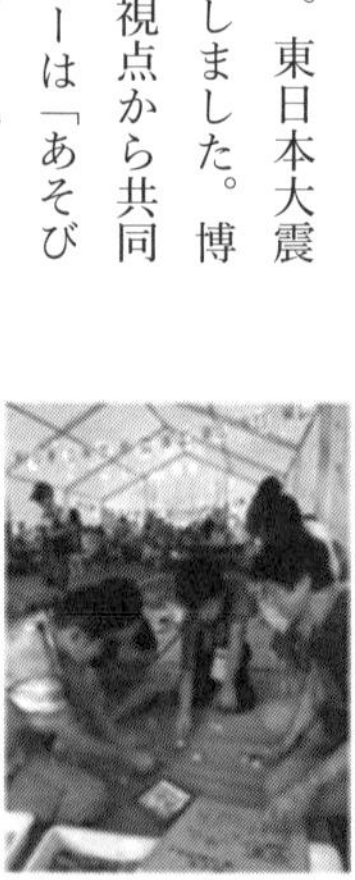

陸前高田でのワークショップ

ラムを通じて両者が面識があったことから、現地の状況の調査、行政との交渉や当日の運営など、「あそびｍａ・ｓｅｎｋａ」の協力を得ることができてプロジェクトは実現しました。当日はたくさんの来場者があり、別の場所でも実施してほしいという要請を受け、はじめは一回の予定がすでに四回実施し、今後も活動は続くと聞いています。ワークショップでは被災後まだ再開していないミュージアムの紹介もして、子どもたちから「こんなミュージアムがあることを知らなかった。再開したら、ぜったい行くね」という声も聞かれました。人と人がいろいろな場所でつながることで、ミュージアムと地域の距離を縮めることができると実感した事例です。

私たちが接してきた団体は、皆さん楽しそうに活動に取り組んでいます。自分たちがとても楽しい、その楽しさをまわりの人にも伝えたい、そういうオーラが出ています。楽しさを大事にすることが活動の場でも大切ですし、活動が長続きするためにも重要ではないかと思っています。

話題提供４

動物園の試み

長倉かすみ（横浜市立野毛山動物園）

野毛山動物園の今年の年間入園者数は七〇万人ほどと見込んでいます。私が昨年まで所属していたズーラシアも年間入園者数が一〇〇万人と、動物園は博物館の中でも圧倒的に多くの人が集まる施設です。でも、一回来てもらえればいいのではなく、また来てくれるような活動が大切だと思っています。これからナヤムくんに、五つの活動を紹介しますね。

横浜市立野毛山動物園：一九五一年四月、「野毛山遊園地」という名前で開園。横浜の中心に位置する〝身近な動物園〟として、世代を超えて市民に親しまれてきた。飼育する動物種は約九〇種を数え、子どもがはじめて動物に出会い、ふれあい、

①昨年、野毛山動物園で生まれたキリンがほかの動物園へ引っ越すことになりました。旅立つ子どものキリンへ、これまで応援してくれたお客さまにメッセージを寄せてもらおうと、段ボールで生まれた時のキリンと同じ大きさのオブジェを作り、お客さまのメッセージをキリンの模様のように貼っていきました。六〇〇通のメッセージを体中に貼ったオブジェは、キリンと一緒にトラックに乗って引っ越していきました。引っ越した先の動物園でも、メッセージを見ることでこのキリンが大切に育てられていたことがお客さまにも伝わります。野毛山動物園のお客さまも引っ越したキリンを見にいって、「元気だったよ」と私に教えてくれます。

②動物園では、「動物が寝ていてつまらない」という声を聞くことがあります。でもそんな動物たちこそスローライフを実践している尊敬すべき存在なのだということを感じてほしいと思い、ナマケモノをテーマにワークショップを考えました。ズーラシアにナマケモノはいないので、自分たちがナマケモノになってみようという発想です。楽しくなまけられる工夫を、美術家の井上尚子さんや美大生たちと考えました。大人がしゃがんで入れるくらいの高さのテントの天井に葉っぱをたくさんつけて、その下に畳や布団を敷き、皆が自然となまけられるようなまけテントには、テントの天井に参加者が色を塗ったナマケモノをぶら下げました。その下で寝転がると、ジャングルにいる色とりどりのナマケモノを見上げることになります。「ジャングルの動物たちは気持ちいいだろうね」しばらく寝転がった後、来園者の方がつぶやきました。

③ウガンダからの研修生と一緒に「アフリカクルーズ」というプログラムを作りました。動物の生息地とそこにくらす人々の関わりを学ぶ、ロールプレイのプログラムです。ウガンダの研修生がツ

命を感じて、動物への理解を深めていただく入口としての役割を担っている。また、希少種の繁殖への取り組みや、野生動物の保護を行うなど、環境保全の一翼も担っている。
所在地：横浜市西区老松町六三－一〇
http://www2.nogeyama-zoo.org/

キリンのワークショップ

アーガイド、私が通訳として冒険がはじまります。野毛山動物園をアフリカの大自然に見立て、園内を回りながら、飼育係の扮装する密猟者や村人に出会うというプログラムの中で、参加者は人と動物の関係性やさまざまな価値観を発見し、自分たちの生活とのつながりを認識していきます。ツアーの途中でどんどん参加者が増え、最終的に一〇〇人くらいのお客さまが参加し、大きな拍手でツアーは終了しました。

④続いてアウトリーチの活動を紹介します。ズーラシアの入園者数一〇〇〇万人達成の記念として、アーティストの磯崎道佳さんと、動物の等身大オブジェ「ぞうきんおかぴ」を作りました。これまでたくさん来園してくれた動物園の近くの小学生には、成長の過程でいらなくなった布で作った雑巾を用意してもらいました。トラックにぞうきんおかぴをのせて近隣の小学校を巡り、オブジェに雑巾を縫いつけてもらって、およそ一ヶ月かけて自分たちだけの動物が完成。子どもたちの成長が、ぞうきんおかぴの成長に重なり、ともに成長を見守っていく仲間が、動物園にできたのです。

⑤次は中学生向けのアウトリーチ活動です。中学生になると、授業で動物園に来てもらうのが難しくなるので、動物園から学校に出向いて行きます。今回は、飼育係自らが作った動物の標本を持って、肉食動物と草食動物の違いを骨から見る授業を行いました。小学生の時よりも深く動物について学び、動物の面白さに気づいてくれます。これらの標本は、動物の死体から作ります。動物園にある資源を使って地域の人たちにどんな貢献ができるか考えて、地道に活動を続けることは、地域にとって必要な場所となり、たくさんの人が集まる場所となるために大切なことだと思います。

これらの事例は、美術館でも同じようなことができると思い、お話ししました。美術と同じく、

アフリカン・クルーズ

ぞうきんおかぴワークショップ

動物もただ見ているだけではわからない、理解の糸口がなかなか見つからないこともあるんですね。それを解消できるのがコミュニケーションではないかと思います。きっかけを作り、いろいろなことを仕かけることで、もっと関わりたい、また来たいという想いが生まれる場所になるのではないでしょうか。

話題提供５

東京都写真美術館の取り組み

村尾知子・久代明子（東京都写真美術館）

一九九五年に開館した東京都写真美術館（写美）には、「存在感のある美術館」という定性目標があります。「存在感」とは、まず具体的には、どこにあるかを知ってもらうことです。二〇〇〇年に福原義春館長が就任したとき、「写美は上野にあるの？」と聞かれてショックを受けて、恵比寿にあることをもっと強く言わなければいけないと思ったそうです。名刺からはじめて、新聞やテレビでも「東京都写真美術館（恵比寿）」と紹介してもらうように、広報担当が写美の存在感を出すべく取り組みました。

また、写美には年間目標もあります。福原館長一年目の目標は「静かな賑わい」でした。これも館長が「写美は一日いても静かで涼しくて、新聞とか本を読むのにいいね」と友人から言われて、美術館としては人が集まる努力もしなければいけないと危機感を持ったことがきっかけです。

図の棒グラフ（薄い色）は東京都からの予算です。どんどん減っています。折れ線グラフは入場者数の推移です。入場者数が底をついた二〇〇〇年以降、職員の取り組みもあり、目標もしっかり

東京都写真美術館：東京・恵比寿ガーデンプレイス内に一九九五年一月総合開館。国内唯一の写真と映像の専門美術館として、三つの展示室と映画ホールを持つ。収蔵作品約二万八千点を誇り、専門図書室では貴重な写真集や書籍を閲覧できる。東京都目黒区三田一―一三―三
www.syabi.com

設定されて、予算は減りましたが、入場者は着実に増えています。

二〇〇七年に入場者数がガクッと落ちていますが、この年に国立新美術館が開館して、それまで写美で開催していた「文化庁メディア芸術祭」が引っ越したからです。これで約六万人の入場者が減ったのですが、これを新たな飛躍のチャンスととらえ、地域から世界に発信する映像のフェスティバルをはじめました。それが「恵比寿映像祭」です。二〇一二年で四回目となる「恵比寿映像祭」は、二月一〇日から一五日間開催します。世界中から一〇〇名以上のアーティストが集まり、昨年は約四万五千人の来場者がありました。「メディア芸術祭」にかわる新しい恵比寿のフェスティバルです。

今年の年間目標は「広報マインドと実践」です。これは、職員全員がそれぞれの立場から入場者が楽しむための工夫をすることです。兵庫県立美術館のように、当館でも所蔵作品を「企画展」という位置づけで紹介しています。写真作品を見て、写真のなかの子どもに手紙を書くというコンクールを開催して、約二〇〇点の応募がありました。新しくはじめた猫の漫画の広報誌、「nya-eyes（ニァイズ）」と連動した展示とウォークラリーには五〇〇人以上の参加があり、はじめて来館した若い人たちにも「かわいい」と好評で、グッズの飴も約五〇〇個が完売しました。写美は毎年、新年は一月二日から開館しています。二日は入場無料、三日は割引料金で、今年の一月二日は約五七〇〇名が来館し、雅楽のイベントには約二〇〇名が参加しました。フロアレクチャーなどの企画にも取り組んでいます。

写美では、「みんなが広報担当」と考えています。人が集まるための特効薬という魔法のようなものはない。一人ひとりの職員がそれぞれの立場で手をつくし心をつくし、実践することが大事ではないかと思います。

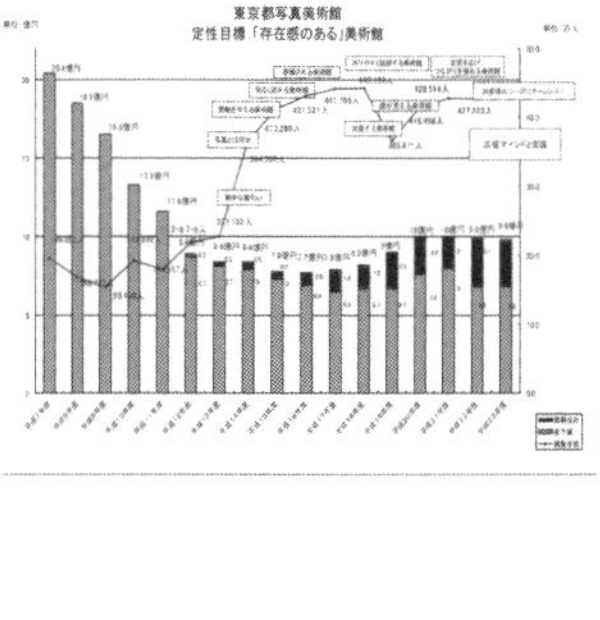

広報誌「nya-eyes」と関連イベント

ふくろう市立美術館	校庭はオープンなシアター、フリースペース（運動会もできる）。カフェテラスは健康増進食を提供。市の健康推進課と連携してメディカルチェックを実施。ミニ動物園も設置する。トイレは若手作家のためのギャラリー。

グループ4

「不苦労（ふくろう）町立・宝の山小学校」

出発点	日常のなか、普通の生活のなかの幸せにミュージアムは存在する。
地域密着型の美術館	町の子どもたち、高齢者、障害者、社会人らが集う交流の場となるミュージアム。「作品と人」「心と心」「想いと想い」をつなぐ機能をもつ空間と時間を作る。
プログラム	「宝キングの挑戦状」半年間の企画展。所蔵作品という地域の「宝」をベースに、子どもたちが自分の宝物、家族の宝物など「仲間の宝」を持ち寄る。各教室には所蔵作品が１点、そこに持ち寄った宝を徐々に展示し、キャプションを作り、最終日に一つの「宝」という作品になる。 「宝の校庭」校庭を高齢者のラジオ体操会場として、その後に展示を見てもらう。そのほかテラスでの健康相談の時間、社会人向け夜の展覧会、女子会や異業種交流会の開催など、生活のなかの一部となる工夫。
告知	ウェブだけでなく回覧板も使う。児童には「指令！　宝を探せ」などやる気を喚起する仕組みを作り、最終日に皆で集って歓喜の輪を作るといった、地域に根ざした美術館を目指す。

グループ5

「Happy ふくろうミュージアム」

コンセプト	アートとの出会い、人との出会いを通して、誰もがハッピーになれるミュージアム
プログラム	首都圏から集客するため場所を「千葉県ふくろう町」と設定。 1「ふくろう先生のお悩み相談室」ふくろう先生が、作品に描かれた女性たちの悩みに答えるという設定。来館者は女性たちの悩みを想像してノートに書く、あるいはそれに対する回答を書く。匿名の悩み相談。展示にワークショップの要素を入れリピーターを生む。「町のおばあとほっこり」漬物を食べながら人生の賢人に悩みをぶつける。都会の働く女性向け。町の外との交流をはかるワークショップ。 2「夏フェス in ふくろう町」涼やかな海辺、異国の風景画を中心に展示。「海からの贈り物」子どもが貝殻や流木を集めてオブジェを作り、ふくろう先生の住む森をイメージしてインスタレーションをするワークショップ。ほか、海の幸のバーベキュー、全国のふくろうグッズやふくろうアートのマーケットなど。 3「ふくろうで福来たる」年末にめでたい系の所蔵作品を展示。大きなふくろうのオブジェを作り、皆で来年の希望や願いなどを貼り付けハッピーな年明けを願う。
準備	「町内ふくろうキャラバン」町内を回り、マスコットネームと「ふくろう音頭」の募集。「町おこしイベント」美術館の立地を活かし月二回フリマーケットを開催。「ふくろうロード」商店街の協力。ふくろうグッズの販売委託とワークショップなどのための人材開発。

テーマD
グループワークまとめ

グループ1

「海の見える町・心のふるさと美術館」

コンセプト	「地域コミュニティーと人間回復—アートで語って癒します」
コミュニティー放送	5万人の町民にコミュニティー放送で呼びかけ、館長を選挙で選ぶ。
イベント	美術館が地域コミュニティーの核となるように、イベントを開催。4月・地域の若者によるレストランをオープン、スケッチ大会。5月・町内対抗運動会。8月・盆踊り大会、元の学校の同窓会。
展示	「心のふるさと美術館」1部屋に1点、4〜6月に3回に分けて作品展示。作品それぞれに絵本の読み聞かせ、「昔を語ろう」、アートスポット巡りなどイベントを行う。7・8月に全作品を展示、9月にベストワンを1点だけ展示。アート市も行う。
学校との連携	高校生以下の児童約5,000人全員を美術館に招待。
新しい出会い	居住地域や世代を越えた町の住民や元住民のあいだの交流。

グループ2

「海猫町立・海の見える小さな美術館」

リニューアルの基本方針	地元の人が地元に向けて、「町の宝」と思える夢のある美術館を作る。
海猫町の状況	大都市から少し離れた海の見える小さな町。小学校8校、中学校6校、高校2校。七割ほどの世帯が三世代同居。
運営体制	365日開館（10時から18時、土曜日20時）。入館料は高校生以上200円、町民は無料（年間パスポートの発行）。寄付の募集、募金箱の設置などするが、基本的な財源は町の予算。アウトリーチに参加した人も含めて1万人の利用者を目指す（入館者数だけで評価しない）。
プログラム	基本方針は「やらないより、やったほうがいい」。「来てもらう系」町民からガラクタや古着を集めて、収蔵作品を再現する（日常生活のなかにアートがあることを感じる）。地元出身作家のルーツを探り、利用者が作品キャプションを書く。学芸員が作品への「想い」を解説。「押しかける系」駅、役場、病院、学校、商店街、どこにでも作品をもって見せに行く。長期プランとして、コンセプトの一貫した収蔵作品に整えていく。既存作品を売却した利益で地元の若手作家を育成。
新しい出会い	美術好きに限らず、町の誇りである美術館をサポートするボランティアを登録。

グループ3

「海の見える町・心のふるさと美術館」

基本コンセプト	「Wanted F. B. I.」作品収集から広がる人とのつながり
プログラム	FBIは「ふくろう市立・美術館・インスティチュート」の略。作品の「捜索願い」を出し、地元の作品、作家の情報を求める。地元作家の情報を収集する一方、ボランティア募集にもなる。元の学校の卒業者全員にDMを送り、作品を持ちよる同窓会を開催。学芸員と専門家のコメントと作品を持ってきた人が想いを語るプレ・イベント。「WANTED展」収蔵作品4点を、それまで集めた情報とともに展示。作品にまつわるストーリーの脚本を募集し、選ばれた作品を舞台上演（地元の市民劇団の協力）。

テーマD
グループ長報告

並木美砂子（千葉市動物公園飼育課主査）

1. 分科会のテーマと企画デザイン

分科会Dのテーマは、「人が集まるミュージアムのつくり方（企画とパブリック・リレーション）」でした。

a. 企画メンバーで共有されたこと

「いかに利用者や市民の力に依拠してミュージアム作りはすすめていけるのか」。分科会Dの企画メンバーで共通した思いはこのことでした。

単発の企画や著名な作品展示で集客することではなく、限られた予算や資源であっても、さまざまな可能性についてミュージアム側だけで考えるのではなく、一緒に考え、活動していける利用者パワー・市民パワーを知っていくことが重要だということです。

たとえば、ある現代美術館の高校生カフェが紹介されましたが、その運営に自主的に関わる高校生が、さまざまな企画を持ちこみ、地域で宣伝も担う様子が紹介されました。また、東京都写真美術館では、広報に人気漫画家がボランタリーに関わったことから、にわかに若い世代に口コミで美術館の話題がひろがり、来館者数にも反映していることも紹介されました。口コミは、信頼関係のある人々同士の情報共有と伝達ですから、友人知人同士の誘いあいが、実際に足を運ぶときのきっかけになることはよくわかります。さらに、神奈川県立生命の星・地球博物館の試みでは、ネット上であらかじめ自分の自慢作品を公開し、実際に展示室にそれをもってくるという企画を通じ、以前からの知り合いのように市民同士が仲良くなっていくということも紹介されました。

また、博物館活動を市民の力で創り出していく、そういうパワフルな活動を支援する「花王・コミュニティミュージアム・プログラム」助成活動も話題にのぼりました。

こうして、ミュージアムが、人々にとってどのような公共的空間であり、その可能性を押し広げる上で、ミュージアム側・利用者側の役割がそれぞれあるということ、とくに、市民のパワーへのまなざしを参加者でもちたいということが共有されたと思います。

b．テーマは「人を集める」なのか、「人が集まる」なのか？

当初、テーマ設定について、「人を集めるミュージアムのつくり方」か、「人が集まるミュージアムのつくり方」どちらにすべきかを考えました。この二つは、一見、真逆のベクトルです。前者はミュージアムの企画内容の魅力によって人を集めようとするもの、後者は「行きたくなる」「関わってみたくなる」人々の日常的な行動にそったミュージアムのあり方を考えることです。パブリック・リレーションを狭義にとらえれば、前者はいわば「あたる企画」内容とその広報宣伝戦略、と解釈されるでしょうし、広義にとらえれば、利用者自身が公共の空間のあり方を考え、博物館側とともにミュージアムをつくっていくこととととらえられるでしょう。

しかし、「人を集める」「人が集まる」どちらにしても、「企画すること」をテーマとした場合、結局はどういう企画をするとよいのかという話になり、「公共の場のあり方を問う」かたちでのミュージアム作りにはなりにくい、そういう危惧はたしかにありました。ただ、今回の「サミット」参加者の多くは、美術館をはじめ博物館側であるという点から、グループセッションは、企画を考える上で、「人が集まる」「集まろうとする」のはどういうことなのか考えてもらうという観点から、このテーマ「人が集まるミュージアムの作り方（企画とパブリック・リレーション）」に決定しました。

議論の中では、ぜひ「集まりたくなる」「行ってみたくなる」その動機についていろいろな場面を思い浮かべ、人々の生活やその中での文化的要求ということに思いをはせることが重要と考えました。

その際、リレーションを四つに分類し（①ミュージアム↑↓利用者、②ミュージアム↑↓未利用者、③利用者↑↓利用者、④利用者↑↓未利用者）、とくに②や④のリレーションが生まれるような企画が出てくるとよいと議論しました。たとえば美術館に行くことなんて考えたこともない人が、だれかに誘われて「行ってみよう」「のぞいてみよう」となるのはどういうときか、あるいは博物館が、これまで「利用対象」と考えてもみなかった人々の生活に役立つのはどういうときなのか、などを考えてみるきっかけになればよいということです。

c．事例報告として何をとりあげるのか

以上のことから、①博物館側の企画の例として、兵庫県立

美術館の、地域にうって出るさまざまな企画、②市民同士のむすびつきを強めた例として、神奈川県立生命の星・地球博物館のとりくみ、③広報に利用者の力を生かし、口コミでミュージアムの話題を拡げた東京都写真美術館のとりくみ、④参加者が楽しく自らの思いを表現できる企画を試みた横浜市立動物園のとりくみ、⑤市民がミュージアムを拠点とした市民活動を行い、それを財政的に支援する花王・コミュニティミュージアム・プログラムのとりくみを事例として報告してもらうことにしました。

限られた時間の中で、あまり詰め込み感のない事例報告にするにはどうしたらよいか、悩みどころです。事例への参加者からの質問などをどうやりとりするかも難しい状況が予想されました。しかし、切り口の違う事例はやはり必要ですし、参加者がインスパイヤーされることで、その後の議論も深まるということになり、時間は短めでも、配付資料などで補いつつ行うことで、企画グループでの一致をみました。

d．グループセッションのデザイン
その１：ツール、ファシリテーション、メンバー設定

今回、グループセッションで重視したのは、どのグループも「出発点」を同じにすることです。実際には、経営の厳しい風前の灯火の公立美術館が、限られた資源を駆使し、「人が集まりたくなる」企画をたてていくという、架空の（しかしもっともらしい、ありえそうな）状況を出発点にすえました。その際、具体的な利用シーンや利用者の思いを想像しつつ、企画と美術館作りを考えていくという内容にしてみました。

分科会D参加者には、あらかじめ、グループが何を議論するのか、その限られた資源や空間がどういったものであるかの情報の一部が、163頁に示した企画シートのような形で届けられています。海の見える小さな町の、廃校跡を利用した小さな美術館であること、年間二〇〇〇人程度しか利用者がないこと、所蔵作品は一一点とこれもまた少ないことなどです。ファシリテーターの役割は、なるべく、それぞれが思い描く、資源の「利用シーン」を具体的に出してもらい、メンバー相互でイメージを練り上げて、結果、人々が「集まりたくなる」企画に仕立てあげていくことです。ファシリテーターには、企画グループメンバーおよび、強力な助っ人を頼みました。

また、グループ内に、ミュージアム内部ではなく、必ず外部の参加者を入れることを重視しました。限られた条件設定で、「人が集まる」とはどういうことかを考えてみる上で、企画を考える側だけでは気づかない、利用動機や市民のパ

ワーへの関心を討議に入れたかったからです。

分科会当日は、あらかじめ届けられていた条件設定に加え、どのグループにも所蔵作品一覧、廃校跡の展示室のしつらえなどの情報が配布され、半年で一万人の利用者にどう楽しんでもらえるのかを話しあってもらいました。

e．グループセッションのデザイン
その２：寸劇手法の採用

「人が集まる」とはどういうことかを丁寧に想像し、経営の厳しい美術館が地域とともに再生にとりくむ課題に「自分事」としてとりくんでもらう、そんな参加デザインの仕組みとして、分科会Dでは、寸劇手法を採用しました。主人公である学芸員の「ナヤム」くんの立場に皆が立ってもらう上で、すんなりと役割意識が芽生えるだろうという意図からです。淡々と事例紹介が続くのではなく、ナヤムくんが自分の悩みを解決していくために、インタビューに出かけたり、仮想美術館の職員と議論する形の中に、事例紹介を埋め込み、最後にナヤムくんから会場（分科会参加者）に「ぼくの悩みを一緒に解決していってもらえませんか」と呼びかけ、参加者は「ナヤムくんへの提案づくり」をするという形に落とし込んだのです。

2．当日の分科会の状況

a．事例紹介から学べたこと

企画メンバーからの意見によれば、次のような点が共通して学べたこととしてあがりました（各事例紹介については、164～175頁を参照のこと）。

①神奈川県立生命の星・地球博物館の例（ナヤム君の自己紹介の形で）から
・「自然」と「人」が集まるところがミュージアム（自然史系の場合）。
・地域に出かけていってそこ（小学校）を会場に展示作りをすると、子どもたち以上に大人が元気になって、もっとやりたい、というふうになる。

②兵庫県立美術館の例（蓑館長より）
（ナヤムくんからのインタビューその一）
・地域の誇りになること。
・ミュージアムロードという名称を導入して、明るい感じにする。

図1　分科会Dの参加性を高める企画の流れ

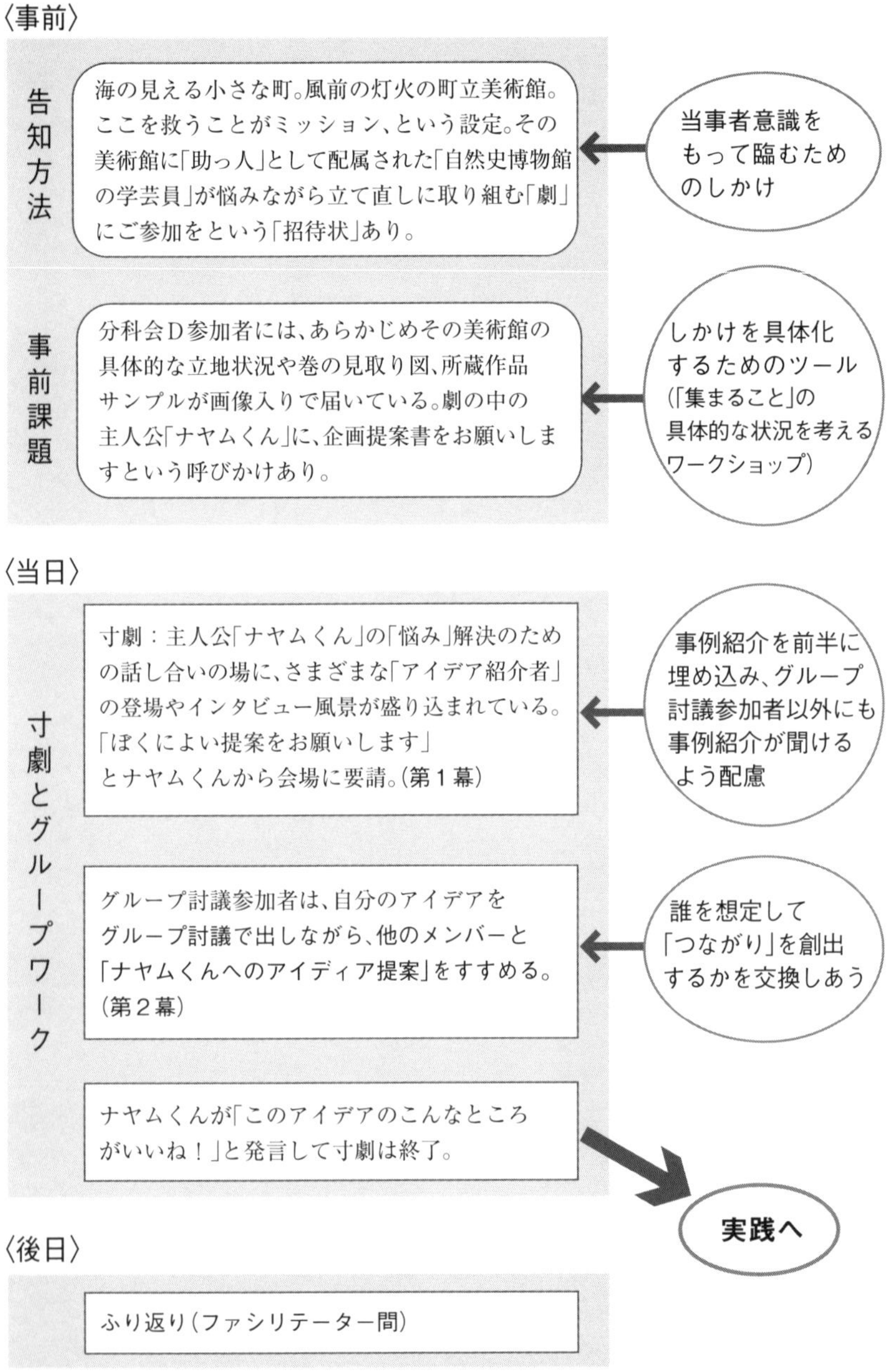
〈事前〉
告知方法
海の見える小さな町。風前の灯火の町立美術館。ここを救うことがミッション、という設定。その美術館に「助っ人」として配属された「自然史博物館の学芸員」が悩みながら立て直しに取り組む「劇」にご参加をという「招待状」あり。
当事者意識をもって臨むためのしかけ
事前課題
分科会D参加者には、あらかじめその美術館の具体的な立地状況や巻の見取り図、所蔵作品サンプルが画像入りで届いている。劇の中の主人公「ナヤムくん」に、企画提案書をお願いしますという呼びかけあり。
しかけを具体化するためのツール（「集まること」の具体的な状況を考えるワークショップ）
〈当日〉
寸劇とグループワーク
寸劇：主人公「ナヤムくん」の「悩み」解決のための話し合いの場に、さまざまな「アイデア紹介者」の登場やインタビュー風景が盛り込まれている。「ぼくによい提案をお願いします」とナヤムくんから会場に要請。（第１幕）
事例紹介を前半に埋め込み、グループ討議参加者以外にも事例紹介が聞けるよう配慮
グループ討議参加者は、自分のアイデアをグループ討議で出しながら、他のメンバーと「ナヤムくんへのアイディア提案」をすすめる。（第２幕）
誰を想定して「つながり」を創出するかを交換しあう
ナヤムくんが「このアイデアのこんなところがいいね！」と発言して寸劇は終了。
実践へ
〈後日〉
ふり返り（ファシリテーター間）

・バスケットコートを設置して若い人が足を運びやすくする。
・家族が一緒に楽しめる企画（ジブリとの企画「男鹿和雄展」や「水木しげる展」など）。
・美術館同士の協力で、所蔵作品の交換によって、同じ企画展をしてみる。
・タイトルの工夫（所属作品展ではなく、「麗子登場」というタイトルで、大成功）。
・人が集まると、学芸員もうれしい、人が集まるところに文化が生まれる。

③花王・コミュニティミュージアム・プログラムの例
（ナヤム君からのインタビューその二）
・ミュージアムを拠点とした市民活動を応援。
・助成をうけたことで、その団体の信頼度が上がる。
・自分たちが地元ミュージアムの資源を活用してプログラム化する。
・魅力度アップに市民が自主的に貢献する。
・美術館の敷居はどうしたら下がるのかを、実際に利用していく中で提言する市民団体。
・歴史のある市民団体が、被災地の市民団体と組んで復興支援にとりくむ。
・こうした市民のパワーの源は、「楽しさ」であり、それを周りの人と共有しようとしている。

④動物園（ズーラシア・野毛山動物園）の例
・動物と人との間のさまざまな軋轢や問題点を、参加者は「クルージング」の中で、劇の登場人物（職員）と対話しながら知っていく。
・子どもたちが、成長過程でいらなくなった「布」を使って動物を作り、それに会いに、また行こうという気持ちになってもらう、そういうリピートプログラムを考案。
・動物園の資源が、地域にどう役立つのか、貢献できるかを深く考える。

⑤東京都写真美術館の例
・存在感があること、「静かな賑わい」のあることなど、目標を明確に「文字」にして館全体で共有する。
・文化庁メディア芸術祭が六本木に移ってしまい、来館者約六万人減のところ、「恵比寿映像祭」を新たに企画して一〇〇名以上のアーティスト参加、四万五千人の来館者を迎えて新たなイベントとなっている。

・美術館にまったく関心のない人、特に若い世代に対して、美術館への関心や魅力的な職員紹介を漫画を通じて行った広報紙が人気。とくにそのネコのキャラクターが人気。「みんなが広報担当」という意識で広報活動を広く行っている。

b．グループセッション（企画作り）について

グループセッションでは、参加者は五～六名ずつ五つのグループに分かれ、それぞれに企画グループメンバーが「舞台から降りて」加わりました。ファシリテーターを務めた企画メンバーもいますし、このファシリテーターをあらかじめお願いしておいた協力者もいます。

グループの作り方はなるべく「ミュージアム関係者」とそれ以外の方を一つのグループに入れ込むことを心がけましたが、所属名だけからではなかなか実際の毎日の業務はわからず、その点の確認があってもよかったかと思います。

また、「企画」提案をする上で、さまざまなアイデアはもちろん、段取りなどもを文字化できるよう、ワークシートや付箋紙を利用してもらい、最後はプレゼン用に模造紙に書き込む形をとりました。

c．各グループのから提案された企画

傾きかけた美術館のネーミングも含め、どのような企画提案がなされたのでしょうか。それは176・177頁にまとめてありますので、そちらをご覧ください。

3．企画メンバーおよびファシリテーターによるふり返り

後日、ファシリテーターを努めていただいた方も含め、集まれるメンバーで簡単な振り返り会を行いました。

サミット基調講演との関連を含め、この分科会Dの「分科会参加者の参加性を高めるデザイン」やそのための「ツール」がどうであったかという観点から、当日を思い出しつつ、自由に語っていただきました。

Aさん：美術館関係者だけでなく、歴史系、理工系、動物水族系などの多方面からの参加ができるともっと違ったアイデアが出てきて、示唆的なものになったかと思います。

Bさん：蓑先生のコメントは「展示室に来館者がいれば、学芸員もうれしいでしょ」。アイコンタクトしながらの蓑先生との応答、数秒あったでしょうか。この瞬間、私はすっかり「素の自分」に戻っていました。さまざまなことが頭をよぎりました。そして、勇気がわいてきました。この寸劇は私の

ためにあるのだとも思ったくらいです。話しあっている企画案が、本当に実行できるんじゃないか、という気になってしまいました。集まるということ、とにかく足を運んでもらうということ、ここに徹することの楽しさに気づきました。

Cさん：さまざまな考えをもった参加者が即席で企画チームを組むという一見無茶な設定でしたが、やってみるとむしろ普段の職場より本音を出せているのでは？　と思うくらいざっくばらんな雰囲気で驚きました。

Dさん：「企画をたてる」ことの意味は、本当は、そこに足を運ぼうとする「具体的な人々の状況が思い浮かぶ」ということだったと思うが、「人が集まってくる『企画作り』」をするというやや表面的なことになってしまった感があります。ツールとしての「つながり」シートは使わなかったし、事前課題をすることの本当の意味は伝わっていなかったと思います。もっと、ミュージアムに縁遠い「生身の人」を、口説くようなスタイルがとれると面白かったかもしれません。参加者がそれぞれ企画アイデアを考えてきましたが、一つひとつをとりあげるというよりは、そこで出されたストーリー（想定された利用場面）を皆で紡いでいくというような形をとりました。農村の美術館に、雑誌企画で人を送り込むなんて、斬新なアイデアもあり、ほかのひとの企画案とマッチングさせるというファシリテートをしました。

Eさん：事例紹介は、シンプルにやってもよかったかもしれません。なぜその事例なのかということが伝わりにくかったと思います。現場に入り込むという意味での臨場感は寸劇で味わえましたが、事例の「生かすべきところ」について、丁寧さがほしかったし、それは「寸劇」のなかでやるべきことではなかったかと思います。また、事前課題をしてきたことが、かえって、自分のアイデアにこだわりすぎることもあり、当日、条件シートをもらってそこで考えるのも手だったかと思います。

Fさん：蓑先生の事例紹介がとても強烈な印象でした、これほどのアイデアがあるのかと。ツールについては、「つながり」を考えるシートよりは、勝手にどんどんアイデアを書き込んでいけるメモ用紙が活躍しました。ほかのグループの発表を聞いていて、同じ素材なのにこれほど違う使い方を考えるのかと、おどろきました。一人、医療関係の参加者がいて、地域がどういう場所なのかどういう人が暮らしているのかを知らないかぎり、なかなか企画はしにくいというお話しをされていて、作品ありき、美術館ありきから入るのではない、その地域の人々にとってどう役立つことができるのかという視点を提供していただいたかと思いました。

以上が、主な感想とご意見でした。

4. 企画グループ長としてのふり返りと今後の課題

最後に、グループ長としてふり返ってみます。

やや残念なのは、「パブリック・リレーション」をどう考えるかとらえるかについて、深くはふれずに、課題である「企画作り」に入ってしまったことです。本来、分科会Dが追究すべき、人と人のつながりがうまれること、ミュージアムと人のつながりがうまれることを、公共空間であるミュージアムの機能として考える意義をもっと追究できたら良かったと思います。また、公共性との関係で言えば、所有している作品を売って運営資金にしたり、それでほかの作品を購入したらどうだろうという意見が出ましたが、いったい「作品の価値」や「所有すること」「売ること」について、誰が誰のためにそれを決めていくのかも、考えるべき重要な問題です。これらについてもう少し時間をかけるべきだったと悔やまれます。

一方、この「つながり」創出だけではなく、すでにある「つながり」に対してミュージアム側が足を運んでいくという発想は、これからのミュージアムが向かう先として重要かと思いましたし、癒しや福祉的視点、日常生活とアートのつながりといった発想が、グループ内のさまざまな背景をもつ人とのアイデア出しの中で紡ぎ出されたことは大きな成果だと実感できました。とくに、「海の見える小さな町」がどういうところなのか住民構成を想定してみたり、美術館の名付けを考えるなかでコンセプトを明確にしたこと、また、企画を成功させるしかけや仕込みまでミュージアム活動として位置づけていくことは、それぞれがこれからの仕事でも充分生かせることだと言えます。

なお、分科会の仕立てについてですが、「寸劇」という手法は、課題意識を共通に持ち、問題を「自分化」する上で評価できたと思われます。また、具体的なミュージアムの状況と課題設定を明確にして、劇の主人公への提案という形をとることで、自由な発想をもたらす可能性もあったように思います。つまり、「これは劇の中のこと」と割り切ることで、ありそうもない・できそうもない、けれども、もしかしたら可能かも……と自由な想定ができる点で、「仮想の美術館たてなおし」はとりくみ易かったのかと思います。

本来は、図1「参加者の参加性を高める企画デザイン」について、すべてのファシリテーターが自分の役割を理解することができればもっとよかったのかと思いますが、この「仕立て」がやや複雑であったため、限定された時間の中で、消化不良に陥ったかと反省しています。紙ベースで議論のプロセスをきちんとおとしていくための、いくつかのワークシートを用意しましたが、それらがあまり使われなかった理由は、ふつふつとわくアイデアをとりあえず文字に落とすこと と、それを整理してシートに記入していくには、ワークシートに「何を記入すると、次にどう生かせるか」の見取りがしにくかったことが原因の一つです。アイデア出しのツールと、「記録のため」のツールはなかなか両立しにくいのだと思います。専任の記録係がいて、少し俯瞰的な立場で関わりつつ、そのシートに文字を入れていく作業をしないとできないことだと思いました。

その「記録」という点では、もう一つ、思考過程を整理する上での「個人作業」と、発想の交換やほかの人のプランをどう理解するかという「グループ作業」の時間の区分けがきちんとできるとよかったかもしれません。各ファシリテーターにその時間区分けを委ねてしまいましたが、少し時間的な刻みを用意して進行してもよかったと反省しています。

また、サミット全体のミッションと関連させたグループセッションのあり方については、あまり意識せずに取り組んでしまったことも反省の一つです。ほかの分科会が、何を、なぜ目指しているか、そのことには一切触れずにグループセッションに入ってしまいました。もし、参加しなかった分科会グループとの成果交流が可能なら、もっと得るものも多かったかもしれません。成果交流を、ワールド・カフェ方式にしてみたらどうだろうかと提案したいと思います。

もっとも望ましいのは、参加者の皆さんが、交流して出されたアイデアについて、もう一度ふりかえってそれぞれの毎日の業務に反映させていけることでしょう。企画グループの一員でもあり、ファシリテーターとしても関わったBさんの発言にあるように、「これはもしかしたらできそうだ」と確信をもてるような体験をすることが重要なのです。その意味では、サミットが終わってそのふり返りの仕組みがつくられ、相互に具体的にどのような変化が起きているのか、ミュージアムと市民とのあいだに何が作られたのか、というような情報交流が継続的に可能になっていくと、より理想的だと思います。参加者のお一人から、「このサミットのあと、自分の町の小さな郷土博物館をもう一度友人と訪ねてみようと思いたちました」とメールをいただきました。こういう具体的なアクションがうまれていくことこそ、サミットの目的の一つなのではないかと強く思います。

16:40～
【国際会議場】
総括討議
討議者：各分科会委員長、ジョン・ホールデン、福原義春
司会：栗原祐司
100人で語るミュージアムの未来Ⅱ
KASHINA
TATEHATA
MIZUSAWA
MINO

全体討論

ミュージアムはどこへ向かう?

発言者:

〔各分科会委員長〕高階秀爾/建畠晢/水沢勉/蓑豊

〔各分科会企画グループ長〕佐々木秀彦/小川義和/岡本真/並木美砂子

福原義春(かながわ国際交流財団理事長)

司会:栗原祐司(文化庁美術学芸課長)

栗原:それではプログラムの最後に、全体討論を行いたいと思います。

まず各分科会の委員長にコメントをいただき、その後でグループ長に補足をしていただきます。せっかくですので、各分科会についてだけでなく、今回のサミット全体について、また課題や次回へのご提言も含めて、総括的なご意見をいただければと考えております。それでは、「マネジメント分科会」の高階委員長からお願いします。

「価値」をいかにして伝えていくか

高階:このサミットでは、広い意味でミュージアムにつながる多様な人たちが集まり、分科会でもさまざまな問題が提起されました。それは私たちにたいへん重要な示唆を与えてくれたのですが、同時に、これだけ広い意味でのミュージアム関係者がいて、それぞれの課題にとても強い関心を持っていながら、ミュージアムが抱える問題や、ミュージアムの目的ないしは役割についての理解は必ずしも共有されていないということに、改めて気づかされる結果にもなりました。マネジメント分科会では特に現場にいる人間、つまり学芸員やアーキビストのような人たちと、一方で公立であれば地方自治体であったり国であったりという設置者側との間で、館の目的ないしはミッションに対する認識違い、ないしは理解不足があることが問題になりました。重要な文化遺産を伝える、活用するということは共通していても、目的ややり方について共有していなければ、実際にどうしていいかわからない。具体的には人員の配置や予算の配分について食い違いが出てきます。それをどう解決すればよいのだろうか、という点が議論になりました。

高階秀爾氏

　そしてその解決ためには、何が重要なのかを現場からいろいろ示す必要があるわけですが、今、価値や重要性を示すときに、利用者数、収入といった数値で常に示されます。これらはもちろん重要な成果ですが、それだけでは不十分です。これ昨日の全体会でも話題になりましたし、今日の基調講演でもホールデンさんに三つの価値の間の葛藤についてお話しいただきましたが、定量的ではない、定性的な価値をどのように伝えるか、これは非常に重要な問題です。本当に大事なものについて、必ずしも大事とは考えていない人にどうやって価値を伝えるか。これは質の問題に関わります。

　これを分科会で考え、さまざまなやり方が提案されました。結論と言えるものは出ていませんが、これは継続して話しあっていくべきでしょう。今回のようにさまざまな分野、あるいはさまざまな立場の人々が直接、顔の見える関わりの中で語りあうことが、たいへん重要な役割を果たすだろうと思いました。ミュージアムに関わる重要な問題について、このように多分野の人たちが直接膝を交えて語りあうような形式は、ぜひ今後も続けていっていただきたいと思います。

　今回、たとえば文化政策についての議論が出て、ホールデンさんからイギリスの例もご紹介いただきましたが、たとえばミュージアムに関わる文化庁や経済産業省など、さまざまな所管に関わる問題をどのように統一して、一つにまとめた力にしていくか。そういう戦略的なことも考えなければなりませんから、それはミュージアム内部だけではすみません。国の立法とも関わるので、国会議員の間にも理解を求め、現場の人たちの間でもグループを作り、今後も連絡を取りあって声を上げていくような方向も考えられないだろうか、という話題も出ました。そのようなことも含めて、私はたいへん大きな成果があったと思います。

栗原：公立博物館では、評価の名のもとに予算や人員が削減されるということがあります。最近も「事業仕分け」がありましたが、事業仕分けの対象になったら最後、結局は削られるのだろうという予測があり、対象となること自体に現場の理解を得るのが非常に難しかったということもありました。じつはミュージアム側にも反省があるのですが、評価であるとか、事業仕分けであるとか、そういったものに直面して慌てて説明を用意するのではなく、所管する省庁や自治体の職員、あるいは議員といった人たちに、日頃から現場のことを知ってもらう努力が大事なのではないでしょうか。それをこれから、関係者が手を携えてやっていかなければならないのではないかと思っています。

図書館の関係では、日本図書館協会が国会議員に対するロビー活動をしています。日本博物館協会などでも、そういうことをやったらどうか。以前からの課題ではありますが、積極的なご検討をお願いしたいと思います。

マネジメントの分科会は、テーマがテーマだけに生々しい議論も出まして、若い方にもぜひ聞いてもらいたい内容も多かったように思います。いろいろな課題や問題があるのはわかった。それでは、そのことを踏まえて、これからどうするのか。グループ長の佐々木さんからは何か補足はあるでしょうか。

佐々木：この分科会では、できるだけ具体的かつ有効に、もしかしたら明日からでもやれるものを出しあうことを心がけて皆さんに議論していただきました。その中で私が大事だと感じたことの一つは、収支の問題です。特に公立のミュージアムにとって、どのような収支バランスが妥当なのかという検討は、意外と深められていません。少し時間はかかるかもしれませんが、そういった調査研究をきちんとやり、ミュージアム界の外の方にもご協力いただいて、皆が使えるようなものを打ち立てていく必要があるのかなと思いました。

栗原：続きまして、「リテラシー分科会」の建畠委員長、コメントをお願いします。

ミュージアムによる「緩慢なる市民革命」

建畠：ジョン・ホールデンさんの本質的価値、手段的価値、共同体的価値についてのお話は、私にとっても大変示唆的でした。この三つの要素はともすれば択一的に考えられがちであり、私自身もそのようなことで悩んでもいました。

手段的価値を考えると、芸術というものが、あるいは美術館というものが共同体の健全な育成に寄与するのか、しないのか。あるいはそれがコミュニケーションのための手段になりうるのか、ならないのか。もし共同体の育成にも寄与しない、コミュニケーションツールにもならないとすれば、アートは不要なのか。しかし、そうではないわけですね。一方で、もう一つの本質的価値を考えれば、アートは自己目的なもので、クオリティーだけを問題にすべきだという極論もありえます。

建畠晢氏

社会的、政治的なことも含めてより深く考えると、それらは択一問題ではなく、相互に深く連携しているのだというホールデンさんのお話に、私は非常に勇気づけられましたし、分科会での討議にも基調として大きな影響を与えました。たとえば美術館について、個に立ちかえる場所であるという意見と、社会が連携し共感する、コミュニケーションや交流の場であるべきだという意見と、二つの意見があります。両者は対立的に考えられがちなのですが、分科会では基調講演の内容を踏まえて、二者択一ではないだろうという議論になりました。多様で多文化的な社会、寛容な社会というものを考えるならば、個に立ちかえる場所――芸術家にとっては純粋芸術を追求する場所、鑑賞者にとっては自分自身のアイデンティーに立ちかえる場所、と言ってもいいかもしれません――が、じつは結果として深い共感とコミュニケーションに結びついていくのだという視点が、ホールデンさんの講演から得られたように思います。

さて、分科会Bのテーマであったリテラシーですが、今の社会は、ミュージアムも含めて非常に情報が過多であり、情報過多であるがゆえにコミュニケーション不足に陥っています。その中で、私たちはどのようにしてミュージアムを読み取っていくのか。社会からミュージアムをどう読み解くかという側面と、ミュージアムが社会をどう読み解くかという側面の両方があると思います。

ミュージアム・リテラシーとは、「ミュージアムを適切に使いこなす能力」ととりあえずは言えると思いますが、それだけではない。この点については、分科会を企画する段階でグループ長の小川さんとも話しあい、意見が一致した点なのですが、そもそも「使いこなす」という発想は、ミュージアムはよいものだという前提に立った上での発想ですね。しかし私は、ミュージアム性善説には立ちません。別に性悪説に立つわけではなく、ミュージアム＝いいものではない、ということです。ミュージアムも、あるいは学芸員も独善性に陥りがちです。しかし、市民の側がミュージアムを批評的に読解する能力を持つことによって、学芸員、あるいはミュージアムも独善性を修正することができるだろうと思います。市民社会の側のミュージアムに対するリテラシーが、学芸員、あるいはミュージアムの側の、社会に対応するためのリテラシーを涵養していくだろうという前提があります。これが、分科会の背景となる考えであったように思います。

ただ、肝心の「市民」とは何かということは、はっきりしてないわけですね。とりあえず地域社会の住民や納税者と考えることができますが、ミュージアムには観光客も来ますし、外国人も来ます。あるいは市民意識というものが、地域住民に涵養されているわけでは必ずしもない。しかし、市民社会を前提としてミュージアムは成り立っている以上、ちょっと順番は逆になりますが、事後的であれ市民と呼ばれる人々を創出していかなければ、ミュージアムは生き延びられないだろうと私は思います。それをちょっとキザな言葉ですが、「美術館による緩慢なる市民革命」という言い方をしたことがあります。あくまでもミュージアムは、社会的な基盤の中で位置づけられることによって健全なあり方をするはずです。そういう意味で、「リテラシー」とは非常に刺激的な視点になりうると思います。

分科会は、そのように非常に有益かつポジティブに、最終的には美術館、博物館というものを肯定する方向で進みました。今回の議論がたいへん豊かになったのは、美術館、自然史系と歴史系の博物館、文書館、図書館といった、ふだんは一堂に会せないような人たちが、同じテーマのもとに集合して議論を交わすことができたことが大きいと思います。もちろん専門家だけで集まれば問題もおのずと共有され、すぐに専門的な話に入っていけるという良さはあるのですが、今回は幅広い意味でのミュージアムの関係者が集まったことで、美術館の人間である私にとっても刺激的でしたし、文書館や自然史系の博物館の方にとっても、何か得るところがあったのではないかと想像いたします。

最後に一つだけ、別の分科会になりますが、私も強い関心を持っているアーカイブズについて付け加えておきます。アーカイブは、これから非常に重要な問題になってくると思います。私は「創造のためのアーカイブ」と言っているのですが、アートで言えば、アーティストにとっての生産の現場におけるアーカイブの意味というものにも踏み込めるのではないか。たとえば古くはフロベール、あるいはヴァルター・ベンヤミンのパサージュ論などは、アーカイブズとして一つの作品が成り立っているわけです。このように、アーカイブ自体が創造行為として成り立っているのではないかという発想が、もっとあるといいと思います。わかりやすい例を出しますと、クリスチャン・ボルタンスキーの作品とか、あるいは河原温の《デイト・ペインティング》や杉本博司の《海景》といった作品など、独創的、創造的な仕事でありながら、アーカイブズとしての性格も持つものがあります。そのような議論を包みこむところまで踏み込めればいいなと、夢を見ています。下手をするといい加減な思いつきになりかねないので、今は発想をお話しするにとどめますが、美術館も広い意味ではアーカイブズであり、それはさまざまなドキュメントを蓄積する施設であると同時に、その展覧会なり美術館の活動なりがある種の創造性を帯びてくることの説明にもなるのではないかと考えています。このようなことも、これから継続して議論していければと思います。

栗原：ありがとうございました。私も「緩慢なる市民革命」とは名言だと思っておりました。皆さんにも、建畠さんのご意見を踏まえた実践をお願いできればと思います。

私も市民革命を進めるべく細々ながら頑張っておりまして、日本ミュージアム・マネジメント学会で一昨年は「マンガに見るミュージアム」、昨年は「映画に見るミュージアム」という発表をしました。次は「小説に見るミュージアム」を、池澤夏樹さんの作品なども紹介しながら発表したいと考えています。ふだんミュージアムに足を運ばない人たちが、マンガや映画、あるいはドラマなどを見てミュージアムのことをわかってくれるとよいと思います。いろいろなやり方で現場の苦労であるとかミュージアムの裏方であるとかを知ってもらうよう、今後ますます努力するべきではないでしょうか。一般市民の間にいかにこのミュージアム・リテラシーを高めるか、それについて分科会でも議論があったと思いますが、グループ長の小川さんから何か補足はありますか？

小川：先程、建畠委員長からお話がありましたが、館種が異なる機関が集まったことで非常に大きなパワーが得られたと感じました。このように館種が違うメンバーで、ミュージアム・リテラシーという言葉について共通に話す場を持てたことは、一つの大きな成果だと思っています。

分科会では、まず本質的価値とは何かという点についての議論があり、その本質的価値がどのようにして手段的価値や共同体的価値に移っていくのか、という議論になりました。その価値が移っていくプロセスをつなぐのが、ミュージアム・リテラシーなのではないかと私は考えています。そのプロセスを分科会に参加した皆さんにも踏んでいただいたのだろうと思います。残念ながら時間がなくて完全にまとめきれてないところが若干あります。

もう一つは、リテラシーというとどうしても個人の能力に焦点があたりますが、実際には個人と社会相互のものではないでしょうか。先程、市民の話が出てきましたが、個人と社会の関係はどうあるべきかが今後の大きな課題になってくると思います。そのとき、ミュージアムは個人と社会の結節点になりうるのか。結節点として機能するには、どのように振る舞えばよいのか。個人と社会をつなぐことが、これからのミュージアム・リテラシーにおいて大きな課題になると感じました。

栗原：ありがとうございました。それでは続きまして、「アーカイブズ分科会」の水沢委員長にお願いいたします。

デジタルの「ゲートキーパー」の必要性

水沢：まず、最初の池澤夏樹さんの基調講演から振り返り、全体を考えてみます。

池澤さんの発表でもっとも強烈だったのは、「消費の津波」という言葉でした。美術館、博物館ともに文化的な消費の装置であるという側面を持っていますから、そこをどのように意識し、調整していくかは必要だし、もっとも重要な問題であると思います。その「消費」の中には、「情報の津波」も入っている。それはペアになっていると思うんですね。情報というものの津波が襲ってくる、それが現代の文化状況と言ってもいいと思います。池澤さんも、それをまず前提として考えながらおっしゃったと思います。

また、ホールデンさんの講演に「ゲートキーパー」という話が出ましたが、「ゲート」という言葉が非常に印象に残りました。美術館でも、図書館でも、文書館でも、館には扉があり、その扉が開け閉めされるわけですね。開きっぱなしでは扉ではない。閉めっぱなしでも扉ではない。開け閉めできるから扉です。当たり前のようですが、それが大事なことだと思いました。美術館や博物館や資料体がどのようにして公共財になるかを考えるとき、「扉」という、メタファーではあるが、現実のリアリティーでもあるものをよく考えなければいけないのではないでしょうか。

池澤さんの素晴らしい講演を聞いて、池澤さんこそ、個人的な美術館リテラシーの名人だと思いました。一人静かにゲートを開けて、中にある作品に出会い、そこに恩寵を感じて、そこからまた扉を開けて旅だって、たとえばタヒチのゴーギャンの美術館まで行く。そして、今度はオリジナルの場所まで見つける。美術館には、そのぐらいの魔法をかける力があるというのが、私が聞いた池澤さんのお話のエッセンスです。

水沢勉氏

　また、ホールデンさんのお話を聞いていてとても印象に残ったのは、やはり美術について、価値観の階層が壊れている、変化している、ということです。今までの秩序とは違うことが非常にはっきり説明され、それを興味深く聞いておりました。一つはアート。これは言うならば大文字の、安定した、誰が見ても立派、というアートです。

　二つ目のコマーシャルアートですが、これは、このような言い方が許されるかわかりませんが、小文字のアートだと思うんですね。だからポップアーティストも、自分はアーティストだと言える。そう言うと以前は変だと思われたけれど、今は誰も変だとは思わない。何か文化の質が変わってきている。

　それから三つ目。これもホールデンさんが指摘された非常に重要なアートのあり方ですが、ホームメイドのアートというものがある。私はこれを聞きながら、大文字のアーティスト、小文字のアーティストと来たので、このホームメイドはアートラバーズかな、と考えていました。このように多様な芸術のあり方を私たちは考えなければいけない。その中で美術館のあり方も変わってくる。当然小文字のアーティストにも門戸を開き、ファッションショーを開いたりロックミュージシャンがコンサートをしてもいい。もう一九六〇年代に「オフ・ミュージアム」の思想が出たころから、そういう傾向は表れてはいましたが、その意識が美術館経営、マネジメントの問題なども巻き込んで、かなりリアリティーを高めているということなんですね。それはイギリスでも日本でも同じではないかと思います。

　そのとき、もう一つ近づいてくるAがある。大文字のアーティスト、小文字のアーティスト、アートラバーズ、そしてアーカイブズのAです。これも多量の情報の塊です。美術館の扉の中に入っていたり外にあったりするわけですが、このアーカイブズというものを僕らが受け止めなければいけない時期が、確実に来たのです。今まではアート作品があり、大文字・小文字のアーティストがいて、アートラバーズがいましたけれども、それにまとわりついて一番コントロールしにくいアーカイブズというものも、私たちはもっと受け入れなければいけない。それに対する扉の開け閉めをしなければいけなくなったのが、今ではないかと考えています。

ただ、今回のミュージアム・サミットで私たちがそういう意識を強く持つことになったのは、やはり東日本の大震災で、いってみればゲートが壊れたということがあると思います。私たちが開け閉めしている扉も壊れてしまった。博物館、資料館が壊れ、そうなると、そこにあるべきアーカイブズもすべて壊れる。デジタルアーカイブズも壊れてしまい、ハードディスクも救出しなければならない。いろんな問題が起きたわけですが、ゲートが壊れたことにより、私はアーカイブズの意味にはっきり気づいたんですね。壊れたことによって、アーカイブされなかったらどうなるんだろうと、かなり強く目覚めたと思います。分科会の中でも非常に重要な発表の一つだったと思いますが、震災を記録するための映像をウェブ上に次々とアップしていくという、ヤフーのプロジェクトについて紹介がありました。言ってみれば、津波が起こした出来事の情報的な津波を、また受け入れることだと思います。まずはそうすることによって、アーカイブする対象を定着させていく試みがデジタル空間で行われていることも、またたいへん大事なことだと感じました。そういうことが起きていると聞き、デジタルな情報を例として見せていただいたりして、そういうものが確実に機能している時代に入っているのだということを、改めて強く認識しました。私などはアート・ミュージアムにいる人間なので、オリジナル信仰にかなり凝り固まっていますけれども、そのこともしっかり理解した上で、アーカイブズも考えなければいけないと思いました。

結論めいたことは言えませんが、もし、そのゲートというものが美術館にあるとして、それを開け閉めする——マネジメントする、リテラシーを高める、パブリック・リレーションをもっと付加する、活性化する。いろんなことを考えて、扉がより開け閉めされるようにすることがポイントであると思います。それと同時に、もう私たちは、これも適切な表現かはわかりませんが、ゲートという言葉にアポストロフィがついているようなデジタルなゲートも持っています。このデジタルなゲートの開け閉めもしなければいけない。デジタルなゲートのキーパーでもあることの意識を、持たないといけないのだと思いました。

栗原：私も、東日本大震災というのはやはり博物館関係者だけではなく、図書館、公文書館関係者も含めて、アーカイブズということの意味を改めて強く感じさせる機会であったと思います。何より重要だと思いますのは、これをきっかけに、ミュージアム、ライブラリー、アーカイブズ（ＭＬＡ）の連携が進んでいることではないでしょうか。アーカイブズの分科会でＭＬＡ連携を含めた議論がなされたことは、非常によかったと思います。この分科会は、グループ長の岡本さんがグイグイと引っ張り、ユーストリームを使って議論そのものもアーカイブするということで、たいへん緊張感のある議論が行われたのではないかと思います。オーソドックスな議論の進め方で、とても真剣な、かなり突っ込んだ専門的な議論が行われたのではないでしょうか。岡本さんから何か補足はございますか。

岡本：震災のお話が出ましたが、震災によってアーカイブに対する認識が非常に高まったと同時に、扱いが難しくなったとも感じました。アーカイブという言葉の認知度が社会的に広がったこと自体はおそらくよいことだと考えられるのですが、一方で災害に関するデジタル写真のアーカイブズに対してのみ認知が進むということは、けっしてよいことではありません。ミュージアムにおけるアーカイブズの問題も、歴史資料の問題も、日常を記録していくということも、同じように重要だと考えています。

分科会の中で、あるものを「未来に残していく」といったときに、どれぐらいの未来を想定すべきなのか、という議論も出ました。確かに一〇〇年後、一〇〇〇年後という話もあるし、あるいは明日役に立つものをとっておくというような感覚もありうるのではないか。歴史的な時間の中で何かを残していくという重大な使命感のようなものと同時に、今日の楽しさを明日友だちに伝えるという行為も一つのアーカイブであるわけです。アーカイブと呼べるすべての行為、あるいはそこに込められた考えや意義がすべて震災と結びつけられてしまう、震災に巻き取られてしまうということは、アーカイブズを広める上でよいこともありますが、一方でアーカイブズの持つ意義や可能性を極端な一面だけに閉じ込めてしまうという不安は感じています。そういうこともあり、分科会の中では震災も含めて幅広い討論ができてよかったと思います。それは、参加者の方々の多様な視点をとにかく持ち込もうという姿勢のおかげなのかなと考えております。

栗原：では最後に、「企画とパブリック・リレーション分科会」の蓑委員長。私が見ていた中ではもっとも積極的にグループワークで発言されていたように思いますが、いかがでしょうか。

従来にはない切り口の発想で取り組む

蓑：ミュージアム・サミットも八年目を迎えました。ここにいる先生方と一緒に、いろんなことを考えながらやってきましたが、一番のリーダーはかながわ国際交流財団理事長の福原さんです。福原さんがいなかったら、このような素晴らしいサミットはできなかったと思うので、この場を借りてお礼を申しますし、今後も何回も続くことを祈っています。開始から三回目までは、外国の著名な美術館の館長さんを招待していろいろお話ししていただきました。そういう人たちにお会いできたのは本当によかったのですが、あまりにも私たち日本の美術館、博物館との違いが大きくて、あまり効果的ではなかったかもしれないという反省もありました。そこで四回目からは参加型のミュージアム・サミットになり、また今回は、美術館だけでなく博物館、動物園、アーキビスト、企業の方も参加されて、また新しいミュージアム・サミットが開かれました。これからも、このミュージアム・サミットから素晴らしい文化を発信していきたいと思っています。

蓑豊氏

今回のホールデンさんの基調講演の中で、私が考えていたことと同じだと感じたのは、これからの美術館、博物館を維持するには、子どもに教育していくことが必要ということです。子どもたちの身近に芸術や歴史に触れられる場をつくり、身体の中に入れていかないと、非常に貧しい世界になっていくのではないでしょうか。これからも皆さんと一緒に、皆さんがやっているお仕事の素晴らしさを子どもたちに伝えていってほしいと思います。

この二日間、皆さんと一緒にお話しでき、個人的にもいろいろなことを学ばせていただきました。私は、「企画とパブリック・リレーション分科会」の担当でした。たいへんクリエイティブなやり方をとったことで楽しくできたのですが、どうしたら人が来てくれるのだろうと本当に必死になって考えた結果、今までの美術館運営、博物館運営にないことが出てきました。特に看護とか健康といったキーワードが出てきて、とても興味深いものになりました。

初日にどなたかが、「人が来る」ということには何も特効薬はないんだとおっしゃいました。これから自分たち自身が薬を作っていかなければならないことを、今回の分科会の皆さんと一緒に話した中で感じましたし、いろんなアイデアを皆さんから受け取りました。
　話を聞きながら、一つ思い出したことがあります。米国スタンフォード大学ビジネススクールのチップ・ハース教授と弟のダン・ハースが書いた*Made to Stick*（邦訳『アイデアのちから』日経BP社、二〇〇八年）という本がありますが、その中で彼らは、人の記憶に残り、行動を促すような言葉についての法則を六つ挙げています。これは博物館・美術館の世界にも通じると思うのでご紹介したいのですが、一つはシンプル、単純明快であること。二つ目はアンエキスペクテッド、意外性があること。それからコンクリート、具体性がなければいけない。そしてクレジブル、信頼性もないと駄目。次にエモーショナル、感情に訴える。企画展にも通じる話ですね。最後がストーリー、物語性があることです。展覧会を企画する場合でも、今までのようにただある作家の名品展、ある館の名品展という時代は終わったと思います。皆さん素晴らしいアイデアをたくさん持っておられるのですから、そのアイデアを一つひとつ実現したら素晴らしいことができます。ストーリーのある仕事を頑張ってやっていけば、たくさんの人が興味を持ってくれます。この六つの法則を、ぜひ皆さんの心のどこかにしまっておいて、使っていただけるといいなと思います。
　やはりこれからは、まず地元の人に好かれる、地元の人たちにとって誇りになる博物館、美術館にしていきたいと思います。まず地元から発信しなければ、外からは絶対に発信できません。地元が誇りを持てば、それが自然と世界へ広がっていく可能性が出てくると思います。

栗原：「企画とパブリック・リレーション分科会」では、グループ長の並木さんのアイデアで、寸劇仕立ての非常にユニークな手法が取り入れられました。最後の発表を私も聞かせていただきましたが、館長の選挙をやったらどうかとか、三六五日開館したらどうかとか、この際作品を売ってしまってはどうかとか、いろいろ刺激的な意見もあったようです。さて、ナヤム君は問題を解決したのでしょうか。並木さん、よろしくお願いします。

並木：そうですね、解決には至らなかったのですが、触発されたと思います。たとえば東京都写真美術館の事例報告で紹介された「静かな賑わい」というキーワード、神奈川県立生命の星・地球博物館の事例で触れられた市民のパワー、それから花王・コミュニティミュージアム・プログラムでは、

パワフルな市民によるNPOが被災地まで出かけていき博物館を支援している事例も紹介していただきました。時間との関係で少し残念だったと思うのは、そういったパワーの源流のようなことについて、シェアしきれなかったことです。

また、今回の分科会全体として、萌芽的に見られたと思うことの一つは、パーソナルな私的・親密な空間と、パブリックな空間の重なり、二つの境界がゆるゆると揺れている感じです。これはとても興味深く、ミュージアムがこういった境界に位置するということで、そこに立脚した活動に自信を持って踏み出していけそうな気がしました。

栗原：どうもありがとうございました。

これで四つの分科会すべてのお話を聞きましたが、たいへん有意義な論点がたくさん出てきました。ここで私から、ホールデンさんの講演にもありました文化政策について簡単にお話しします。文化庁の平成二三年度予算は一〇七〇億円程度、政府全体のわずか〇・一%と非常に少ないのですが、毎年確実に増えております。政府全体で予算が厳しく削られている中、文化庁予算だけは少しずつ増えていますので、これをいずれグッと上げていきたいと思っております。そのためには皆さま方の力が必要です。また、文化審議会の議論でも、文化庁ではなく文化省を設立しようと常々言われております。私たちも実現に向けてぜひ努力したいと思っていますので、皆さまも声を大にしていただければありがたく存じます。

　それでは最後に、本サミットの事実上の責任者である福原理事長から、総括的なコメントをお願いできればと思います。

多様な知恵で、さらなる文化のシャワーを

福原：週末の貴重な時間を二日間も割いていただいて、皆さんと一緒にここにいられたことを本当にうれしく思います。

　この場は皆さんにとって非日常の場であります。そして、その非日常の場で考えて、学んで、気づくという、この三つが同時に達成されるのはとても大きなことです。明日からできることもありますし、五年後になることもあるでしょうが、何よりも皆さん一人ひとりが考えて、学んで、気づくということが、とても大事なことであろうかと思います。今回集まっていただいたのは、美術館だけでなく、さまざまな館種のミュージアム全体になりましたので、多様な角度からご意見をいただけたのは素晴らしいことでした。当初、高階さんと蓑さんと私は、学芸員の人たちに考えていただこうとこのミュージアム・サミットをはじめました。今回は学芸員の方ももちろんいらっしゃいますが、館長の方、企業の方、NPOの方もいらっしゃるし、さらにNPOを助ける方々もいらっしゃいます。かつては専門家だけが集まる会議だったのですが、今やサッカーでいえばサポーターの方々にもたくさん来ていただいて、とても層が厚くなってきました。もしこの会議を一〇回続けたら、この会場にはとても入りきれないことになるでしょうね。いずれにしても、たいへんありがとうございます。

　皆さんのお声を聞きますと、刺激になったというお声も、楽しかったというお声も、リフレッシュしたというお声もあります。その三つを重ねてみますと、どうもシャワーのような、文化のシャワー、あるいは、ミュージアムシャワーとも呼べることが起きていたのではないかと思います。

　「また開かれるのですか？　次回はうちの館の別の職員をぜひ参加させたい」というようなお話もありましたが、じつはこのことは、マネジメント分科会の問題とまったく重なるわけです。来館者の方から「この間の展覧会は良かったから、もう一度行きたい。友だちも全部誘うからもう一度やってよ」と言われても、さて、お金がないのでどうしようとい

う、その話と同じなんですね。私たちの財団で、何か皆さまのお声に応えるようなことも考えなければいけないのかなとも、つくづく考えてまいりました。一つの勢いみたいなこともありますので、皆で文化を考え、あるいは美術を考え、最後に文化省の要望を作ろうじゃないですか。

以前はもし文化省ができても、大臣のなり手がいないのではないかと逡巡してしまったのですが、じつは必ずしもそうではないかもしれません。組織を作ることは、とても大事なんですね。組織が作られている間に動きがどんどん大きくなると思うので、そういったことも皆さんと一緒に、ぜひまた考えていきたいと思います。

本当に熱心にご参加くださった皆さん、基調講演者のお二人、委員長を務めていただいた先生方、企画グループ長の皆さん、いろいろと支えていただいたスタッフ、そして通訳の方、皆さんに本当にお世話になりました。おかげで私たちが勉強できたということになるかもしれません。また二年後になりますが、ぜひ皆さんとお会いしたいと思っています。ありがとうございました。

福原義春理事長

栗原：では以上をもちまして、全体討論を終了したいと思います。ますます強いミュージアムシャワーを浴びられるよう、次回、次々回と、ぜひよろしくお願いいたします。

総括に代えて

アド・パルナッソス再び
——ミュージアムの、内と外の多くの人たちのために

水沢勉

世界が破滅するか、それとも俺が一杯の茶を飲めなくなるか？というなら、はっきり言っておくが、自分がいつでも好きな時に茶が飲めるためなら、俺は世界が破滅したって一向にかまわないのさ。（フョードル・ドストエフスキー『地下室の手記』安岡治子訳）

第五回ミュージアム・サミットの特徴

第五回ミュージアム・サミットは「一〇〇人で語るミュージアムの未来Ⅱ」と題されていたように、過去の実績、とりわけ第四回の成果を踏まえて開催されました。第四回で導入されたワールド・カフェ形式がさらに練り上げられたかたちで継承され、四つの分科会にそれぞれのテーマが用意され、参加者は現状や問題意識を報告し確認しあいながら、議論を重ね、全体としてかなり具体的なアイデアを持ち帰ることもできたのではないかと思います。もちろん、時間に充分ということはありえませんが、前回までがファインアートを扱うミュージアムである「美術館」にやや特化した感の否めなかったのに対して、今回は、「マネジメント」「リテラシー」「アーカイブズ」「パブリック・リレーション」という普遍性の高い四つのテーマを分科会で掲げたこともあって、参加者が、動物園なども含む広義の博物館、そして、図書館、資料館、公民館、多様な館種や教育施設や企業の関係者にまで大きく広がり、三・一一以後の日本の現実を踏まえてミュージアム外の人々も含めて、理念型としてのミュージアムではなく、社会と深く関わる（べき）ミュージアムのあり方を、限られた時間内であっても、一堂に会してともに考える機会にもなったと思います。ミュージアムの内外へと大きく開かれた場であったこと。それは今回の画期的な特徴であったのではないでしょうか。

二つの基調講演

池澤夏樹氏とジョン・ホールデン氏の二つの基調講演をワールド・カフェ形式であまり構えること

なく、まさしく胸襟を開く雰囲気のなか参加者全員で傾聴した経験も、その優れた内容とあいまって、今回のサミットを成功に導いた一因であったと思います。

第一日目の池澤夏樹氏よる講演は、ミュージアムの熟達した利用者、達人といってもよいかもしれませんが、というものが、どれほど豊かに、そこから夢想をつむぎだし、さらにそこを出発点に旅に出て世界を直接体験することができるのか、という参加者のだれもがそうしたすばらしさを人生のある時点で知ったからこそ、ミュージアムに直接的・間接的に関わるしごとを選んだはずの、いうならばわたしたちの「原点」を改めて教えてくれる感動的な話であったと思います。この原体験の共有がなければなにごともはじまらない――そう聴衆に感じさせずにはおかない力と熱がしっかりと込められていて、飄々とした語り口ながら、ときにイラクやアフガニスタンでの戦争や略奪といった深刻な問題にも触れつつ、まさしく優れたミュージアム・ユーザーの謦咳に直接触れる、愉悦に溢れた味わい深く示唆に富んだ内容であったと思います。

この基調講演を受けて、自分たちのミュージアム体験を各テーブルに分かれた参加者同士で語りあうフロア・ディスカッションを経て、一部同時平行しながら分科会を開始したことで、参加者は、なぜ自分はミュージアムが好きなのかという、自分自身の根拠を新鮮な気持ちで確認し、それぞれの現実に横たわる問題点をよりいっそう身近に感じながら、分科会でそれらを掘り下げ、現場で役立つようないくつかの具体策を浮きぼりにすることができたのではないでしょうか。

一方、二日目のジョン・ホールデン氏の講演では、イギリスでの文化政策の立案に関わった豊富な経験を背景に、文化施設であるミュージアムにとっての「文化」を再定義するために有効な枠組みが提示されました。「本質的価値」「手段的価値」「共同体的価値」の三角形というスキームは、今回のミュージアム・サミットの参加者に、議論のたびにいつでも実践的な有効性を発揮する参照点の役目を果たしてくれたと思います。もちろん、そのバランスこそが肝心な点であることは、ホールデン氏が繰り返し冷静かつ明晰に指摘し、強調された通りであり、そのことが参加者の問題意識をいっそう鮮明にするのに役立ったにちがいありません。

二人の講演は、その後のわたしたちの多くの議論のガイドライン、まさしく基調を形成するのにみごとに機能したといえるでしょう。池澤氏は「本質的価値」を参加者一人ひとりのうちにあらためて自覚させ、ホールデン氏は、文化そのものが凝縮している作品や資料本位に（「本質的価値」ばかりを）考えがちな内部の関係者が抱く偏りに対して、「手段」「共同体」という文化の社会性への広がり、すなわち外部への注意を、二日目の議論を再開する前に、鮮やかに喚起してくれたのです。

四つの分科会

○ミュージアム・マネジメント

「マネジメント」の分科会では、ミュージアムの設置者が掲げたミッションが往々にして空文化していること。そして、このすべてを起動させる最初のスイッチの存在がミュージアム内部の人たちにもしっかりと共感と理解をもって共有されていないこと。さらには、それが明文化されていない場合さえ往々にしてあること。そうした現実を踏まえて、「ガヴァナンス（統治機構）」「マネジメント（経営者）」「オペレーション（現場）」が実効力をもって連動するヴィジョンをどう形成し、ミュージアム内外のステークホルダーと連携するかが問われているという現実認識が明確化されました。博物館協会の提出した指針「対話と連携」は旧聞に属しますが、ミュージアムの内外で、「対話と連携」が必要なことがますます現在明らかになったことがこの分科会でしっかりと示されたと思います。それぞれの施設が開設されたときのミッション（それがないという事実の確認も含めて）からはじまって、設置者である首長や国家の統治機構に携わる国会議員への有効な働きかけのあり方まで、「マネジメント」を現場から国政までを含めて幅広く検証し、議論したところにこの分科会の意義があったと思います。今後は個別の事例をさらに踏み込んで議論の対象にして問題点を具体的に把握し、そこから翻って「モデルなき世界」のなかで、一見「成熟した社会」の体裁と整えているかにみえる日本で、ミュージアム・マネジメントのあり方全体をもう一度考えるというステージが必要とされているのではないでしょうか。

○ミュージアム・リテラシー

「リテラシー」の分科会は、ミュージアムを利活用する基本的な能力を議論の対象にしたことによって、ホールデン氏のいう三角形の価値の図式が機能する前提が検討されたといってよいと思います。市民参画型社会が、ミュージアムとともに、社会全体の文化の向上を目指すためには、批判的相互理解が市民とミュージアムの双方に、つまり、ミュージアムの内外の人々に不可欠であることが、「リテラシー」という考え方を導入することによって明確化される。そのことの現代的な意義を改めて問うことに本分科会は貢献したと思います。

そして、この分科会の参加者が多様なリテラシーのあり方を現場での体験に基づいて提供してくれたことによって、リテラシーがけっして固定的で静的なものではなく、動的であり、絶え間なく進化し続けるものでもあって、ミュージアムのあるべき姿もまた内外の相互的な関係の変化のなかで模索されること、そして、そのような将来のあるべきミュージアムのヴィジョン形成にきわめて役立つ可能性を秘めていることが確認されたと思います。非識字者の人口比率を下げることが、安定した就職率を担保し、それが被差別者意識の軽減を導き、ひいては平和維持に貢献すること。つまり福原義春氏のいう「文化国家」としての成熟の大前提である平和と不可分であることはグローバルに周知の事実に属します。ミュージアムのリテラシー（読み書き）に通じた「識字者」が増加することもまた、ミュージアムの多様性を受け入れる柔軟で懐の深い、他者に対して寛容な社会を約束してくれるのではないでしょうか。

〇ミュージアム×アーカイブズ

「アーカイブズ」の分科会は、現在、もっともホットなテーマであったように思います。「アーカイブズ」は、ミュージアムの根本的な機能である「収集・保存・公開・研究」のすべてを覆うと同時に、それを越えて、「ミュージアム（M）」「図書館（L）」「アーカイブズ（A）」によるMLA連携、さらにそれに「大学（U）」「産業（I）」を加えたMALUI連携へと従来のミュージアム像を大きく脱する新たな社会との結びつきの可能性を宿しているからです。しかも、既存の情報集積のそのもののなかに、日本型ともいうべき独自の性格までもがすでに萌芽として秘められています。

しかし、こうしたアクチュアリティの意識は、参加者によって、かなりの温度差があったように感じられましたが、まさに今回の二日にわたる議論によって、具体的には、神奈川県立歴史博物館、神戸大学附属図書館（震災文庫）、WEB上のデジタル・アーカイブ、京都府立総合資料館という四つの事例に留まったものの、それぞれの現状での実態や意識の相違をかなり客観化できるようになったと思います。理念は掲げられ、実践例もすでに多数あるものの、まだ「線」の段階であり、ミュージアム全体として、「面」としての機能性を備えたネットワークはまだ形成されていない状態かと思います。

技術的にデジタルであれ、アナログであれ、ドキュメンテーションを構成する情報処理の基本は、話題提供者の一人水谷長志氏のいう「集積→同定→記述→検索→公開」であり、陸前高田の被災した博物館の情報を救出する際にもっとも有効であったのが、何十年にもわたる館職員の手書きの文字情報の記されたタグであったという事実の報告は、ドキュメンテーションの作業そのものに要求される倫理性を浮びあがらせました。倫理性を支えるのは共同体であり、分科会に謳われていた「選ぶ、残す、伝える、使う」という動詞の主語は共同体を構成する一人ひとりの「当事者」であり、「使う」主体は、明日のわたしを含んだ未来の人たちであり、その未来は現在に発し、現在につながっている。この「当事者」意識というものが、阪神・淡路大震災、そして、東日本大震災という未曾有の大災害を機に、その記憶を「残す」という社会的要請によってはっきり自覚されたこと。そして、そうした意識に促されるようにして、現在目覚しい発展を遂げているデジタル情報処理の技術を背景にきわめて広範囲に及ぶアーカイブが形成されつつある。そういう現状認識がこの分科会をホットなものにしていたと思います。また、総括討論の際に、建畠哲氏が指摘していたように、現代美術の表現そのものを一種のアーカイブとしてとらえ、創作する創造的な態度の変容も、アーカイブの従来の概念を一方で刷新しつつあります。

とはいえ、「選ぶ、残す、伝える、使う」の目的語のほうを具体的に、それぞれの施設で考えたときに、この四つの動詞のどれに力点を置くかという判断一つ取ってみても、議論や意見の交換の結果、むしろ浮上してきたのはその多様性のほうであったのではないでしょうか。ここでもまたミュージアム内外の「当事者」たちの「対話」と「連携」が現在から未来へとつながっている、時空間に広がりを備えた「アーカイブズ」形成のために不可欠であることが確かめられたように思います。

○ミュージアムの企画とパブリック・リレーション

「パブリック・リレーション」をテーマとした分科会では、「人を集める」ではなく「人が集まる」というミュージアムのイメージを参加者全員で共有し、さらに「風前の灯」ともいうべき年間二〇〇〇人の利用者しかいない経営難の小さな美術館を具体的に想定し、そこで働く学芸員「ナヤム」くんの立場を「自分事」として受け入れるための寸劇が参加者たち自身によって演じられました。分科会の参加者が「ナヤム」くんとともに知恵を絞るというきわめて具体的な参加型のワークショップが試みられ、今回のミュージアム・サミット全体のなかでも、大いに関心を集めました。今回のサミットのなかでもまさしく「人が集まる」ことに成功したわけです。画期的な試みであったと思います。参加者から持ち寄られたアイデアに溢れた創意や工夫は、生き生きとライブ感覚を伴って参加者全員に共有されたのです。分科会の委員長であった蓑豊氏の目論見はみごとに「当たった」というべきでしょう。

「パブリック・リレーション」という、あまりに包括的な概念についての議論からいきなりはじめることはなかなか困難であることを考えれば、この具体的な処方箋までも考えあおうという投げかけは、実践的に考えるための貴重な、そして賢い試金石であったと思います。「人が集まる」ということは、上から視線で無理強いできることではなく、また、ビジネスとしてふんだんな広報費を投入しても性急に実現できるものでもなく（それは「人を集める」です）、おのずと醸し出される状態であり、そのためには、「つながり（リレーション）」が前提条件として存在しなければならない。啓蒙主義の時代にミュージアムの思想が生まれたのも、近代市民社会という新たな「つながり」が革命を機に形成されたからにほかなりません。

「成熟した社会」には、そのような「つながり」がすでに複数で潜在している。それに気づき、掘り起こし、「つながり」の「つながり」を促す起点にミュージアムという存在が社会のなかでなりえないものか。そう、わたしは、この分科会の報告に触れながら夢想していました。全体討論での建畠氏のいう「事後的であっても市民を創出しなければならない」という認識（「緩慢な市民革命」）と一部重なりますが、かならずしも、すべてが「事後的」ではないように思います。「マネジメント」も「リテラシー」も「アーカイブズ」も、「パブリック・リレーション」という「つながり」なしにはまったく成立しえないのです。不完全であろうとも、日本特殊的にすでにある部分は「つながって」いるように思えてなりません。このことを気づかせてくれた点でこの分科会は、サミットというミュージアム関係者が集う時空間の質をよりいっそう内外へと開かれたものにしていく可能性を示唆し、思考の転換を促す起爆力を秘めていたように思います。

ゲートの開閉

基調講演でジョン・ホールデン氏は、「芸術」と「商業文化」には、それらの良し悪しを決定する「ゲートキーパー」が存在し、「ホームメイド文化」にはそれが存在しないこと。そして、「学びたい、人と関わりたい、参加したい」と望む市民が増えていることを指摘していました。たいへん参考になる分析であり、鋭い指摘です。ただ、わたしは、その話を、多くの人にとって「ホームメイド文化」だけで自足するには、あまりにも「文化」への憧憬の思いは深く、強いものなのだと、裏返しにして聞いていました。

そのときこそ、ミュージアムは、まさに「門戸を開く」べきときなのでしょう。しかし、漫然と開けっ放しにして、内外に向けて垂れ流しにしていたとするなら、「ゲートキーパー」が不要であるばかりか、ミュージアムは、物理的にも精神的にも非常に危険な状態に晒されることも明らかです。池澤夏樹氏もイラクの博物館のことに触れていたように、極端な例かもしれませんが、戦争状態に突入すれば、「ゲートキーパー」はなんとしても「門戸」を固く鎖さなければなりません。その備えと覚悟は、自然災害も含めて絶対に必要です。肝心なのはどのようなタイミングでどのように「ゲート」の開閉をするかではないかと思います。

わたしは、本書のこの総括部分を執筆しながら、なんどとなく「内」「外」という言葉を使ってきました。今回のミュージアム・サミットが、「美術館」という従来の枠を取り払い、まさに「門戸を開く」場であったからです。内輪に閉じた会合ではなく、内外の関係者が多数集ったことも直接、肌で感じました。高階秀爾氏が全体討論の際に指摘した文化行政上の制度的な統一性の欠如についても、おそらくこうしたミュージアム内外の、広い意味での関係者が一堂に会し、直接意見を交換することによって、有効な解決法の端緒が見えてくるのではないでしょうか。

内と外で高めあう

「本質的価値」「手段的価値」「共同体的価値」の文化的価値の三角形は、おたがいに排除するものではなく補完しあえる。そのように、ある意味、楽観的に信じ切ることで、ミュージアムと市民が内外に交流しながら高めあう、お互い「排除の論理」から徹底して自由になった寛容の精神がはじめて解き放たれるように思います。古き良き一八世紀の啓蒙主義が夢見た「アド・パルナッソス（パルナッソス山への）」の階梯を再び登りはじめることができる。もちろん、もはや、それは、平坦でもなければ、一直線でもないかもしれないけれども。そして、登るためには、ときには、下降しなければならなくなる。そんな場面もありえるかもしれないけれども。

冒頭に引用した、フョードル・ドストエフスキーが一八六四年に発表した『地下室の手記』の主人公に仮託して世界全体に投げかけた呪詛の言葉は、逆に、物語のなかでは主人公を出口なしの究極の孤独に突き落としてしまいました。もちろん、主人公は、それでよい、俺に構ってくれるなと居直ります。それは、小説の文脈では、伴侶でありえたかもしれない娼婦リーザへの絶縁を表明する、絶望的な語り言葉であったのです。地下生活者の執念ぶかい思念の堂々巡りは、中編とはいえ、小説全体として圧倒的で記念碑的な濃密さに到達しています。この言葉の迷路はすべての楽観的な近代の進歩思想をあざ笑うかのようです。一八六〇年代にこれだけの特異な、ほとんど現代文学的な自動記述に近接するような異形のテキストを許容したロシアの文学風土は底知れないほどに不気味で魅力的です。しかし、ドストエフスキーの偉大さは、今日、ますます紛れもないでしょう。いうならば、その文学全体が、各所に負の記号を付された一九世紀後半のロシア文化のアーカイブであったからです。あるいは、その負の言語によるミュージアムであったといってもよいかもしれません。転倒したアド・パルナッソス。「芸術」の本質的価値は常識上の正負を反転させてしまうこともある。しかし、それもまた「手段的価値」「共同体的価値」とつながりうることはいうまでもないでしょう。「一杯の茶」と「世界」を等価値にしてしまうような究極のニヒリズムの文学表現そのものを巡って、「芸術」のゲートを一定のルールに従って内と外から多くの人たちとともに開閉することができるのです。

わたしたちは、そのことをすでに十分に知っている。今回のミュージアム・サミットの参加者は現状の厳しさを真正面から認識したうえで、いくつかの希望の種（アイデア）を手にしたのではないでしょうか。また、たいせつな出会いが少なからずあったのではないでしょうか。

わたしたちは、こうした試みを通じて、遅々とした歩みとはいえ少しは文化的に成熟しつつあるように思えます。そう信じて、より多くの人の、より多くの人による、より多くの人のための開かれたミュージアムのかたちを、今回のミュージアム・サミットの成果を踏まえて、再び次回に向けて探求しはじめなければならないでしょう。「アド・パルナッソス再び！」です。

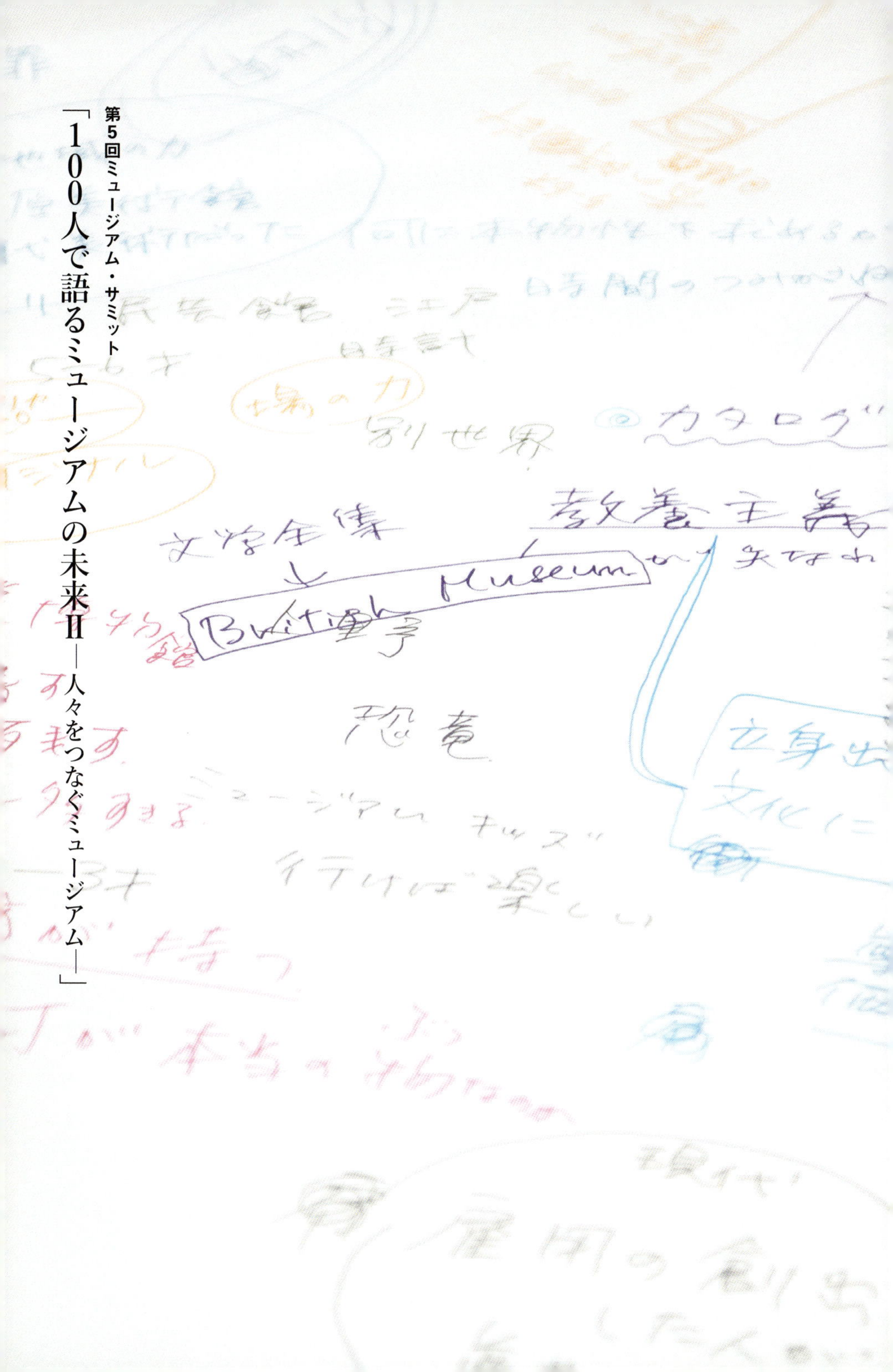

第5回ミュージアム・サミット

「100人で語るミュージアムの未来II―人々をつなぐミュージアム―」

出発点　第4回までの「ミュージアム・サミット」を受けて

1　公共圏としてのミュージアムの成立条件は何か、という問いを念頭に置く
2　多分野の参加
3　かながわ度（神奈川からの発信、神奈川へのフィードバック）
4　かながわ国際交流財団の独自性
5　現実を変化させる（政策提言が具体化しない現実を踏まえ、行政の担当者や現場の学芸員を巻き込む）
6　参加者が活力を得られる

2011年3月11日
東日本大震災

震災後の社会をどうとらえるか？
支援のノウハウではなく、社会の位相の変化をどう反映するか

企画グループの人選
→ 隣接分野・他分野
→ かながわのミュージアム
→ 行政・文化政策担当者

主題：「100人で語るミュージアムの未来Ⅱ～人々をつなぐミュージアム～」
パブリックな場としてのミュージアム、ミュージアムと公共性との関係の中で議論を進める

テーマA：ミュージアム・マネジメント
営む知恵

委員長：高階秀爾（大原美術館）
グループ長：佐々木秀彦（東京都美術館）
島田圭（神奈川県教育委員会）
森亜津子（横浜都市発展記念館）
柳沢秀行（大原美術館）
話題提供：
山西良平（大阪市立自然史博物館）

テーマC：ミュージアム×アーカイブズ
選ぶ、残す／遺す、伝える、使う

委員長：水沢勉（神奈川県立近代美術館）
グループ長：岡本真（アカデミック・リソース・ガイド）
稲葉洋子（神戸大学附属図書館）
鎌田篤慎（ヤフー株式会社）
丹治雄一（神奈川県立歴史博物館）
福島幸宏（京都府立総合資料館）
水谷長志（東京国立近代美術館）

テーマB：ミュージアム・リテラシー
高めあう市民とミュージアム

委員長：建畠晢（埼玉県立近代美術館）
グループ長：小川義和（国立科学博物館）
小野範子（茅ヶ崎市立小和田小学校）
佐藤優香（国立歴史民俗博物館）
端山聡子（平塚市社会教育課）
話題提供：
西田由紀子（よこはま市民メセナ協会）

テーマD：ミュージアムの企画と
パブリック・リレーション
人が集まるミュージアムのつくり方

委員長：蓑豊（兵庫県立美術館）
グループ長：並木美砂子（千葉市動物公園）
荻原康子（企業メセナ協議会）
田口公則（神奈川県立生命の星・地球博物館）
村尾知子（東京都写真美術館）
話題提供：
相澤麻希子（花王株式会社）
久代明子（東京都写真美術館）
長倉かすみ（横浜市立野毛山動物園）

＊青字は神奈川県内ミュージアム関係者

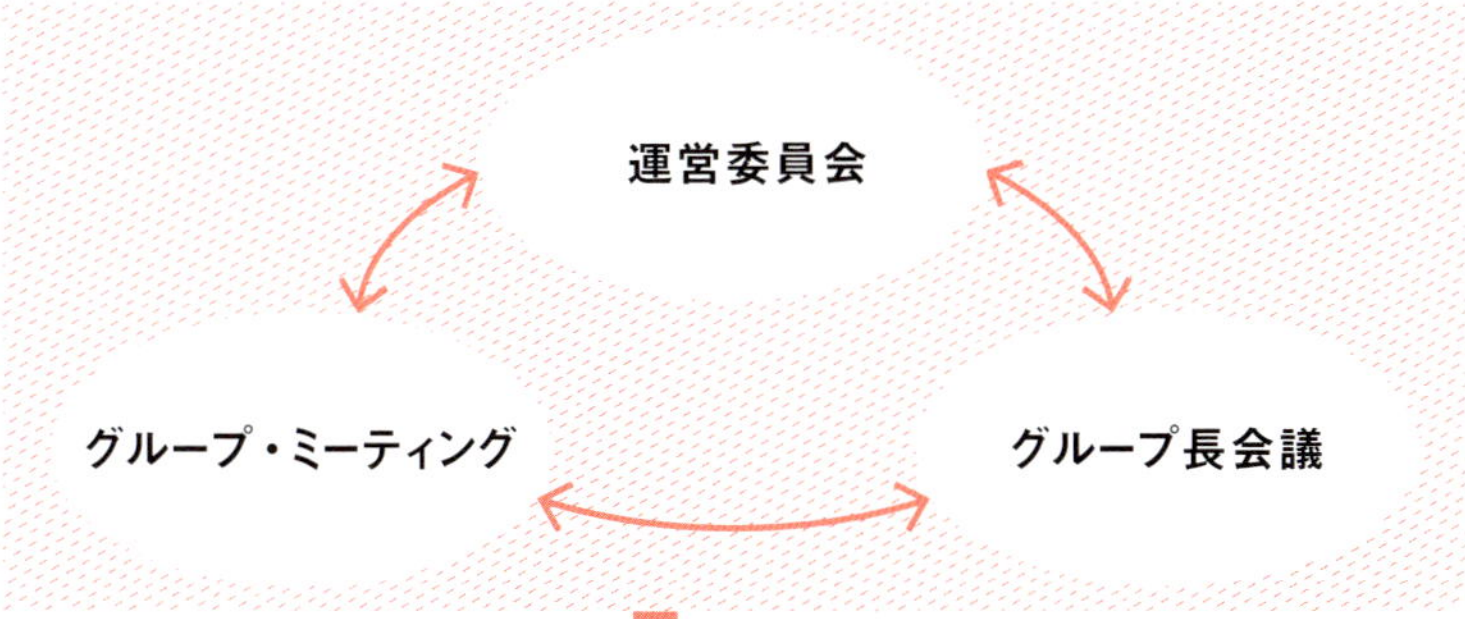

開催要項発表

参加申し込み受付・参加者決定

事前資料送付

第5回ミュージアム・サミット「100人で語るミュージアムの未来Ⅱ」

第1日 2012年2月4日

10時	開会	
11時	基調講演Ⅰ「過去は未来である」（池澤夏樹） ワールド・カフェ方式による参加者間シェアなど	
12時		
13時	分科会趣旨説明	
14時		
15時	テーマA ミュージアム・マネジメント	テーマB ミュージアム・リテラシー
16時	分科会初日	
	テーマC ミュージアム×アーカイブズ	テーマD ミュージアムの企画とパブリック・リレーション
17時		
18時	レセプション・情報交換	

第2日 2012年2月5日

10時	前日の振り返り			
11時	基調講演Ⅱ「民主主義社会における文化の価値」（ジョン・ホールデン） 解説など			
12時				
13時〜15時	テーマA	テーマB	テーマC	テーマD
	分科会2日目　各約3時間			
16時				
17時	成果報告 総括討論 参加者によるコメント・振り返り			

〈ミュージアム・サミット当日にいたるまでのさまざまなステップ〉

A

B

C

D

4つの企画グループ

今回のミュージアム・サミットでは、4つの分科会を設けました。事前に企画グループを構成し、分科会の「ねらい」、当日のスケジュール、議論の方法や当日利用する資料などについて、何度か打合せをしました。企画段階から、白熱した議論が展開されていました。

企画グループ長会議

本書75頁の概念図にあるように、それぞれの分科会テーマが今回のサミットでどのような位置づけになるかを、グループ長同士で共有するため、事前会議の機会をもちました。この日は、当日の進行や事務局体制などについても確認を行いました。

運営委員会

サミット当日までに、各分科会の委員長を構成メンバーとする運営委員会を、2回開催しました。第1回は、過去のサミットを振り返り、今回の方向性を決める議論を行い、2回目は、企画グループが準備した企画内容について、大局的な見地から意見交換をしました。

第5回ミュージアム・サミット 「100人で語るミュージアムの未来Ⅱ」

2012年2月4日-5日

HOLDEN

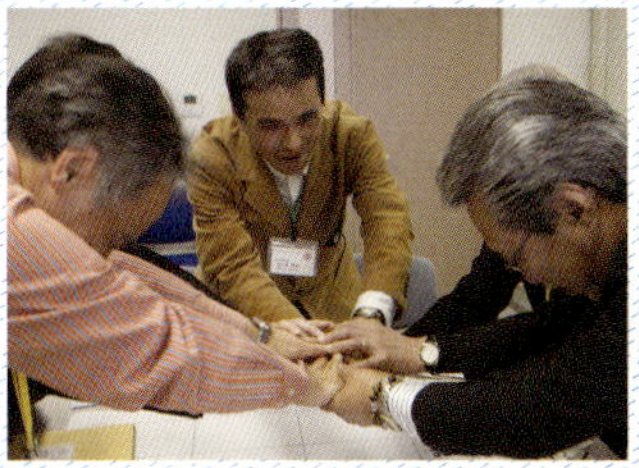

HOLDEN

100人で語るミュージアムの未来Ⅱ
TATEHATA
MIZUSAWA
MINO

湘南国際村センター

ミュージアム・サミットの会場となった湘南国際村センターがある湘南国際村は、三浦半島のほぼ中央部、富士山を望み、眼下に相模湾が広がる優れた景観の地に、「歴史と文化の香り高い21世紀の緑陰滞在型の国際交流拠点」として1994年に開村しました。村内には研究施設、研修施設が立地し、国際的視野に立脚した学術研究、人材育成、技術交流、文化交流の事業が展開されています。湘南国際村センターはその中の中核施設として、国際会議場、研修室、宿泊施設等を有し、ミュージアム・サミットを始め、年間を通じて多くの学会、企業研修などで利用されています。

おわりに

第四回のミュージアム・サミットの成果をまとめた『１００人で語る美術館の未来』の出版から二週間ほどで、あの東日本大震災が起きました。一〇〇〇年に一度という大津波でいくつもの集落とコミュニティーが流され、二年近くたってもいまだに復興に辿りつかない集落もあります。しかしがれきの中に鳥居が立ち、鎮守の社だけが残った地区も多くみかけられ、鹿踊りなど民俗芸能を継承してきた地域の復興は早かったといわれています。

それはなぜか。縄文以来、八百万の神が宿る自然と同化し共生してきた東北の人々は神や仏の座を高台で守り、祭りや民族芸能に先祖の供養や鎮魂の意味を込め、心のよりどころにしてきたと言われます。だからこそ、その核が残されていればコミュニティー立て直しの大きな力となったのだと思われます。

21世紀ミュージアム・サミットは二年に一度開いてきましたが、回を重ねるにつれ次回はどうするかとテーマ設定に悩んできました。しかし第五回の今回は大震災のほぼ一年後の開催がきまっていたので、その教訓を活かそうと思いました。それは地域文化を支えるはずの美術館・博物館はそうした復興の核となりえるのか。あるいは日頃、その地域の人と人をつなぎあわせる舞台となっているのか。あるいはそうした核であるには何が求められているのか、という課題です。

というのも前回は、美術館関係者や美術の専門家で討議していたサミットを見直し、参加した普通の市民が専門家と同じテーブルで「あなたにとっての美術館」について語りあうという試みをしました。「無謀だ」との危惧もありましたが、美術館に対するさまざまな見方が出て面白かったとの評価も得ました。けれど当然のことながら「美術館とはなにか」といった結論めいたところまでは到達できませんでした。

今回は社会における美術館の公共性を問いつつ一定の成果が得られるようには、どうすればよいかと頭を悩ませました。利用者の声を反映するのは大事なので、参加者同士が同じテーブルで話しあえる前回のカフェ方式は残しながら、三つの工夫をしてみました。

その一は、議論の方向性を間違わないためにもいまミュージアムで何が一番問われているのか。やはり専門家の意見を聞くに限ると、まずはヒアリング調査を行いました。当財団湘南国際村学術研究センターの小山紳一郎副センター長とこのサミットを担当する成田晶子の二人で、テーマ別に六人の専門家の見解を聴きワークショップも一度試みて、いまミュージアムが抱えている課題を抽出しました。その結果は「ミュージアムと地域社会　考察のためのヒアリング調査」という報告書にまとめ二〇一一年四月に発行しましたので関心のある方はご参照ください。

その二は、発想の転換でサミット期間の延長です。といってもサミット自体は二日間で変わりはないのですが、大きなテーマを二日間だけで結論を出すのは至難の業です。であれば、先のヒアリング調査の結果を踏まえて、ミュージアム関係者がもっとも関心を持つテーマに絞り、分科会を設けて事前に準備することにしました。それが、「マネジメント」「リテラシー」「アーカイブズ」「企画・パブリックリレーション」の四つの分科会です。

その三は、美術館の幅を広げてみました。欧米でミュージアムといえば美術館とともに博物館が入ります。であればミュージアム・サミットのミュージアムは従来の美術館に限定せず、大震災で公共の文化施設は一様に被災した状況を考えると、図書館などにも館種を広げていいのではないか。ミュージアムの内と外を結びつけるのは神奈川県の第三セクターである我々財団の役割でもあるし、各館に共通する課題を討議することによって、かえって美術館なり博物館固有の問題点も浮かび上がってくるのではないか、と考えてみました。

なんといってもこの試みが成功するか否かは、分科会次第です。そこで分科会を構成するため、三つほどの要件を決めました。

まずはそれぞれの分科会を仕切るグループ長をだれにするのかです。委員長はミュージアム・サミットの当初から監修者をお願いしている大原美術館の高階秀爾館長、埼玉県立美術館の建畠晢館長、兵庫県立美術館の蓑豊館長になっていただいたので、グループ長は中堅で実務に詳しく多様なネットワークをもつ方々に打診しました。その結果、マネジメントでは東京都美術館の佐々木秀彦交流係長・学芸員、リテラシーは国立科学博物館の小川義和学習企画・調整課長、アーカイブズはアカデミック・リソース・ガイド株式会社代表取締役の岡本真プロデューサー、企画とパブリック・リレーションは千葉市動物公園飼育課の並木美砂子主査にお願いすることができました。

皆さん、いずれも一線でばりばりと仕事をされている方々で超多忙です。にも関わらず、分科会メンバーの人選、現状分析から何をどう扱い、当日はどんな組み立てをして一定の結論に導いていくのか等々、討議を重ねてくださいました。サミットへ向けての準備は、五月末ぐらいからはじめ一一月あたりをピークに二月の開催間際まで、半年以上にわたっています。今回のサミットが成功したとの評価を得るならば、それは知恵と工夫をしてくださったこのグループ長の皆さんの力量にあったと感謝しております。

次にメンバーの人選です。グループ長以下四～五人で多角的に討議するのが望ましいとなりましたが、やはり館種を広げる意味からも美術館以外のいろいろな分野の人に参加していただく。もちろん業績のある人が前提ですが、できるだけ若い人に加わってもらう方針をとりました。というのも過去のサミットでも政策提言的な発言があっても、なかなか現場に活かされない現実がありました。成果を少しでも若い方に普及してもらいたいとの考えです。

最後に「かながわ度」の増進です。神奈川県は主催者の一員で、サミットも湘南国際村で行われます。全国的な視野も当然ですが、ここからの発信が神奈川県民にとってどう役立つのかという視点も重要です。そのために、各分科会メンバーには県内で活躍している人材に必ず入ってもらうことにしました。そうした趣旨を理解して、神奈川県教育委員会と神奈川県博物館協会から後援をしていただきました。

また我々の財団と同じ葉山町にある神奈川県立近代美術館には前回から企画などでも協力をお願いしましたが、今回も水沢勉館長が分科会アーカイブズの委員長を引き受けてくださいました。

幸いなことに、今回も作家池澤夏樹さんと英国シティー大学客員教授ジョン・ホールデンさんの基調講演は好評でした。またホールデンさんの講演の背景がよりよく理解できるように国際交流基金の菅野幸子さんが見事な解説をしてくださいました。ミュージアム利用の達人の池澤さんとミュージアムや文化を考える社会的な枠組みを示してくれたホールデンさんの講演は、横浜市民放送局の協力でユーストリームで動画配信され、高い視聴率をえました。

分科会方式にしたため、サミット当日をどう展開するかも難題でした。まず一般の参加者はタイトル通りほぼ一〇〇人に達しましたが、応募の時に希望する分科会を書いていただきました。多少の凸凹がありますが、グループ長以下の分科会メンバーや当日加わっていただいた話題提供者らをいれると分科会は三〇～三五人の構成でした。

ではほかの分科会ものぞいてみたい人はどうするのか。結局、一日目は各グループ長が分科会の趣旨説明をしたあとに、四つの分科会を二つのグループに分け一時間半ずつ開催しました。同時に開催した分科会はのぞけないが、ほかの二つは見学しようとすればのぞける仕組みです。ただ議論が煮詰まらないといけないので、二日目は四つ同時に開催し三時間とって分科会として成果報告ができるようにしました。

寸劇仕立てで進行しようとした分科会などそれぞれに創意と工夫をこらして盛り上がりましたが、東京大学の新藤浩伸講師の協力で各分科会に都甲友理絵、松永しのぶ、鈴木恵可さんがつき、記録を残してくれました。財団職員の清水紀人、小松理恵、ジギャン・クマル・タパ、佐々木明恵もインターンの大平奈緒子、郷田千晶、竹内美樹、藤代聡子さんと各分科会にはりつきました。また前回同様、記録用の写真撮影は藤島亮さんにお願いしました。

サミット終了までには、さまざまな方の協力をいただきました。初日に参加者が一堂に会しながらくつろいだ雰囲気をつくるためフロア・ディスカッションを設けましたが、見事に盛り上げてくださった岩渕潤子慶應義塾大学教授、委員長とグループ長が一緒になった締めの総括討論を鮮やかに仕切って下さった文化庁の栗原祐司美術学芸課長、ヒアリング調査にも協力していただき今回もインターンのまとめ役をしたミュージアム・サービス研究所の山村真紀さん、そして初回以来、今回も共催してくださった日本経済新聞社、皆さまに心から感謝申し上げます。

また当財団の前職員でサンフランシスコに滞在する江藤祐子さんは二日間の総合司会を務めてくださいました。長期にわたって開いた四つの分科会と多忙なグループ長や委員長との日程調整をさばいて当日までの準備をした当財団の成田晶子、尾崎芙美らを含めると、関係者はサミット当日で一五〇人、全体で二〇〇人に及ぶでしょう。ですから「100人で語る美術館の未来II」は「200人でつくった」サミットだといえましょう。参加してくださった方々をはじめとする皆様に改めて感謝申し上げます。

今回の出版は財政的には厳しいなか、現代企画室が引き受けてくださいました。担当の小倉裕介さんにお礼を申し上げます。発言してくださった方には校正刷りをお送りしてチェックしていただきましたが、編集の実務的責任は当財団にあります。

二〇一三年二月二八日

武藤　誠（かながわ国際交流財団常務理事）

第5回21世紀ミュージアム・サミット講師等一覧（肩書きは開催当時）

基調講演

池澤夏樹　IKEZAWA, Natsuki

作家、詩人。

一九四五年北海道帯広市に生まれる。小学校から後は東京育ち。一九七五年から三年間ギリシャで暮らし、一九九四年から一〇年は沖縄、二〇〇四年から五年はフランスに住み、現在は札幌在住。その間に無数の小さな旅を重ねる。

一九八七年に『スティル・ライフ』で芥川賞を受賞。その後の作品に『真昼のプリニウス』、『マシアス・ギリの失脚』、『花を運ぶ妹』、『静かな大地』、『カデナ』、『氷山の南』など。詩集に『池澤夏樹詩集成』がある。二〇〇七年から二〇一一年まで、個人編集による『世界文学全集』（全三〇巻）を河出書房新社より刊行した。博物館を扱ったエッセーに『見えない博物館』、『パレオマニア』がある。

ジョン・ホールデン　John HOLDEN

DEMOSアソシエイト、英国シティー大学客員教授（文化政策・経営学）。

英国の大手シンクタンクであるDEMOSの文化部長を二〇〇〇―〇八年まで務める。法律およびデザイン史修士。音楽、映画、劇場、歴史遺産、博物館、図書館などの文化セクターにおける数多くのプロジェクトに関わり、政策、評価、リーダーシップ、労働力開発、学習などの問題に取り組む。行政、資金提供機関、信託機関、財団法人、主要文化機関（ロイヤルシェークスピア劇団、大英博物館、セージ、ゲーツヘッド、ヴィクトリア&アルバート美術館）などとも協働。英国のみならず、ヨーロッパ各国、オーストラリア、ニュージーランド、日本、シンガポール、米国、カナダなどで講演を行う。著書および共著多数（DEMOSウェブサイトで公開）。

基調講演解説

菅野幸子　KANNO, Sachiko

国際交流基金情報センタープログラム・コーディネーター。

宮城教育大学、ブリティッシュ・カウンシル東京勤務後、グラスゴー大学美術史学部装飾芸術コースディプロマ課程に留学。一九九三年より国際交流基金に勤務、現在に至る。アーティスト・イン・レジデンスや美術館のアウトリーチ活動など芸術と社会をつなぐ活動に関心を持ち、国際交流基金でプログラム・コーディネーターとして国際文化交流に関する顕彰制度の運営、情報の提供、各種コンサルテーションを行う傍ら、東京大学人文社会系研究科（文化経営専攻）後期博士課程に在籍し、英国の文化政策を研究。宮城学院女子大学非常勤講師、東京芸術評議会専門委員、文化芸術創造都市ネットワーク日本調査研究会委員を務める。

分科会委員長

テーマA

高階秀爾　TAKASHINA, Shuji

美術史家、美術評論家、公益財団法人大原美術館長、財団法人西洋美術振興財団理事長。

第一回21世紀ミュージアム・サミット総監修。

一九三二年生まれ。東京大学教養学部卒業後、同大学院在学中にフランス政府招聘給費留学生として渡仏、パリ大学美術研究所およびルーヴル学院で西洋近代美術史を専攻。国立西洋美術館勤務後、東京大学文学部助教授、同教授を経て一九九二年より国立西洋美術館長。同退官後、二〇〇二年より大原美術館長。東京大学名誉教授、パリ第一大学名誉博士。二〇一二年文化勲章受章。ほか、芸術選奨文部大臣賞、紫綬褒章、文化功労者、レジオン・ドヌール・シュヴァリエ勲章（フランス）、グランデ・ウフィチャーレ勲章（イタリア）など国内外で受賞多数。『名画を見る眼』『世紀末芸術』『日本近代美術史論』『近代絵画史――ゴヤからモンドリアンまで』『西欧絵画の近代』『日本絵画の近代』など著書多数。

テーマB

建畠晢　TATEHATA, Akira

埼玉県立近代美術館長、京都市立芸術大学長。

第三回21世紀ミュージアム・サミット総監修。

国立国際美術館主任研究官、多摩美術大学教授、国立国際美術館長を経て、二〇一一年より現職。専門は近現代美術。第四四回（一九九〇年）・第四五回（一九九三年）ヴェネチア・ビエンナーレ日本館コミッショナー、横浜トリエンナーレ二〇〇一アーティスティック・ディレクター、あいちトリエンナーレ（二〇一〇年）のアーティスティック・ディレクターなどを務める。二〇〇二―〇三年コロンビア大学客員研究員。詩人としても活躍し、一九九一年に『余白のランナー』で歴程新鋭賞、二〇〇五年に『零度の犬』で高見順賞を受賞。

テーマC

水沢勉　MIZUSAWA, Tsutomu

神奈川県立近代美術館長。

一九五二年横浜生まれ。慶応義塾大学大学院修士課程修了後、神奈川県立近代美術館に学芸員として勤務、同館企画課長を経て現職。ドイツ語圏および日本の近現代美術に関心を抱き、その交流史についても論じる。「モボ・モガ　1910―1935」、「村山知義の宇宙」など多数の展覧会を手がける。著作として、『この終わりのときにも』『点在する中心』（共編著）『美術館は生まれ変わる』（共編著）など多数。バングラデシュ・ビエンナーレ（一九九三、一九九七年）、サンパウロ・ビエンナーレ（二〇〇四年）日本コミッショナー、横浜トリエンナーレ二〇〇八「タイムクレヴァス」総合ディレクターなどを歴任。

テーマD

蓑豊　MINO, Yutaka

兵庫県立美術館長、金沢21世紀美術館特任館長、大阪市立美術館名誉館長。

第二回21世紀ミュージアム・サミット総監修。

一九四一年生まれ。慶応義塾大学文学部卒業後、ハーバード大学大学院美術史学部博士課程修了、同博士号取得。カナダ・ロイヤルオンタリオ博物館東洋部学芸員、カナダ・モントリオール美術館東洋部長、米国・インディアナポリス美術館東洋部長、シカゴ美術館中国・日本美術部長、東洋部長を歴任。一九九五年に帰国後は大阪市立美術館長、全国美術館会議会長、金沢21世紀美術館長、金沢市文化顧問、金沢市助役を歴任後、サザビーズ北米本社副会長に就任。二〇一〇年より兵庫県立美術館長。著書に『安宅コレクション韓国陶磁』『白磁』『超・美術館革命——金沢21世紀美術館の挑戦』ほか論文多数。

分科会企画グループ長

テーマA

佐々木秀彦　SASAKI, Hidehiko

東京都美術館交流係長・学芸員。

一九六八年東京生まれ。東京外国語大学卒、東京学芸大学大学院修士課程修了（教育学修士、ミュージアム論・文化資源論）。

江戸東京博物館、江戸東京たてもの園、東京都歴史文化財団事務局を経て現職。博物館法規の改正の検討、博物館評価制度や博物館関係者の行動規範の調査研究に関わる。

二〇一二年四月にリニューアルオープンした東京都美術館の公募展事業の再構築、アート・コミュニケーション事業の立上げに従事。博物館政策（評価）、ミュージアムにおける学び、文化資源とデジタル化など、ミュージアムに関わる分野の書籍に執筆。ミュージアム施策に関わる多数の研究会・審議会などに参加。

テーマB

小川義和　OGAWA, Yoshikazu

国立科学博物館学習・企画調整課長。

一九八二年筑波大学生物学類卒。ニューヨークのアメリカ自然史博物館インターン、東京学芸大学大学院連合博士課程学校教育学研究科学校教育学専攻修了。博士（教育学）。サイエンスコミュニケーション、科学教育、博物館教育、生涯学習の観点から人々と科学との関係性を探っている。学習指導要領（中学校理科）作成協力者、日本学術会議「科学技術の智」プロジェクトメンバー、日本ミュージアムマネージメント学会、日本科学教育学会、日本サイエンスコミュニケーション協会の理事。著書に、『博物館で学ぶ』『展示論』『サイエンスコミュニケーション』『小学校理科教育法』『教師のための博物館の効果的な利用法』などがある。

テーマC

岡本真　OKAMOTO, Makoto

アカデミック・リソース・ガイド（株）代表取締役・プロデューサー。

国立情報学研究所産学連携研究員、早稲田大学ＩＴバイオ・マイニング研究所招聘研究員。

一九七三年生まれ。国際基督教大学教養学部社会科学科卒。編集者などを経て、一九九八年に『ACADEMIC RESOURCE GUIDE』を創刊。一九九九年五月から二〇〇九年七月まで、ヤフー株式会社に勤務。Yahoo! カテゴリの編集、Yahoo! 検索、Yahoo! 知恵袋、Yahoo! 検索ランキング、Yahoo! 検索スタッフブログ、Yahoo! 百科事典、Yahoo! ラボなどの企画・設計・運用に従事。

二〇〇九年九月、「学問を生かす社会へ」をビジョンとするアカデミック・

リソース・ガイド株式会社を設立。

被災地のミュージアム、図書館、公文書館、公民館の情報収集・発信を行うsaveMLAKプロジェクトリーダー。

テーマD

並木美砂子　NAMIKI, Misako

千葉市動物公園飼育課主査。

大学では野生動物保護学を学び、動物園での博物館実習を体験したことが、動物園の世界に入るきっかけに。子どもたちを対象とした学習プログラムづくりを目指して、大学院では教育心理学を専攻し、幼稚園に毎日通って子どもたちの飼育活動を観察する機会に恵まれる。このとき、認知心理学や状況論の面白さにも出会う。千葉市動物公園では、飼育業務および子ども動物園での教育プログラムづくりと実践、ボランティア担当などに従事。「動物園で埴輪づくり」「市民参加の動物カルタづくり」「動物観察シート開発」「羊毛工作」など、眺めるだけでない動物園の楽しみ方を開発してきている。動物園での展示を介した家族間コミュニケーションに関する研究で博士号取得。

全体討論司会

栗原祐司　KURIHARA, Yuji

文化庁文化財部美術学芸課長。

一九六六年生まれ。上智大学法学部、放送大学教養学部卒。

一九八九年四月文部省入省。文化庁、国土庁、北茨城市教育委員会など勤務を経て、国際交流ディレクターとしてニューヨーク日本人学校に勤務。全米約一六〇〇館のミュージアムを訪問。帰国後、文部科学省大臣官房政策課企画官、生涯学習政策局社会教育課企画官を経て、二〇〇九年五月より現職。国内五五〇〇館以上のミュージアムを訪問している〝ミュージアム・フリーク〟。

國學院大學大学院非常勤講師、日本ミュージアム・マネージメント学会理事（二〇〇八年学会賞受賞）、日本展示学会理事。

美術館・博物館政策や滞米中に訪問したミュージアムに関するエッセイなどの著作がある。

フロアでの情報共有の進行

岩渕潤子　IWABUCHI, Junko

慶應義塾大学大学院政策・メディア研究科教授。

カリフォルニア美術工芸大学大学院修了。アメリカ、ニューヨークのホイットニー美術館に給費研究員（ヘレナ・ルービンスタイン・フェロー）として在籍した後、フィレンツェ、ロンドンなどで研究生活を送る。大学院在学中から執筆・出版活動を続けている。著書に『ニューヨーク午前0時　美術館は眠らない』、『美術館の誕生』、『美術館で愛を語る』ほか多数。慶應義塾大学ＤＭＣ機構教授を経て、二〇〇九年四月から現職。

編者

福原義春　FUKUHARA, Yoshiharu

かながわ国際交流財団理事長、株式会社資生堂名誉会長、文部科学省参与、東京都写真美術館長、公益社団法人企業メセナ協議会会長、東京芸術文化評議会会長、日仏経済人クラブ日本側議長、パリ日本文化会館支援協会会長、経済人同人誌「ほほづゑ」代表世話人、ほか公職多数。旭日重光章、功績勲章グランデ・ウフィチアーレ章（イタリア）、レジオン・ドヌール勲章グラン・トフィシエ章（フランス）など国内外で受賞多数。主著に『会社人間、社会に生きる』、『文化資本の経営』、『１００の蘭』『１０１の蘭』、『ぼくの複線人生』、『だから人は本を読む』、『福縁伝授――聞いてもらいたい独り言』など多数。

かながわ国際交流財団　Kanagawa International Foundation

地域からの国際交流・協力活動の支援、多文化共生社会の実現、国際人材育成、学術・文化交流などの事業を行う。地域社会・文化の重要な拠点としてのミュージアムに注目し、日本経済新聞社、神奈川県と共催で「21世紀ミュージアム・サミット」を二〇〇四年から隔年で開催。その成果は、『ミュージアム・パワー』、『ミュージアム新時代』、『１００人で語る美術館の未来』（いずれも、慶應義塾大学出版会）として発行している。

第5回21世紀ミュージアム・サミット
１００人で語るミュージアムの未来Ⅱ　開催概要

【主　催】かながわ国際交流財団、日本経済新聞社、神奈川県

【後　援】文化庁、全国美術館会議、財団法人日本博物館協会、公益社団法人企業メセナ協議会、独立行政法人国際交流基金、神奈川県教育委員会、神奈川県博物館協会

【開催日】二〇一二年二月四日（土）・五日（日）

【会　場】湘南国際村センター（神奈川県葉山町）

地域に生きるミュージアム

100人で語るミュージアムの未来Ⅱ

2013年2月28日　初版第1刷発行
定価　2,000円＋税

編者　福原義春
編集協力　公益財団法人かながわ国際交流財団
発行者　北川フラム
発行所　現代企画室
東京都渋谷区桜丘町15-8 高木ビル204
tel. 03-3461-5082 / fax. 03-3461-5083
e-mail. gendai@jca.apc.org / URL. www.jca.apc.org/gendai/
装丁・デザイン　北風総貴
印刷・製本　中央精版印刷株式会社

本書中、クレジットのない写真はすべて藤島亮氏およびミュージアム・サミット事務局の撮影による。

ISBN978-4-7738-1301-2　C0070 Y2000E